AF562103

CHRISTL OELMANN

Der Rote Faden durch das Kinderhoroskop

Standardwerke der Astrologie

CHRISTL OELMANN

Der Rote Faden durch das Kinderhoroskop

Astrologische Deutung und
psychologische Unterstützung

Dem Kind,
das wir alle einmal waren,
gewidmet

ISBN 978-3-89997-203-0
Deutsche Erstausgabe
2. Auflage 2023

Umschlag: Walter Schneider, Stuttgart
Foto: Gudrun Theresia de Maddalena, Tübingen
Druck: Finidr, Český Těšin

Zu beziehen durch den Buchhandel oder direkt beim
Chiron Verlag, Postfach 1250, D-72002 Tübingen

Inhalt

Vorwort

Jedes Geburtshoroskop eines Erwachsenen war einmal ein Kinderhoroskop und jeden Erwachsenen begleitet das Kind, das er einmal war. Unter dem Dach «Kinderhoroskope» sind deshalb die Horoskope sowohl von späteren Erwachsenen als auch von früheren Kindern zu finden. Das macht für mich dieses Gebiet der Astrologie so interessant, weil ich im selben Horoskop das Kind und den Erwachsenen finde.

Mit diesem Buch möchte ich interessierten Eltern eine Hilfe geben, sich selbst, ihre eigenen Bedürfnisse, das Kind, das sie einmal waren, kennenzulernen. Außerdem soll es helfen, die Bedürfnisse des eigenen Kindes zu erfahren, um den Schwierigkeiten, die naturgemäß im Laufe seines Erwachsenwerdens auftauchen werden, vielleicht nicht völlig unvorbereitet begegnen zu müssen. Mein Vorhaben besteht somit aus mehreren Ebenen:

1. Die Leserin, den Leser durch psychosozial gefärbte «Hinter-Gedanken» zum Nachdenken anzuregen:
   - Über das Kind, das man selbst war. Über die Bedürfnisse dieses Kindes, darüber, was es gebraucht hätte und was es bekommen hat.
   - Über das Kind, das man hat (als Elternteil).
   - Über die eigenen Eltern. Es ist sehr aufschlussreich und führt zu einem tieferen Verständnis der eigenen Eltern, wenn man deren Horoskope mit dem Blickwinkel eines Kinderhoroskops betrachtet.

2. Ein fundiertes, klar strukturiertes astrologisches Deutungswerk für Kinderhoroskope zur Verfügung zu stellen:
   - Das sich mit den Horoskopen der Eltern befasst.
   - Das Hilfe zur Deutung des Kinderhoroskops sowie Anregungen zur Unterstützung des Kindes gibt.

- Das auf den Horoskopvergleich von Kind und Eltern eingeht.
- Das die Besonderheiten im Horoskop des Kindes aufzeigt und auf deren Deutung hinweist und ebenfalls mit Anregungen zur Unterstützung des Kindes versehen ist.

Das Buch ist für jene geschrieben, die das Geburtshoroskop eines Erwachsenen deuten können. Es soll eine Hilfe sein für die *spezielle* Deutung eines Kinderhoroskops. Deshalb sind auch nur Themen angesprochen, die anders gedeutet werden als im Radixhoroskop eines Erwachsenen.

Es ist empfehlenswert, zusätzlich im Kapitel «Das Kind von 0 bis 6 Jahren» immer den entsprechenden Text zu lesen. Denn so wie das Leben des Schulkindes auf dem Leben des Kleinkindes und Säuglings aufbaut, baut auch der Deutungstext über das Schulkind auf vorherigen Texten auf.

Aus paritätischen Gründen wird abwechselnd die weibliche und die männliche Form Beraterin/Berater oder Astrologin/Astrologe gewählt.

Die Beraterin als Anwältin oder der Berater als Anwalt des Kindes

Bei der Besprechung eines Kinderhoroskops mit einem oder beiden Elternteilen sollte sich die Beraterin bewusst machen, dass über einen Menschen gesprochen wird, der nicht anwesend ist. Dieser Mensch weiß nicht einmal, dass er Mittelpunkt einer Beratung ist, er wird nicht gefragt, ob er die Deutung seines Horoskops billigt, und er hat keine Möglichkeit, seine Sichtweise der Dinge zu erklären. Wer von uns möchte in eine solche Situation geraten?

Es ist also unabdingbar, dass die Beraterin bewusst die Rolle als Anwältin des Kindes einnimmt. Das Horoskop darf gedeutet werden, wie es im Augenblick zur Unterstützung des Kindes und der Eltern notwendig ist. Aussagen jedoch über die Persönlichkeit des Kindes, die über den *Jetztzustand* hinausgehen, sind meiner Meinung nach unethisch.

Denn: Wissen wir, ob der Pubertierende es zulassen würde, dass sein Innenleben, seine Fähigkeiten, seine Abneigungen und Vorlieben vor seinen Eltern ausgebreitet werden? Wissen wir, ob der Erwachsene überhaupt noch Kontakt zu seinen Eltern hält? Wissen wir, ob nicht eine Aussage über eine spezielle Begabung des Kindes den Ehrgeiz der Eltern auslöst, es zu einem zweiten Mozart zu pressen? Wir wissen es nicht.

Ich habe eine große Anzahl von Kinderhoroskopen unter diesen Voraussetzungen mit den Eltern besprochen und von ihnen breites Verständnis für meine Sichtweise erhalten. Keine Beratung wurde aus diesem Grund abgesagt und die Eltern haben mich auch nicht gedrängt, ihnen mehr über ihr Kind mitzuteilen.

In diesem Buch werden absichtlich mehr die Mütter als die Väter angesprochen. Kümmert sich ein Vater liebevoll um sein Kind, wird er belobigt, ist er in unserer Gesellschaft immer noch einer, der etwas Besonderes tut. Kümmert sich ein Vater nicht um sein Kind, gilt es mehr als «Kavaliersdelikt», weil in den Augen unserer Gesellschaft immer noch die Mutter da ist. Genauso wird es aber in eben dieser Gesellschaft als selbstverständlich erachtet, dass eine Mutter alles, was ihr wichtig war und ist, zurückstellt, der Mutterliebe wegen. Die Erwartungen an eine Mutter sind also um ein Vielfaches höher als die an einen Vater. Nicht zuletzt deswegen gibt es mehr alleinerziehende Mütter als alleinerziehende Väter.

In den letzten Jahren ist wunderbarerweise immer öfter zu beobachten, dass Väter sich sehr intensiv und liebevoll um ihre Kinder kümmern. Ja, teilweise sogar zur Hauptbezugsperson werden, indem sie ein Babyjahr nehmen. Alles in diesem Buch Geschriebene gilt also natürlich ganz genauso für interessierte Väter.

Einleitende Gedanken zum Kinderhoroskop

Kinder dürfen nicht ohne ihre Eltern betrachtet werden. Durch die Eltern wird das Familienklima sichtbar. Die Werte der Kinder sind zunächst die Werte der Eltern, der Familie. Das Denken der Kinder entspricht dem Denken der Umgebung. Erst allmählich, im Lauf der Pubertät, hinterfragen Kinder das Wertesystem, das Denksystem und das Handlungssystem der Eltern.

Die Eltern sind für Kinder Vermittler von Familientraditionen, Familienmythen, Familienthemen. Kinder sind eingebettet in das Familiensystem, sind abhängig davon in einer Form, die nicht stark genug betont werden kann. Sie sind vollständig angewiesen auf die Zuneigung der Eltern und ohne diese Liebe, diese Zuneigung können sie buchstäblich nicht existieren. Durch die Psychologen René Spitz und John Bowlby wurde bekannt, dass die frühkindliche Bindung das prägendste Element im Leben eines Menschen ist. Dementsprechend sind das Trauma einer bindungslosen frühen Kindheit und die daraus für das Kind entstehenden Schäden immens.

Jedes Kind auf dieser Erde ist also die Spitze eines Eisbergs. Es stellt den kleineren, sichtbaren Teil dar, sichtbar mit all seinen Anlagen, Fähigkeiten, Eigenheiten, Bedürfnissen, Glücksmomenten – und Nöten. Den größeren Teil des Eisbergs – nicht sichtbar im Wasser der Gefühle, der Emotionen, der Sozialisation, des Beziehungsumfeldes – bilden die Eltern mit ihren Anlagen, Fähigkeiten, Unfähigkeiten, Eigenheiten und Nöten. Die Eltern wiederum sitzen auf einer noch sehr viel größeren Basis auf, ihren Eltern und deren Umfeld, Sozialisation und Beziehungsthematik.

Mit Beziehungsthematik sind hier nicht nur partnerschaftliche Beziehungen gemeint, sondern alle (prägenden) Beziehungen im Umfeld eines Menschen. Denn kein Mensch kann ohne Beziehungen leben. Die erste Beziehung ist die zur Mutter, welche, beginnend im Mutterleib, ein ganzes Leben währt und sehr intensiv ist. Ob man sich später mit seiner Mutter versteht oder nicht – sie ist unsere erste Liebe. Und je nachdem, ob das Kind in eine bindungsfähige oder bindungsunfähige Struktur hineingeboren wird, wird später seine Fähigkeit, Bindungen einzugehen, gut oder schlecht sein.

Nach und nach baut der Säugling ein Netz von Beziehungen um sich herum auf: zum Vater, den Geschwistern, sofern vorhanden, den Großeltern, der entfernteren Familie. Es sind zunächst Beziehungen, die «genetisch» vorgegeben, schützend und auch zwingend sind. Diesen Beziehungen kann sich kein Kind entziehen. Im Sandkasten, im Kindergarten und später dann in der Schule kommen zu diesen «zwingenden», in der Gruppe oder Klasse vorgegebenen Beziehungen auch die freiwilligen, aus Sympathie eingegangenen Beziehungen.

Mit den Jahren entsteht, auch schon für das Schulkind, ein Beziehungsgeflecht, das prägend ist für seine Erfahrungswelt – und das nicht immer nur im positiven Sinne.

Die Spitze des Eisbergs, das Kind, wird also geprägt von einer Basis, die zunächst nicht sichtbar, ja teilweise nicht einmal bewusst ist. Betrachten wir also das Geburtshoroskop eines Kindes, sehen wir nur die Spitze, einen kleinen Teil des eigentlichen Einflusses. Um sein prägendes Umfeld kennenzulernen, ist es unabdingbar, die Horoskope der Basis einzubeziehen, also die Geburtshoroskope beider Elternteile, ja manchmal sogar die der Großeltern. Denn nur, wenn wir wissen, wie die Eltern mit dem Leben zurechtkommen, wie sie wiederum ihre Eltern sahen und erlebt haben, in welches Familienmuster, in welchen Familienmythos der Säugling hineingeboren wird, können wir sein Geburtsbild wirklich hilfreich, sowohl für das Kind als auch für die Eltern, interpretieren.

Margarete Mitscherlich, die große Psychoanalytikerin der 60er- und 70er-Jahre des vorigen Jahrhunderts, prägte den Satz: «Ein Kind kann nur glücklich sein, wenn die Mutter glücklich ist.» Margarete Mitscherlich lebte in einer Zeit, in der die Frage nach dem Glück der *Mutter* unbedingt richtig war. Denn damals sorgten die Väter zwar für den Unterhalt der Familie (die meisten jedenfalls), die Kindererziehung lag jedoch fast ausschließlich in der Verantwortung der Mutter. Ist die Frage nach dem Glück der *Mutter* auch heute noch so unbedingt berechtigt, wie damals, wo sich doch heute immer mehr Väter vom ersten Tag an voll ihren Kindern widmen? Die Psychologie beantwortet diese Frage mit Ja: Es ist die Mutter, die das Ungeborene mit sich trägt und die für das Neugeborene die erste Bindungsperson wird. Und gerade durch diese erste, tiefe Bindung des Säuglings und Kleinkindes an die Mutter ist deren Gemütszustand, deren «Glücks- oder Zufriedenheitsgrad» für das Kind so wesentlich. Fällt allerdings die Mutter als erste Bindungsperson aus, ist die emotionale und psychische Befindlichkeit des Vaters oder einer anderen sehr nahen Bezugsperson am wichtigsten.

Gehen wir also von Margarete Mitscherlichs Behauptung aus, dann lautet die Frage zunächst: Ist die Mutter glücklich? Wir können das Gesagte für die heutige Zeit herunterbrechen in: Ist die Mutter zufrieden?

Daraus ergeben sich weitere Fragen: Ist die Mutter mit sich selbst zufrieden? Ist sie mit sich selbst in ihrer Rolle als Mutter zufrieden? Ist sie mit ihrem Umfeld, auch ihrem sozialen Umfeld, zufrieden? Mit der Beziehung zu ihrem Partner? Kennt sie ihre Bedürfnisse und hat sie die Möglichkeit, sie wenigstens einigermaßen zu erfüllen? Diese Fragen sind zwar vor jeder Interpretation eines Kinderhoroskops an die Mutter zu stellen. Doch meiner Meinung nach ist es für das Kind auch von großer Bedeutung, ob es einen mit sich und seinem Leben zufriedenen oder frustrierten Vater vorfindet.

Je mehr ein Mensch gelernt hat, seine persönlichen Planeten (Sonne, Mond, Merkur, Venus, Mars) zu leben, die doch stark prägend sind für seine Person, für seine Eigen-Art, desto zufriedener wird er mit sich selbst sein. Ob es ihm aber möglich ist, in seine Kraft zu kommen, hängt nicht vom Horoskopbild ab, sondern von der Sozialisation und vom gesamten Umfeld des Menschen. Wie schon der Astronom und Astrologe Johannes Kepler feststellte, zeigt das Horoskop unsere Anlagen, jedoch nicht, wie wir uns festgelegt haben, also wie wir diese Anlagen verwirklicht haben.

Ich möchte, gerade weil ich ihn für Astrologen so wichtig finde, diesen Gedanken von Kepler weiterspinnen. Im Horoskop finden wir Persönlichkeitsanteile, symbolisiert durch die persönlichen Planeten, ihre Aspekte, ihre Hausstellung. Aber dies sind nur Teile unserer Persönlichkeit. Es sind unsere Anlagen – das, was wir mitgebracht haben, was wir zur Verfügung haben, um zu einer Persönlichkeit zu werden.

Was verstehe ich unter Persönlichkeit in diesem Zusammenhang? Zunächst, gleichsam als Basis, das Strickmuster, das im Geburtshoroskop angelegt ist. Es zeigt unter anderem unsere Wesensanteile, Anlagen,

Fähigkeiten, Schwierigkeiten, Lebensziele, sagt aber nichts darüber aus, was wir für Erfahrungen machen mussten/durften und wie wir diese verarbeitet haben.

Es sind die Erfahrungen und die Art, wie wir sie verarbeiten, die unsere Persönlichkeit formen. Es können zwei Menschen dieselbe Erfahrung machen und sie doch völlig unterschiedlich verarbeiten. Nehmen wir als Beispiel zwei Angestellte, denen am selben Tag gekündigt wird. Die eine nimmt sofort Kontakt zur Arbeitsvermittlung auf, die andere braucht Tage, ja vielleicht Wochen, um den Schock zu verarbeiten, bevor sie sich um neue Arbeit bemühen kann.

Persönlichkeitsprägend sind auch die sozialen Verhältnisse, in die wir hineingeboren werden. Es ist ein großer Unterschied, ob unsere Kindheit in einer reichen oder armen, im wertorientierten Bildungsbürgertum oder in einer bildungsfernen Familie stattfindet.

Einfluss hat auch das Umfeld, in dem wir groß geworden sind. Ist es Deutschland oder Italien, eine Großstadt oder ein Dorf, eine Großfamilie, eine Patchworkfamilie oder ein alleinerziehender Elternteil? Ist es eine sehr religiöse Familie oder eher eine Religionen skeptisch gegenüberstehende Familie?

Wesentlich zur Formung unserer Persönlichkeit tragen die Beziehungen bei, welche wir eingegangen sind, in welche wir verstrickt sind. Wie schon oben erwähnt, ist es zunächst prägend wie ein Brandeisen, ob wir in unserer ersten Beziehung im Leben eine sichere Bindung eingehen konnten. Ist diese erste Bindung gelungen, prägt sich – als Grundgefühl «Du bist willkommen, so, wie du bist» ein. Aus dieser Sicherheit, aus diesem Selbstwertgefühl heraus können wir es wagen, neue Beziehungen aufzunehmen, uns einzulassen in neue Beziehungen und auch, wenn wir uns einlassen, die notwendige Distanz zu wahren bzw. einzufordern. Wir wagen uns an die Lernaufgabe heran, tiefe Bindungen zuzulassen, ohne uns selbst oder den anderen in Abhängigkeiten zu bringen.

Ist diese erste Annahme unserer Person misslungen, weil keine geeignete Bezugsperson diese Bindung mit uns als Säugling und Kleinkind eingegangen ist, so werden wir für lange Zeit tiefergehende Beziehungen eher fliehen als suchen.

Aber nicht nur die erste Beziehung, sondern alle weiteren spinnen uns in ein Netz ein, das sich sowohl als heilsam als auch als verhängnisvoll erweisen kann.

Heilsam, wenn wir lernen, innerhalb unseres Beziehungsgeflechts eine Beziehung zu uns selbst aufzubauen und zu bewahren. Verhängnisvoll, wenn wir die Beziehung zu uns selbst dabei verlieren.

Häufig sitzen mir Klienten gegenüber, die «ganz viel bei den anderen sind» und sich und ihre Bedürfnisse dabei verloren haben. Es sind dies bei Weitem nicht nur Menschen mit einer ausgeprägten «Du-Hälfte» oder «Siebt-Haus-Thematik» im Horoskop. Sondern Menschen, die häufig als Kind in ihrem Sosein nicht bestätigt wurden, die nicht aus einer sicheren Bindung heraus ein Selbst-Bewusstsein, ein Selbst-Wert-Gefühl entwickeln konnten. (Darauf werden wir in Teil 4 «Besonderheiten im Kinderhoroskop» noch genauer eingehen.)

Schließlich prägen unsere Persönlichkeit auch die Verhaltensmuster, die wir uns zugelegt haben, um durchs Leben zu kommen. Sehr früh legen wir uns als Kind unbewusst aus den verbalen und nonverbalen Botschaften der Eltern und der näheren Umgebung einen «Lebensplan» zurecht, ein Lebensskript. Es wird meist in den ersten drei Lebensjahren vollendet. Dieses Skript kann nicht einfach der «Skript-Achse 4/10» im Horoskop zugeordnet werden, sondern es besteht aus einer Vielzahl von Faktoren, die weit darüber hinausgehen. Aus diesem Lebensplan leiten wir bestimmte Verhaltensweisen ab, die wir unbewusst als passend empfinden, um den Anforderungen der Eltern gerecht zu werden. Meist werden die Verhaltensmuster bis ins Erwachsenenleben mitgenommen. Sie werden im Allgemeinen erst hinterfragt, wenn sich immer wieder Situationen ergeben, in denen wir «unangemessen» reagieren. (Auch darauf werde ich in Teil 4 «Besonderheiten im Kinderhoroskop» noch genauer eingehen.)

Dies alles zusammen – Horoskopanlagen, Sozialisation, Erfahrungen, Umfeld, Verhaltensmuster und vor allem Beziehungen unterschiedlichster Art – prägt unsere Persönlichkeit, die sich im Laufe des Lebens auch noch immer weiter wandelt.

Das Obige habe ich zum einen so genau ausgeführt, weil ich immer wieder auf Kolleginnen und Kollegen treffe, die meinen, aus dem Geburtshoroskop die Persönlichkeit eines Menschen ablesen zu können. Vor allem aber deshalb, weil dieses Gespräch über die Zufriedenheit mit der Mutter als Bindungsperson, aber am besten natürlich mit *beiden* Elternteilen die «Eröffnungsrunde» in einer Beratung über das Kind darstellen sollte. Ist die Mutter doch die erste Bindungsperson für das Kind. Am besten wäre natürlich, wenn das Gespräch mit beiden Elternteilen stattfinden würde. Man kann nicht über das Kind sprechen, wenn man nicht weiß, in welcher emotionalen und auch sozialen Situation sich die Personen befinden, auf die das Kind angewiesen ist. Zuerst sollte man die Basis des Eisberges kennen, um den Eisberg selbst in Gänze einschätzen zu können.

Teil 1:
Die Eltern

Der Idealfall bei der Interpretation eines Kinderhoroskops ist, dass beide Elternhoroskope mitgedeutet werden können, wenn ein Gespräch mit den Eltern stattfinden kann, über sich selbst, ihre Sorgen, Ängste, Vorstellungen und ihre Kindheitserfahrungen. Dies ist in den letzten Jahren zunehmend möglich, da auch Väter, die der Astrologie skeptisch gegenüberstehen, bereitwillig ihre Geburtsdaten zur Verfügung stellen. Meist sind es ja die Mütter, die wegen eines Beratungstermins anrufen. Ich lade dabei immer die Väter mit zum Gespräch ein – und habe häufig Glück, dass sie darauf eingehen, vor allem, wenn die Kinder noch sehr klein oder die Väter intensiv an der Betreuung der Kinder beteiligt sind. Bei Patchworkfamilien ist meiner Meinung nach auch eine Einbeziehung des «gepatchten» Elternteils unabdingbar.

Es gibt aber auch häufig Situationen, in denen Mütter wegen ihres Kindes um einen Termin bitten, in deren Beziehung es kriselt. Hier lasse ich die Einbeziehung des väterlichen Horoskops beiseite, um nicht womöglich die Krise weiter durch meine Aussagen über den abwesenden Partner anzuheizen.

Bei Alleinerziehenden nehme ich nur das Horoskop der Mutter oder des Vaters, ohne den abwesenden Partner mit einzubeziehen.

Es ist selbstverständlich, dass ich das Horoskop des abwesenden Elternteils nur soweit bespreche, wie es in Beziehung zum Kinderhoroskop notwendig ist. Also nur den Vergleich zwischen dem kindlichen Horoskop und dem Horoskop des Abwesenden.

Meiner Erfahrung nach wird die Möglichkeit einer astrologischen Kinderberatung aus zwei unterschiedlichen Motiven heraus genutzt:

1. Das vorbeugende Motiv: Die Eltern fragen, wie sie ihr Kind stützen, unterstützen und fördern können, was ihr Kind braucht, um gut her-

anzuwachsen. Wo seine Bedürfnisse liegen. Das sind meist Eltern von Säuglingen oder sehr kleinen Kindern; es besteht meist kein Problem.

2. Das lösungsorientierte Motiv: Es besteht eine problematische Situation, zu deren Klärung die Interpretation des kindlichen Horoskops beitragen soll.

In beiden Fällen beginne ich mit den Horoskopen der Eltern. Dieses Vorhaben kündige ich schon im telefonischen Vorgespräch an. Die Eltern sind also «vorgewarnt» und meist sehr bereit zur Mitarbeit. Ich habe festgestellt, dass die Eltern bemüht sind, den Teil von sich anhand ihres Horoskops herauszuarbeiten, der über ihre eigene Kindheit durch eigene Kindheitserfahrungen mit ihrem Kind verknüpft ist. Der Anteil der Eltern wird symbolisiert durch den Mond mit seinen Aspekten in Zeichen und Haus, durch das IC und das 4. Haus und zeigt das Kind auf, das Vater und Mutter einmal waren.

Viele Astrologinnen und Astrologen verwenden dafür den Begriff «inneres Kind». Wie viele psychologische Begriffe ist auch dieser von der Astrologie in Beschlag genommen worden, obwohl er ein in der Psychologie feststehender Begriff ist, der zu einem bestimmten Symptomenkomplex gehört. Ich persönlich bin der Meinung, wir sollten rein psychologische Begriffe, wie zum Beispiel auch Anima und Animus, dort lassen, wo sie hingehören, und diese nicht in der Astrologie verwenden.

So möchte ich nicht den psychologischen Begriff «inneres Kind» für die astrologische Interpretation verwenden, wenn ich über das Kind spreche, das wir einmal waren und das mit Beginn der Mutter- oder Vaterschaft «aktiviert» wird. Häufig ist dies schon während der Schwangerschaft zu spüren, ganz akut wird es aber in der Phase nach der Geburt.

Beinahe unwillkürlich klinkt sich das Kind, das die Mutter respektive der Vater einmal waren, in das Gefühl für das jetzt neugeborene eigene Kindchen ein. Bewusst und auch unbewusst nehmen die Erfahrungen der vergangenen eigenen Kindheit Einfluss auf die Pläne für die zukünftige Kindheit des Neugeborenen.

Eine Reflexion der Eltern darüber ist hilfreich für sie selbst und auch für das Verhalten ihrem Kind gegenüber. Dieses Kind, das wir einmal waren, begleitet uns ja beinahe unser Leben lang, und es ist für uns und unsere Mutter- oder Vaterschaft ein sehr großer Unterschied, ob dieses

Kind ein glückliches oder unglückliches, ein trauerndes, zorniges oder fröhliches Kind ist. Es verleitet sehr häufig werdende oder «neugeborene» Eltern, Weichen zu stellen, für die beiden Hauptschienenstränge, in deren Bahnen die Kindheit des neugeborenen Kindes laufen soll, nämlich entweder in Richtung eins: «Mein Kind soll eine ebenso gute Kindheit haben wie ich» oder in Richtung zwei: «Mein Kind soll eine bessere Kindheit haben als ich».

Beide Gedankengänge sind nicht besonders konstruktiv, denn die Eltern legen sich fest auf Erfahrungen aus ihrer Kindheit, ohne zu wissen, welche Erfahrungen ihr werdendes Kind im Leben machen möchte. Sie setzen sich unter einen ungeheuren Druck, ihrem Kind etwas Vergleichbares oder Besseres zu bieten. Die Erwartungshaltung an sich selbst und das Kind ist sehr hoch – Versagensängsten sind schon von vorneherein Tür und Tor geöffnet. Die Erwartungshaltung an das Kind besteht häufig aus einem diffusen Gefühl heraus, es müsse doch dankbar sein für das, was ihm geboten wird. Und als «Dankbarkeitsbeweis» wird vom Kind meist Wohlverhalten und Lerneifer erwartet.

Da diese Gefühle im Unterbewusstsein verborgen sind, kann ein einführendes Gespräch mit den Eltern über diese Thematik schon viel Druck herausnehmen und eventuell zu hohe Erwartungen an sich und das Kind aufdecken.

Die eingehende Interpretation eines Kinderhoroskops sollte also sinnvollerweise in zwei Teilen angelegt werden:

Die Horoskope der Eltern
Die Deutung der einzelnen Elternhoroskope
Der Horoskopvergleich der Elternhoroskope

Das Kinderhoroskop
Die Deutung des Horoskops des Kindes
Der Horoskopvergleich des Kinderhoroskops mit dem Horoskop der Mutter
Der Horoskopvergleich des Kinderhoroskops mit dem Horoskop des Vaters

Die Elternhoroskope

Bevor wir uns mit den Deutungsfaktoren der Elternhoroskope befassen, möchte ich etwas Grundsätzliches voranstellen:

Es gibt keine perfekte Erziehung.

Wir als Eltern können uns nur bemühen, es so gut wie möglich zu machen. Wenn Eltern in eine astrologische Beratung kommen, sind sie bemühte Eltern, die es gut und richtig machen wollen. Findet sich bei der Deutung der elterlichen Radixhoroskope ein Unvermögen auf einem Gebiet, dann sollte – ich bitte darum – die Interpretation des Horoskops ein Angebot zum Nachdenken, keinesfalls das Aufzeigen eines Mangels sein.

Deutung der elterlichen Radixhoroskope

Der erste Schritt ist die Interpretation der Horoskope der Eltern im Hinblick auf die folgenden Fragen:

Welche inneren Elternbilder haben die Eltern?

Deutungsrelevante Faktoren: Die *Aspekte* von Sonne und Mond sind hier zu betrachten (die Zeichen, in denen sie stehen, nur als Nebeninformation, wenn überhaupt), ggf. auch das 4. bzw. 10. Haus.

Achtung: Abklären, ob die im Horoskop angezeigten Eltern*bilder* auch von den Eltern so gelebt und erlebt wurden und ob das 4. Haus wirklich dem Vater, das 10. Haus wirklich der Mutter entspricht (siehe unten).

Wie wir unsere Eltern wahrgenommen und erlebt haben, ist natürlicherweise prägend für den Umgang mit unseren Kindern. Doch häufig laufen die Auswirkungen der Prägung unbewusst ab: Wir reagieren «automatisch» auf Verhaltensweisen unserer Kinder.

Durch ein Gespräch über die eigenen Elternbilder können solche «automatischen» Verhaltensweisen ins Bewusstsein gerufen, betrachtet und möglicherweise verändert werden. Wichtig ist aber, dass wir uns klar darüber sind, was der Inhalt der im Horoskop auffindbaren Elternbilder ist. Sie zeigen nämlich NICHT das «Strickmuster» unserer Eltern (das könnten wir nur aus den jeweiligen Horoskopen der Eltern sehen), sondern ausschließlich, welche Bilder wir von Mutter und Vater in uns tragen. Häufig stimmen die Bilder, die wir in uns tragen, mit den wirklichen Eltern überein, jedoch nicht zwangsläufig.

Ich habe beispielsweise oft ein Sonne/Jupiter-Trigon als Vaterbild gesehen bei Klienten, deren Vater sie heftig geschlagen und tief verletzt hat. Menschen mit dieser Konstellation tragen ein Vater-Ideal in sich, und sie leiden sehr unter der Diskrepanz zur Realität.

Für die Elternbilder sind die *Aspekte* von Sonne (Symbol für den Vater) und Mond (Symbol für die Mutter) sowie das 4. Haus (repräsentiert den Vater) und das 10. Haus (repräsentiert die Mutter) relevant. Früher repräsentierte das 4. Haus die Mutter und das 10. Haus den Vater. Das war zu einer Zeit, als die Mutter fast ausschließlich ans Haus (4. Haus) gebunden war und der Vater in der Gesellschaft (10. Haus) die Familie repräsentierte und dadurch die Kinder auf das Leben im Außen (10. Haus) vorbereitete. In der heutigen Zeit, in der die Väter morgens aus dem Haus zur Arbeit gehen und abends, teilweise nach dem Zubettgehen der Kinder, wieder nach Hause kommen, ist es die Mutter, die die Kinder auf das Leben in der Gesellschaft vorbereitet und sie sehr häufig nach außen hin vertritt. So ist auch ein Wandel der zuständigen Häuser eingetreten.

Es sei hier noch einmal erwähnt, dass mit dem Klienten zusammen herausgefunden werden muss, ob das 4. Haus repräsentativ für den Vater und das 10. Haus für die Mutter steht. Man kann als Beispiel sehr gut die jeweiligen Zeichen nehmen, in denen 4. bzw. 10. Haus angeschnitten sind. Zusätzlich natürlich Planeten, die in den Häusern stehen. Die Horoskopeigner können meist sehr klare Antworten dazu geben, wo Vater und Mutter zu verorten sind.

Wie ist die Einstellung der Eltern zu (eigenen) Kindern generell?

Deutungsrelevante Faktoren sind hier im Wesentlichen der Mond und das 5. Haus. Außerdem kann man noch das 4. Haus in Bezug auf die Einstellung zur Familie dazunehmen. Der Mond wird in Zeichen, Haus und mit seinen Aspekten gedeutet. Beim 5. und ggf. 4. Haus deute ich persönlich nur das Zeichen, in dem sie angeschnitten sind, und vielleicht die Planeten, die in den Häusern stehen.

Steht der Mond beispielsweise in Wassermann oder Zwillinge, kann die Einstellung zu eigenen Kindern eine distanzierte, mehr rationale als emotionale sein. Im Gegensatz dazu kann ein Mond in Skorpion andeuten, dass das Kind als «Eigentum» gesehen wird und von daher die Ablösungsphase sehr spät zugelassen wird.

Ist das 5. Haus zum Beispiel im Steinbock angeschnitten oder steht im 5. Haus Saturn, dann ist häufig ein so hohes Maß an Verantwortungsbewusstsein dem Kind gegenüber zu finden, dass der Elternteil – und infolgedessen auch das Kind – starken angstbegründeten Einschränkungen unterworfen ist. Ich habe auch immer wieder erlebt, dass Menschen mit dieser Konstellation sehr lang keinen Kinderwunsch zugelassen haben, um nicht in der Erziehung zu versagen.

Sind die Eltern zufrieden, das heißt: Kennen sie ihre Bedürfnisse? Ist es ihnen möglich, diese einigermaßen zu erfüllen? Und weiter gefragt in die Vergangenheit: Was hätten sie als Kind gebraucht, sind ihre Bedürfnisse damals erfüllt worden?

Deutungsrelevante Faktoren sind Sonne, Mond und Venus in Zeichen, Haus und Aspekten und als Häuserherrscher. Die Sonne symbolisiert unter anderem sowohl das Ich, den Selbstausdruck, als auch eines der Lebensziele, das erreicht werden will.

Der Mond steht für das existenzielle Bedürfnis nach Emotionalität und Angenommensein. Venus zeigt alles das, was das Leben angenehm macht, aber nicht unbedingt notwendig ist. Sie zeigt also die Wünsche an, deren Erfüllung Wohlergehen nach sich ziehen.

Psychologisch betrachtet gibt es drei wesentliche menschliche Grundbedürfnisse: das Bedürfnis nach Dominanz (also besser zu sein als andere), das Bedürfnis nach Stimulierung (also nach Neuem, nach Veränderung) und das Bedürfnis nach Balance (nach Ausgeglichenheit, also nach Sicherheit).

Diese Themen aber sind es nicht, die in einem Elterngespräch über Bedürfnisse zuerst angeführt werden sollten. Wesentlich sind in diesem Rahmen der Kinderhoroskop-Beratung vielmehr die Bedürfnisse, die durch Sonne, Mond und Venus angezeigt werden. Welches Ziel strebt der Mensch durch seine Sonne in Zeichen, Haus und Aspekten an? Verträgt sich dieses Ziel mit dem existenziellen Bedürfnis des Mondes? Steht zum Beispiel die Sonne in Zwillinge am MC, dann ist es ein Ziel, sich im gesellschaftlichen, vielleicht auch beruflichen Leben, über Kommunikation, Vielfältigkeit, sich rasch verändernde Kontakte und in steter Suche nach Neuem zu profilieren.

Kommt dazu ein Mond in Steinbock im 4. Haus, dann ist das Bedürfnis nach einer geordneten, beständigen Familie mit klaren Regeln groß. Wenn sich die Mutter «bei der Sonne befindet», kommt dann vielleicht ein schlechtes Gewissen auf, weil zu Hause manches in Unordnung gerät, befindet sie sich aber bei ihrem Mond, ist die Sehnsucht nach Leichtigkeit und Gesellschaft zu spüren. Dies ist ein sehr plakatives Beispiel, aber es soll den Zwiespalt zeigen, den Sonne und Mond allein durch die Zeichen- und Häuserstellung verursachen können, ohne einen Aspekt miteinander zu bilden.

Stehen Sonne und/oder Mond im Spannungsaspekt zu Saturn, Neptun oder Pluto, dann besteht die Gefahr, dass die Bedürfnisse wenig bekannt oder schwierig zu leben sind, dass sie sozusagen «im Keller» ihr Dasein fristen müssen. Die zumindest zeitweise Erfüllung unserer Mond-Bedürfnisse ist aber existenziell notwendig, um auf Dauer gesund und einsatzfähig zu bleiben, und zusammen mit der zumindest zeitweisen Erfüllung unserer Venusbedürfnisse können wir einen Zustand der Zufriedenheit erreichen. Ein Gespräch mit den Eltern kann diese überhaupt erst einmal dahin führen, über ihre eigenen Bedürfnisse nachzudenken. Weiter kann die Beraterin bei Bedarf mit den Eltern gemeinsam eine Lösungsstrategie erarbeiten, wie ihre Bedürfnisse *trotz* Kind(ern) erfüllt werden können.

Was für ein «Vermögen» haben die Eltern?

Deutungsrelevante Faktoren sind das 2. Haus und Jupiter. In welchem Zeichen ist das 2. Haus angeschnitten? Das Zeichen und sein Herrscher sind ein Grundtalent der Eltern, das Grundvermögen der Eltern.

Planeten im 2. Haus geben zusätzliche Auskunft, wobei auch Saturn, Uranus, Neptun und Pluto zunächst als Talente zu betrachten sind. Dabei ist es wichtig, auch «ungeliebte» Zeichen oder Planeten im 2. Haus als Fähigkeit, als Talent zu sehen.

Ein Beispiel: Ein 2. Haus, in Widder angeschnitten, zeigt eine Fähigkeit, sich durchsetzen, immer wieder neu beginnen, spontan auf etwas reagieren zu können und mit wechselnden Situationen gut zurechtzukommen. Aber auch die Fähigkeit, im Laufe des Lebens eine Streitkultur zu entwickeln – vielleicht mithilfe des heranwachsenden Kindes. Steht Mars als Herr vom 2. Haus im 11. Haus, so kann der Elternteil sich gut einsetzen für sein Kind in Gruppen und bei Gleichgesinnten, vielleicht im Elternbeirat des Kindergartens oder der Schule. Oder er kann bei einem Einzelkind gut Kontakte herstellen zu anderen Eltern mit Kindern.

Steht Pluto als «Vermögen» in diesem Haus, kann dies die Fähigkeit bedeuten, sich tief einzulassen, ohne in Abhängigkeiten zu geraten.

Wie vermögen die Eltern zu kommunizieren?

Deutungsrelevanter Faktor ist Merkur in Zeichen und Aspekten. Das Haus berücksichtige ich nicht.

Ein Beispiel: Ein elterlicher Merkur in Krebs wird einem kindlichen Merkur in einem Luft- oder Feuerzeichen eher befremdet und hilflos gegenüberstehen.

Es ist wichtig, die Eltern auf unterschiedliche Kommunikationsarten zwischen ihnen und ihrem Kind aufmerksam zu machen, ja teilweise auch auf die unterschiedliche Kommunikationsart zwischen den Eltern selbst. Die Beteiligten reagieren erleichtert, wenn sie verstehen können, dass sie mit einem Wassermerkur im Denken und Sprechen gefühlsbetonter und weniger rational, ja vielleicht auch langsamer reagieren als ein Kind mit einem Luftmerkur. Dass sie sich, wenn ihnen die «luftigen» Argumente fehlen, eine Denkpause genehmigen dürfen. Die Kinder sind zufrieden, wenn das (Streit-)Gespräch zu einem späteren Zeitpunkt fortgeführt wird.

Und umgekehrt ist es erforderlich, Eltern mit einem schnellen Merkur zu sensibilisieren für ihr Kind, das mit einem Wassermerkur seine Bilder erst in abstrakte Worte «übersetzen» muss. Oder dass ein Kind mit einem Erdmerkur erst «begreifen», das heißt zu Ende denken muss, bevor es antworten kann. Diese Kinder sind nicht dumm, sie kommunizieren nur anders als ein Luft- oder Feuermerkur. Das zu begreifen, ist auch wichtig, um ein Kind später in der Schule besser unterstützen zu können.

Gelingt es den Eltern, ihre Gefühle wahrzunehmen, zu äußern, im Zaum zu halten?

Deutungsrelevanter Faktor ist der Mond in Zeichen, Haus und Aspekten. Oder die Elementeverteilung, wenn sehr wenig Wasser zu finden ist.

Gerade Menschen mit wenig Wasser im Horoskop haben oftmals kein Gefühl für sich selbst. Ich möchte ausdrücklich betonen, dass sie selbstverständlich Gefühle haben – doch meist für andere, nicht für sich selbst. Sie können ihre Gefühle auch schlecht äußern, jedoch ist es absolut falsch, ihnen die Gefühle abzusprechen, was immer wieder geschieht.

Ein Beispiel: Eine Mutter oder ein Vater mit Mond in einem Luftzeichen wird unter Umständen zurückschrecken vor der Gefühlsintensität eines Kindes mit Mond in Krebs oder Fische oder von der Ausschließlichkeit und Eifersucht eines Kindes mit Skorpionmond überfordert sein. Denn ein Mond in Luftzeichen lebt eine distanzierte Emotionalität, die für einen Wassermond befremdend und möglicherweise sogar bedrohlich erscheinen mag. Auch Mond im Spannungsaspekt mit Saturn kann distanzierte Gefühle zu sich selbst und anderen oder auch ein Gefühlsverbot hervorrufen. Wenn den Eltern ihre eigenen Gefühle schlecht zugänglich sind, wie es bei Mond in Luftzeichen, Mond in Verbindung mit Saturn oder Neptun oder Mond im 8. oder 12. Haus der Fall sein kann, wie sollen sie dann diese Gefühle adäquat äußern oder die Äußerung anderer verstehen können?

So ist es wichtig, gerade mit Eltern, die solche oder ähnliche Konstellationen im Horoskop haben, über den Zugang zu ihren Emotionen und Gefühlen zu sprechen. Ihnen nahezubringen, dass sie über ihre Gefühle nicht hinweggehen dürfen, dass nicht nur die Gefühle des Kindes im Vordergrund stehen dürfen. Wenn Mütter oder Väter sich körperlich schlecht fühlen, können sie das auch relativ kleinen Kindern durchaus schon mitteilen und sie bitten, nicht so zu schreien oder eine Zeit allein zu spielen. Doch häufig ist es so, dass Mütter oder Väter zunächst sich selbst die Erlaubnis geben müssen, Gefühle zu zeigen. Wenn die Mutter ärgerlich oder traurig ist, dann ist es von großem Nutzen für das Kind, wenn es von der Mutter lernen kann, dass Gefühle wahrgenommen und ausgesprochen werden dürfen. Die Aussage «Ich habe mich heute beim Einkaufen richtig geärgert» ist für das Kind wesentlich hilfreicher, als wenn die Tür laut zugeschlagen wird. Und die Information «Ich bin traurig, weil ich mich mit dem Papa gestritten habe. Aber das wird heute Abend, wenn er nach Hause kommt, wieder gut werden», hilft dem Kind zu begreifen, dass das gedämpfte Gefühl, das es bei der Mutter bemerkt, nicht von ihm verursacht wurde.

Andererseits kann es für die Eltern wertvoll sein, mit ihnen über ihren Feuermond oder einen Mond/Mars-Spannungsaspekt zu sprechen. Denn bei einer solchen Konstellation können sich heftige, zornige Gefühle in Geschrei oder gar einer ungerechtfertigten Ohrfeige entladen. Eine Hilfe kann es in solchen Fällen sein, über Möglichkeiten zu sprechen, den Ausbruch im Vorfeld abzuwenden.

Können die Eltern ihrem Kind Grenzen aufzeigen, konsequent sein, Nein sagen?

Deutungsrelevanter Faktor ist Saturn mit seinen Aspekten. Auch hier ist es wiederum notwendig, mit den Eltern über ihren Saturn zu sprechen. Wie haben sie ihre Kindheit erlebt? Welche Grenzen wurden ihnen gesetzt und wie wurden ihnen diese Grenzen gesetzt? Können sie das, was sie damals erfahren haben, weitergeben oder lehnen sie diese Erfahrungen ab? Wie konsequent sind sie sich und anderen gegenüber? Wie können sie sich durchsetzen, wie gut können sie Nein sagen? Erleben sie ein Nein als Ablehnung ihrer Person oder als eine der vielen Situationen im menschlichen Zusammenleben?

Wo liegen die Ängste und Unsicherheiten der Eltern, vor allem der Mütter?

Deutungsrelevante Faktoren sind Aspekte von Saturn und den Langsamläufern auf persönliche Planeten sowie die Häuser, in denen Saturn und ggf. auch Neptun stehen.

Ich erwähne hier ausdrücklich die Mütter, weil sie normalerweise diejenigen sind, die während der Schwangerschaft und dann natürlich nach der Geburt die engste Verbindung zum Kind haben. Ihre Ängste und Unsicherheiten fließen gleichsam in das Kind über. Deshalb ist es in diesem Fall besonders wichtig, dieses Thema bei den Müttern anzusprechen.

Fragen nach den Ängsten der Mütter zu stellen, kann schwierigen Situationen im Kinderleben vorbeugen. Ich habe nicht nur einmal erlebt, dass Kinder mit massiven Ängsten in psychotherapeutische Spieltherapien geschickt wurden, wo sich im Lauf der Behandlung herausstellte, dass sie die Ängste der Mütter auslebten.

Es ist selbstverständlich wichtig, auch mit den Vätern über dieses Thema zu sprechen. Meiner Erfahrung nach geben Männer aber in den seltensten Fällen zu, dass sie überhaupt Ängste haben. Sie kennen diese teilweise auch gar nicht, da sie, je nach Erziehung, kunstvoll verdrängt werden mussten. Deshalb vermeide ich bei Männern in der Beratung auch den Ausdruck Angst, stattdessen frage ich sie, worüber sie sich Sorgen machen oder wo sie sich unsicher fühlen. Darauf bekomme ich fast immer eine Antwort.

Wie ist die Beziehungsfähigkeit der Eltern?

Sind die Eltern bindungsfähig und wagen sie es, sich einzulassen? Genauso wichtig: Sind sie fähig, loszulassen?

Deutungsrelevante Faktoren sind Venus und Mond in Zeichen und Aspekten. Vor allem Spannungsaspekte mit Saturn, Uranus, Neptun oder Pluto lassen auf Schwierigkeiten schließen in der Fähigkeit, Beziehungen aufzubauen und zu halten. Venus oder Mond im Spannungsaspekt zu Neptun kann sowohl auf eine Neigung zur Symbiose hindeuten als auch auf eine «nicht greifbare» Beziehung.

Spannungsaspekte mit Uranus können eine starke Unzuverlässigkeit und Unruhe im Beziehungsverhalten anzeigen, während Pluto in Spannung die völlige Vereinnahmung und «Machtübernahme» bedeuten kann.

Venus und Mond mit harmonischen Aspektverbindungen zu Saturn, Neptun oder auch Pluto können auf eine gute Bindungsfähigkeit hinweisen. Doch sollte hier immer auch die Gefahr des Nicht-Loslassen-Könnens im Auge behalten werden. Besonders natürlich, wenn die Kinder in das vorpubertäre Alter kommen.

Ein Wort zu Bindungen

Die Mutter

Wie schon oben angeführt, sollte jedes Kind gleich in den ersten Lebensmonaten ein Urvertrauen entwickeln können, das ihm die Basis gibt, sich den Herausforderungen des Lebens gewachsen zu fühlen. Für ein Kind bestehen die Herausforderungen jeden Tag in dem Annehmen von Neuem, Unbekanntem. Dazu braucht es ein solides Selbstvertrauen, das aus dem Urvertrauen wachsen kann. Urvertrauen bildet sich aus der ganz frühen, intensiven Bindung an die Mutter oder an eine gleichbleibende Bezugsperson, die dem Kind die Botschaft vermittelt, dass es willkommen in dieser Welt ist und geliebt wird. Nicht zuletzt deshalb wird heutzutage das Neugeborene sofort, noch vor dem Durchtrennen der Nabelschnur, auf den Bauch der Mutter gelegt. Dem Kindchen wird dadurch der Trennungsschock erleichtert, es hört die Herztöne der Mutter jetzt «von außen», die es neun Monate lang «von innen» begleitet und beruhigt haben.

Eine junge Mutter erzählte mir, dass sie mit ihrem Baby nach der Geburt erst mal in Flitterwochen gehen würde. Erst wenn sie daraus wieder auftauche, würde sie wieder Kontakt zu ihren Freunden und Bekannten aufnehmen.

Eine jede Mutter, die solch ein Bedürfnis verspürt, sollte, wenn irgend möglich, sich wenigstens einige «Mutter-Kind-Wochen» erlauben.

Doch nicht jede Mutter verspürt diesen Drang. Und mir ist es sehr wichtig zu betonen, dass diese keine schlechteren Mütter sind! Es sind Frauen, die vielleicht von ihrem «astrologischen Strickmuster» her oder aufgrund der Erfahrungen des Kindes, das sie einmal waren, nicht fähig sind, sich wirklich angstfrei tief einzulassen auf einen anderen Menschen. Außerdem gibt es häufig Mütter, bei denen die Beziehung zu ihrem Kind erst wachsen muss. Sei dies durch die Umstände der Schwangerschaft hervorgerufen oder weil sie sehr distanziert veranlagt sind. Auch auf diesem «Umweg» sind tiefe, wunderbare Mutter-Kind-Beziehungen möglich.

Der Vater

Im Gegenteil zur Bindung an die Mutter, die naturgemäß die erste ist, erfolgt die Bindung an den Vater etwas später, wenn er das Kind aufnimmt und liebevoll mitversorgt. So ist hier ganz klar die Frage nach der Beziehungsfähigkeit auch an den Vater zu stellen. Selbstverständlich sagen viele Väter von Anbeginn der Schwangerschaft Ja zu ihrem werdenden Kind und ihrer Vaterschaft. Empfangen das Kind mit offenen Armen. Das Kind hört erstmals die Stimme des Vaters, nimmt seine Ausstrahlung wahr und fühlt sich im wahrsten Sinne des Wortes angenommen.

Es gibt aber auch Väter, die sich zunächst überfordert durch die Vaterschaft fühlen. Die, wie manche Mütter auch, vom astrologischen Beziehungsmuster her eher distanziert angelegt sind. Die auch vielleicht in ihrem Leben nicht lernen konnten, angstfrei eine sehr verbindliche Beziehung einzugehen.

Auch hier gilt absolut: Das sind keine schlechteren Väter! Es besteht die Möglichkeit, dass sie gerade durch die Verbindung mit ihrem Kind eine völlig neue, von viel Zuneigung getragene Art der Beziehung lernen können. Doch das braucht Zeit, um wachsen zu können.

Ich kenne auch Väter, die mir erzählten, wie eifersüchtig sie auf das Neugeborene waren und wie sehr sie sich deswegen vor sich selbst schämten.

So kann es für Eltern, für Mütter wie für Väter, sehr erleichternd sein, wenn im Beratungsgespräch die Frage gestellt wird, ob und wie weit sie mit der neuen Beziehung zu ihrem Kindchen zurechtkommen. Ganz zum Schluss, aber sehr wichtig:

Wie erlebt das Kind die Eltern und wie sind die Eltern?

Deutungsrelevante Faktoren: Aspekte von Sonne und Mond im Horoskop des Kindes.

Immer wieder habe ich die Erfahrung gemacht, dass es im Interesse des Kindes wesentlich ist, über diesen Punkt mit den Eltern zu sprechen.

Ein Beispiel: Nehmen wir einen Elternteil mit starker Waage-Betonung, der um der Harmonie willen sehr angepasst lebt und daher die angestauten Aggressionen nicht wahrnimmt oder projiziert. Im kindlichen Horoskop ist aber ersichtlich, dass das Kind diesen Elternteil als aggressiv wahrnimmt, zum Beispiel, weil Sonne oder Mond im Quadrat zu Mars steht. Daraus kann sich ein wichtiges Beratungsthema ergeben, nämlich mit der Mutter bzw. dem Vater über den Anspruch, «es allen recht machen zu wollen» (Waage-Betonung), und die damit sich auf Dauer zwangsläufig ergebenden unterschwelligen Aggressionen zu sprechen. Bekommt der Elternteil hier Klarheit, wirkt sich das sicher gedeihlich für den Umgang mit dem Kind aus.

Der Horoskopvergleich der elterlichen Horoskope

Eine weitere Möglichkeit, um tiefer in die Basis des Eisbergs einzusteigen, dessen Spitze das Kind verkörpert, ist ein Horoskopvergleich zwischen den elterlichen Horoskopen. Kinder reagieren wie der Zeiger eines Barometers auf Unstimmigkeiten in der Familie. Findet also zwischen den Eltern eine ständige atmosphärische Unstimmigkeit statt, zum Beispiel dergestalt, dass der eine den anderen dominiert (Saturn), dann spüren das Kinder sehr genau, auch wenn der Konflikt nur unterschwellig schwelt. Oder, was sehr häufig zu erleben ist, dass geradezu ein Machtkampf stattfindet nach dem Motto: «Wer ist der bessere Elternteil?» (Pluto).

Ich empfehle daher, für eine tiefgehende Interpretation den Vergleich der elterlichen Horoskope mit in die Beratung einzubeziehen, sofern das zeitlich und auch finanziell möglich ist.

Unumgänglich ist diese Besprechung, wenn Probleme beim Kind oder mit dem Kind auftreten. Schulschwierigkeiten der Kinder sind sehr häufig eine Reaktion auf offene oder unterschwellige Konflikte der Eltern.[1]

Deutungshilfe Elternhoroskope

1. *Einzeldeutung der beiden Radixhoroskope:*
- Was für ein «Vermögen» haben die Eltern? Vermögen sie zu kommunizieren? Vermögen sie es, ihre Gefühle wahrzunehmen, zu äußern, in Zaum zu halten? Wesentlich sind hier das 2. Haus sowie die Stellung von Merkur und Mond.
- Sind sie zufrieden? Kennen sie ihre Bedürfnisse? Ist es ihnen möglich, diese einigermaßen zu erfüllen? Oder sind sie frustriert? Wesentlich sind hier Venus und Mond.
- Wo liegen die Ängste der Eltern? Wesentlich sind hierbei Aspekte von Saturn und den Langsamläufern auf persönliche Planeten.
- Wo stehen Saturn, Chiron, der absteigende Mondknoten, Pluto? (Schattenseiten)
- Wie ist ihre Beziehungsfähigkeit? Welche Elternbilder haben sie? Wesentlich für die Beziehungsfähigkeit sind Venus und Mond, für die Elternbilder die Aspekte von Sonne und Mond sowie auch das 4. bzw. 10. Haus in den Zeichen und ihre jeweiligen Herrscher. Zur weiteren Information können auch die in den Häusern befindlichen Planeten herangezogen werden.
- Wie ist ihre Einstellung zu Kindern generell? Wesentlich sind hier der Mond und das 5. Haus (evtl. noch das 4. Haus in Bezug auf die Einstellung zur Familie).
- Wie *erlebt* das Kind die Eltern und wie *sind* die Eltern?

2. *Der Horoskopvergleich der elterlichen Horoskope*

Gedanken zur Erziehung

Der Philosoph Immanuel Kant, der von 1724 bis 1804 in Königsberg lebte, schrieb: «Eines der größten Probleme der Erziehung ist, wie man die Unterwerfung unter den gesetzlichen Zwang mit der Fähigkeit, sich seiner Freiheit zu bedienen, vereinigen könne. Denn Zwang ist nötig! Wie kultiviere ich die Freiheit bei dem Zwange? Ich soll meinen Zögling gewöhnen einen Zwang seiner Freiheit zu dulden und soll ihn selbst zugleich anführen, seine Freiheit gut zu gebrauchen. Ohne dies ist alles bloßer Mechanismus, und der der Erziehung Entlassene weiß sich seiner Freiheit nicht zu bedienen.»[2]

Wir sollten nicht über das Wort «Zwang» stolpern. Kant lebte im 18. Jahrhundert, heute würde statt Zwang Beschränkung benutzt werden. Doch die Notwendigkeit der Einordnung in die staatlichen und ethischen Gesetze wird auch heute niemand leugnen.

Wenn wir dieses Zitat astrologisch unterlegen und für «gesetzlichen Zwang» Saturn nehmen und für Freiheit Uranus, dann bedeutet das, dass Erziehung sich zwischen den beiden Antagonisten Saturn und Uranus bewegt. Dass wir unsere Kinder zur Freiheit erziehen sollen, die begrenzt ist durch die Gesetze der Gesellschaft im Außen sowie die Gesetze, die ein jeder von uns in sich, in seinem Inneren, trägt. Dass wir unseren Kindern das Wissen mitgeben sollen, dass ein jeder, der seine Freiheit lebt, gleichzeitig Verantwortung übernehmen muss für sein Verhalten, sich selbst und anderen gegenüber.

Vom Wortstamm her kommt Erziehung von «zu etwas hinziehen, zu etwas hinführen». Wohin wollen wir unsere Kinder ziehen? Wohin wollen wir sie führen? Ich sehe fünf Säulen der Erziehung:

1. Die Erziehung zu Freiheit, zur Individualität, also die Erziehung zur Unabhängigkeit von der Gesellschaft.
2. Die Erziehung zu Struktur, Pflichterfüllung und Verantwortlichkeit

sich selbst und anderen gegenüber, also die Erziehung zur Einordnung in die Gesellschaft, zur Suche nach einem Platz in der Gesellschaft.
3. Die Erziehung zu emotionaler Kompetenz, zu dem, was wir als Herzensbildung bezeichnen.
4. Die Erziehung zu sozialer Kompetenz.
5. Die Offenheit und das Angebot der Eltern an das Kind, sich intellektuell zu bilden, so wie es seinem Wesen und Vermögen entspricht.

1. und 2.: *Die Erziehung zu Freiheit und Struktur.* Bis in die 60er-Jahre des vorigen Jahrhunderts hinein war Erziehung fast ausschließlich mit Saturn und seinen Schattenseiten gleichzusetzen. Alice Miller, die große Schweizer Psychologin, prägte in ihren Büchern den Begriff der «schwarzen Pädagogik». In der Hauptsache wurden die Kinder damals allein mithilfe von Drohungen und Strafen erzogen. Ausnahmen gab es natürlich immer. Kinder wurden jedoch als kleine Erwachsene gesehen und angepasst an das Leben der Erwachsenen behandelt. Dass Kinder eigene Bedürfnisse haben, die sich zum Teil stark von den Vorstellungen der Erwachsenen unterscheiden, war nicht bekannt.

Erst mit der Revolution der Werte, die in den «68ern» gipfelte, kippte das saturnale Erziehungsmodell um in das Modell der antiautoritären Erziehung. Interessanterweise legen verschiedene Astrologengruppen den Beginn des Wassermannzeitalters in die 60er-Jahre des vorigen Jahrhunderts.

Die Erziehung der Kinder wechselte relativ abrupt von den autoritären Strukturen des Saturns in die grenzenlose Freiheit des Uranus. Wenn wir heute die Kinder beobachten, von denen viele schon im Schulalter massive Störungen aufweisen, weil sie mit der Freiheit nicht umgehen können, dann sehnen wir uns manchmal nach den Grenzen, die Saturn gesetzt hatte. Doch wie können Eltern, die selbst in schier grenzenloser Freiheit aufgewachsen sind, in der Erziehung der eigenen Kinder sinnvolle Grenzen setzen?

Wenn jemand als Kind nicht gelernt hat, mit Geld umzugehen, wird er es in der Jugend und im Erwachsenenleben mühsam erlernen müssen, sofern ihm das überhaupt gelingt. Wenn jemand in der Kindheit keine sinnvollen Grenzen erfahren hat, wird er sich selbst mühsam beibringen müssen, Maß zu halten oder Grenzen anzuerkennen. Wie soll er diese an seine Kinder weitergeben?

Es ist in der Erziehung also dringend erforderlich, sowohl Saturn als auch Uranus zu seinem Recht zu verhelfen, zunächst bei manchen Eltern selbst und dann bei den Kindern.

Ich möchte aber noch einen anderen astrologischen Gedanken einbringen. In den letzten 50 Jahren haben wir in Deutschland eine Zeit scheinbar unbegrenzten Wachstums erlebt. Alles, aber auch alles war auf Ausdehnung, Erweiterung, auf Vergrößerung angelegt.

Von Konstantin Wecker gab es einen Song, in dem es hieß: «Genug ist nicht genug»[3]. Danach lebte und lebt die Mehrheit der Menschen, und nach diesem Grundsatz des unbeschränkten Wachstums erzieht sie natürlich auch ihre Kinder. Dieses Haben-Wollen, mit der Grundeinstellung, dass es ihnen auch zusteht, können wir in jedem Supermarkt beobachten.

Es ist Jupiter, der einlädt zu Erweiterung, Wachstum, Mehrung bis hin zur Maßlosigkeit. Neben dem Mond ist Jupiter die zweite Planetenenergie, die Kindern von Anfang an uneingeschränkt zur Verfügung steht. Alle anderen Planetenenergien müssen sie sich erst erarbeiten. Wir Astrologen wissen aber, dass von Jupiter zu Uranus erst die Schwelle des Saturns überschritten werden muss. Saturn ist der Hüter der Schwelle zu den geistigen Planeten, von denen Uranus der erste ist. Erst wenn wir gelernt haben, Maß zu halten, und unsere Verantwortlichkeit für uns selbst und die Gesellschaft erkannt haben, ist uns der Weg zu sinnvoll gelebter Freiheit offen.

3. *Die Erziehung zu emotionaler Kompetenz* befähigt die Kinder, sowohl ihre eigenen Gefühle als auch die Gefühle anderer wahrzunehmen und mit ihnen umzugehen. Sie lernen durch die Erziehung zu emotionaler Kompetenz, Emotionen zuzulassen und zu steuern. Sie lernen, über Emotionen und Gefühle zu sprechen und sich gegenüber Emotionen von anderen adäquat verhalten zu können.

Wenn das Kind lernt, dass es starke Gefühle gibt und dass man sie verbalisieren kann, gerät es weniger leicht in die verhängnisvolle Spirale von starker Emotion, der Unfähigkeit, sie zu verbalisieren, und der Anwendung von körperlicher Gewalt, um den Druck der Emotion loszuwerden. Ich habe lange Zeit mit jungen Männern gearbeitet, die immer wieder in Gewaltkonflikte geraten waren. Ihnen allen war gemeinsam, dass sie in ihrer Kindheit nicht gelernt hatten, ihre Bedürfnisse, Gefühle und Emotionen zu verbalisieren.

4. *Die Erziehung zu sozialer Kompetenz.* Ein in diese Richtung geführtes Kind lernt, sich in Beziehungen zu sehen, zunächst natürlich in familiären, dann in den Beziehungen im Kindergarten, bis es dann mit dem Eintritt in die Schule immer mehr fremde Beziehungen aufbaut. Es lernt sowohl, sich in Beziehungen zu behaupten, als auch, auf andere Rücksicht zu nehmen. Wenn mir heutzutage ein junger Mann oder eine junge Frau die Tür vor der Nase zufallen lässt, dann ist das nicht nur ein Zeichen von Unhöflichkeit, sondern vor allem ein Zeichen mangelnder sozialer Kompetenz.

Er oder sie haben von ihren Eltern nicht gelernt, dass es auch noch andere Menschen gibt, auf die es zu achten, für die es Sorge zu tragen und für deren Wohlergehen es Verantwortung zu übernehmen gilt. Wenn lautstark der CD-Player röhrt, dann ist das Wohlergehen der Nachbarn empfindlich gestört, und das Kind sollte frühzeitig lernen, dass dies in seinen Verantwortungsbereich fällt. Auch das gehört zu sozialer Kompetenz. Es ist auffallend, wie viele Menschen heutzutage egozentrisch, auf ihr Ich zentriert, sind und dabei ihr Wahrnehmungsvermögen für den anderen eingebüßt haben. Den anderen als gleichwertige, gleichberechtigte Person wahrzunehmen, ist soziale Kompetenz.

5. Schließlich geht es in der Erziehung auch um *intellektuelle Bildung.* Bildung kann nicht anerzogen werden. Denn Kinder bilden sich selbst und zwar vom ersten Lebenstag an. Das Gehirn bildet ständig neue Nervenzentren, die sich verzweigen und vereinen, wachsend mit dem Angebot, das dem Kind zur Verfügung steht. Führen wir uns einmal die kindliche Leistung auf dem motorischen Sektor vor Augen, krabbeln, sitzen und laufen zu lernen, obwohl ihm niemand sagen kann, wie das geht. Auf dem mentalen Sektor ist das Kind in diesem Alter gleichzeitig damit beschäftigt, zu lernen, wie man spricht, wie man Worte bildet, und einen Wortschatz zu erwerben. Welch ein Programm, welch eine Leistung!

Die Eltern, aber auch die Kindergärtnerin und die Lehrer können demnach nur wach und offen sein für die Fähigkeiten und Talente des Kindes, für sein Vermögen zu lernen, und vor allem auch aufmerksam die Interessen des Kindes außerhalb des (schulischen) Lernens beobachten. Viel zu häufig wird heutzutage ausschließlich auf das Lernvermögen Wert gelegt. Das Kind wird im Vorschulalter beinahe bis zum Abitur «verplant», ohne Rücksicht auf seine Fähigkeiten, die mehr abstrakter oder mehr praktischer Natur sein können. Auch fehlt in diesem Alter den Eltern das Wissen, ob ihr Kind leicht lernen wird oder sich schwer durch jeden neuen Lehrstoff kämpfen muss. Ich kenne sehr viele Kinder, die die Lerninhalte der Grundschule leicht bewältigt haben, aber im Gymnasium mit Algebra, Latein & Co. wirklich überfordert waren, weil ihre Fähigkeiten mehr praktisch als abstrakt ausgerichtet waren. Allzu oft entsteht so für Kind und Eltern eine sehr leidvolle Schulzeit. Die Eltern können dem Kind ein noch so weitreichendes Angebot machen, von der Wahl des Kindergartens über die Wahl der Grundschule bis zur Wahl des für sie geeigneten Berufs. Wesentlich dabei ist, offen zu sein für alle Signale der Überforderung, gleichgültig, ob der schulische Bereich oder der Freizeitsektor betroffen ist.

Es ist ebenso hart für ein zehnjähriges Kind, mit dem Vater, der ein begeisterter Mountainbiker ist, 60 Kilometer am Tag zu radeln, wie für ein sehr musisch und künstlerisch begabtes Kind, mit der mathematisch versierten Mutter Nachmittage lang vorsorglich Algebra zu pauken, obwohl das Kind erst in der 6. Klasse ist und am Bruchrechnen verzweifelt. Beides habe ich im Bekanntenkreis erlebt.

Aber jede, wirklich jede Erziehung, in welche Richtung auch immer, ist müßig, wenn eine Grundvoraussetzung nicht erfüllt wird: Die Eltern müssen kongruent und Vorbild sein, müssen ihre Erziehung vorleben. Das heißt, dass sie das, was sie sagen, predigen, fordern, selbst überzeugend im Alltag beherzigen müssen. Um ein Beispiel zu nennen: Ich erlebe immer wieder, dass Eltern auch in Gegenwart ihrer Kinder «flunkern», vielleicht eine Notlüge gebrauchen. Erwischen sie aber ihre Kinder dabei, werden diese für ihre Lügen ausgeschimpft oder sogar bestraft.

In den letzten Jahren ist zunehmend noch ein anderer besorgniserregender Trend zu beobachten: Eltern behandeln ihre Kinder – vom Kleinkind bis zur Pubertät – als Partner. Kein Kind ist der Partner eines Erwachsenen! Der Begriff Partnerschaft kommt von dem lateinischen Wort «partitio» und bedeutet «Teilung». Partner ist also ein Teilhaber, Mitspieler, Gegenspieler, Genosse, Gefährte. Also ein Mensch, der gleiche Rechte, Pflichten, Verantwortung hat. Dies alles trifft nicht auf Kinder zu. Ein dreijähriges Kind, ebenso wie ein zehnjähriges, ja sogar wie ein fünfzehnjähriger Jugendlicher, ist vollkommen überfordert, wenn es die gleichen Pflichten und die gleiche Verantwortung wie ein Erwachsener übernehmen soll. Für Eltern besteht ein eindeutiger Auftrag zur Erziehung, den Eltern, die ihre Kinder als Partner sehen, nicht wahrnehmen oder zu umgehen versuchen.

«Die Eltern-Kind-Beziehung kann nicht demokratisch sein, auch wenn viele Eltern und Erzieher heute glauben, dass sie es sein müsse», schreibt Elisabeth C. Gründler[4]. Sie bezieht sich dabei auf Jesper Juul, einen dänischen Familientherapeuten, und dessen Aussage: «Nicht gleichberechtigt sind Eltern und Kinder, sondern sie verfügen als Menschen über die gleiche Würde.»

Häufig werden im alltäglichen Sprachumgang die Begriffe «gleich», «gleichwertig» und «gleichberechtigt» verwechselt. Alle Menschen, somit auch Kinder, sind gleichwertig in ihrer Würde; doch nicht alle Menschen sind gleichberechtigt und schon gar nicht gleich – auch nicht chancengleich.

In der U-Bahn: Ein Junge von vielleicht vier Jahren turnt an einer Stange herum und gefährdet dabei ein kleineres Kind, das in einem Kinderwagen daneben «geparkt» ist. Die Mutter des Jungen bittet in immer ungeduldiger werdenden Ton von ihrem Sitzplatz aus: «Daniel, könntest du bitte aufhören, hier herumzuhampeln, du siehst doch, wie es das Baby gefährdet.» Daniel hört nicht. «Ich bitte dich, mach mir keinen Kummer, hör auf herumzuhampeln.» Daniel hört nicht. «Daniel, du weißt doch, dass ich traurig werde, wenn du nicht hörst.»

Im Supermarkt: Drei Kinder zwischen drei und sechs Jahren, großes Geschrei und Palaver, weil sich die drei nicht einigen können, welcher Joghurt gekauft werden soll. Die verzweifelte Mutter schafft es nicht, eine Entscheidung zu treffen, sondern sagt immer wieder: «So einigt euch doch, das muss doch gehen.»

Dies sind Beispiele, in denen Kinder als Partner angesprochen und überfordert werden. Ein Kind braucht Richtlinien, und oft haben die Eltern bei den Kindern unpopuläre Entscheidungen zu treffen und ohne Diskussion durchzusetzen. Das aber erfordert Konsequenz und Mühe; der Weg, vom Kind partnerschaftliches Verhalten einzufordern, ist einfacher.[5] Kindern ist es vor der Pubertät nicht möglich, die Qualität des Saturns selbst zu leben. So ist es die Aufgabe der Eltern, die saturnalen Energien für das Kind buchstäblich zu verkörpern. Dies ist nicht immer einfach und erfordert ein hohes Maß an Disziplin und Verantwortungsbereitschaft (beides Qualitäten von Saturn), um das richtige Maß zu finden zwischen Stütze, Unterstützung, Grenzsetzung auf der einen und einem Übermaß an Kritik und starren Regeln auf der anderen Seite, die zur Behinderung für das Kind werden können.

Vielen Menschen – und damit auch vielen Eltern – fällt es schwer, ein klares Nein auszusprechen. Meist machen wir eine Absage, indem wir gleichzeitig eine Begründung für diese anfügen: «Nein, ich werde nicht kommen, weil ich noch so viel zu tun habe.» «Nein, du kannst jetzt keine Schokolade essen, weil du beim Abendessen dann keinen Hunger hast.»

Mit einer Begründung geben wir unserem Gegenüber aber die Möglichkeit, Gegenargumente zu finden: «Wenn du etwas früher heimgehst, kannst du ja deine Arbeit noch fertig machen.» «Wenn ich nur ein ganz kleines Stückchen esse, habe ich später wieder Hunger.»

Das Ergebnis ist eine Diskussion um etwas, was wir nicht wollen. Wir haben unser Nein geschwächt, nicht gestärkt. Ein Nein ohne Begründung oder mit der Begründung «Weil ich es nicht will» ist hingegen eindeutig und zeigt oftmals ungeahnt Wirkung. In der Kindererziehung ist ein bestimmtes Nein unerlässlich, dient es doch der Klarheit und zeigt die Dominanz der Eltern. Genauere Ausführungen zu diesem Thema finden Sie im Kapitel «Das Kind von 0 bis 6 Jahren» (Seite 106ff.).

Teil 2:
Das Kind

Die Deutung des Kinderhoroskops

Dieses Kapitel erläutert die Deutung von Kinderhoroskopen allgemein, unabhängig vom jeweiligen Alter. Die nachfolgenden Kapitel differenzieren dann die Kindheit vom Säuglingsalter bis zum Ende der Kindergartenzeit und von der Einschulung bis etwa zum 13. Lebensjahr. Der Beginn der Pubertät (der körperlichen wie der psychischen) ist fließend. Meist kann das Horoskop schon ab dem 13. Lebensjahr wie ein Erwachsenenhoroskop gedeutet werden, es sei denn, der junge Mensch zeigt sich noch sehr kindlich.

Wenn ich an Kinder und ihre Eltern denke, dann fällt mir immer das Bild von einem Bäumchen ein, das einmal ein Baum werden will und von seiner Gärtnerin, seinem Gärtner umsorgt wird. Eine Gärtnerin legt den Samen für einen Baum in den Boden und dann beginnt die Zeit des Wartens, denn Erde, Sonne und Regen lassen den Samen ganz ohne Zutun der Gärtnerin keimen, bis der Schössling durch die Erde bricht und aus den Keimblättchen die ersten Blätter sprießen. Und diese ersten Blätter, so klein sie sind, sind bereits typisch für den Baum, der einmal werden soll. Haben sich einmal Samen und Eizelle gefunden, dann beginnt auch bei uns Menschen die Zeit des Wartens, der Schwangerschaft, in der ganz ohne unseren Einfluss das Kind heranwächst, bis es sich in seiner Gestalt bei der Geburt zeigt. Und diese Gestalt ist einmalig und typisch für dieses Wesen. Dann aber bedarf der Keimling des Baumes der Pflege der Gärtnerin. Es ist wichtig, dass die Gärtnerin das Bäumchen kennt, dass sie weiß, welchen Boden es braucht, welche Nährstoffe wesentlich sind. Ob es viel Feuchtigkeit oder eher trockenen Boden liebt. Wenn der Stamm schon etwas höher ist, ist es notwendig, ihn zu stützen, ihm einen Pfahl zur Seite zu stellen, der ihm hilft, die Stürme zu überstehen, bis das Holz kräftig genug ist, dem Wind zu trotzen. Später verrottet das Hanfseil, das Baum und Pfahl verbindet, und der Baum ist frei, bedarf der Stütze nicht mehr.

So bedarf auch das Kind der Pflege der Eltern und es ist wirklich wichtig, dass die Eltern früh genug erkennen, was ihr Kind braucht, dass sie es kennenlernen, es verstehen lernen, um ihm wirklich Stütze und Unterstützung zu sein auf seinem Weg, um es dann loszulassen in sein Leben.

Der Idealfall beim Großziehen einer Pflanze, eines Bäumchens ist der, dass die Gärtnerin sowohl sich selbst und die persönlichen Eigenheiten gut kennt als auch die Pflanze kennt, ihre Bedürfnisse, Möglichkeiten und Eigenheiten. Es ist wichtig, dass die Gärtnerin weiß, dass eine Birke viel Wasser braucht (das ist ihr Bedürfnis), dass ein Apfelbaum keine Birnen trägt (das liegt nicht in seinen Möglichkeiten) und eine Lärche die Nadeln im Winter abwirft (diese Eigenheit hat sie, und nur sie unter den Nadelbäumen).

Genauso wichtig ist aber, dass die Gärtnerin weiß, dass sie im Gießen oft nachlässig ist, dass sie dazu neigt, zu viel zu düngen, dass sie vielleicht ungeduldig ist und schlecht untätig das Wachsen ertragen kann. Oder dass sie am liebsten ein Bonsaibäumchen pflegt und zieht, an dem sie fast täglich etwas beschneiden oder dessen Ästen sie mit Draht die genehme Form geben kann.

Die größte Erziehungshilfe sind die Kenntnis des Kindes und die Selbsterkenntnis und daraus resultierend die Interaktionen zwischen Kind und Elternteil.

Wenn ich weiß, dass ich ein eher realistischer Erdtyp bin, für den klare Fakten Sicherheit bedeuten, dann kann ich mir vorstellen, dass ein wasser- oder luftbetontes Kind eine Herausforderung für mich bedeutet. Und dass die Gefahr vorhanden ist, dass ich entweder mir Unrecht tue oder dem Kind, zum Beispiel, indem ich die fantasievollen Geschichten des Kindes abwerte als Flunkerei oder gar Lüge. Oder wenn ich meine, ich müsste den immer neuen Ideen meines Kindes folgen und mein Bedürfnis, dass diesen Ideen auch mal Taten folgen sollten, als nicht berechtigt verdrängen. Wenn ich die Unterschiede zwischen meinem Kind und mir kenne, dann sehe ich, dass dieses fantasiebegabte oder ideenreiche Kind meine erdigen Eigenschaften als Stütze braucht, um hier auf dieser Welt zurechtzukommen. Und ich erkenne andererseits, dass dieses Kind etwas Leichtes, Luftiges mitbringt, als Teil meiner eigenen Lernaufgabe. Es ist also eine enorme Hilfe bei der Erziehung der Kinder, diese und sich selbst zu kennen. Und was gibt besser Auskunft über das Kind und die Eltern als ein Radixhoroskop?

Deutungsunterschiede zwischen Kinder- und Erwachsenenhoroskop

Es ist für die Deutung zunächst wichtig, sich klarzumachen, dass alle Energien, die durch Planeten, Elemente, Hauptachsen und auch Häuser im Horoskop vertreten sind, einer Entwicklung bedürfen. Kinder leben die Energien des Horoskops noch in der Einheit, sie erleben sich in der Ganzheit der Familie, als zum Ganzen gehörig. Dazu gehört auch das kollektive Unbewusste, dem Kinder noch sehr nahe sind. Sie sind nicht individuell. Erst später, mit der Pubertät, tritt dann das Getrenntsein von den anderen, von der Familie ins Bewusstsein. Die Kinder erleben den schmerzhaften Prozess der Ich-Werdung, die gleichzeitig eine Trennung aus der Gesamtheit bedeutet. Das ist der Punkt, an dem sie beginnen, die persönlichen Planeten bewusst zu leben und bewusst einzusetzen.

Zunächst aber erleben wir bei den Kindern sehr häufig, dass sie die Energien der Planeten noch unentwickelt und unbewusst nach außen bringen. Das heißt, die unreife Form des Elements, des Planeten, des AC tritt verstärkt hervor und damit kommen manchmal insbesondere die Schattenseiten der Planetenenergie zum Vorschein. Die Umgebung erlebt diese «goldigen Kinder» dann als ausgesprochene Haustyrannen. Den Eltern stellt sich die große Aufgabe, einerseits Verständnis und Liebe für den Haustyrannen, also für die Schattenseiten, aufzubringen und andererseits den Schattenseiten und damit auch dem kleinen Haustyrannen Grenzen zu setzen und dem Kind Stütze zu geben, damit die lichten Seiten Raum haben, zu wachsen.

Sobald wir uns dies erst einmal klarmachen, können wir auch den Eltern Trost spenden, wenn sie mit der unreifen Form zu kämpfen haben. Die Hilfe für das Kind besteht nicht darin, diese Energie zu bekämpfen und zu unterdrücken, denn damit würden wir ja auch ein Potenzial unterdrücken. Die Energie muss vielmehr richtig begrenzt und kanalisiert werden. Eines der Potenziale zum Beispiel eines schützebetonten Kindes ist das ethische, moralische Bewusstsein, sein Sinn für Recht und Unrecht. Doch in der unreifen Form kann der kleine Schütze sich als ausgesprochener Tyrann für Geschwister oder Mitschüler erweisen, indem er gnadenlos petzt und alles, aber auch alles besser weiß. Welches sind nun die wichtigsten Unterschiede im Einzelnen?

1. Der erste und bedeutsamste Unterschied zwischen Kinder- und Erwachsenenhoroskop ist, dass die Kinder die Planetenenergien unbewusst leben, eingebettet in die Gemeinschaft, vielfach verbunden mit dem kollektiven Unbewussten. Daher müssen sie in die Verantwortung für diese Energien erst hineinwachsen. Die Erwachsenen dagegen sind sich des Getrenntseins von den anderen bewusst. Sie leben die Planetenenergien, zumindest die von Sonne bis Saturn, bewusst und sind von daher auch verantwortlich für die Auswirkungen.
2. Außerdem unterscheidet sich die Bewertung der Elemente. Beim Erwachsenenhoroskop sind die Elemente eine wichtige, nicht zu vernachlässigende Information. Das Horoskop des Kindes und damit das Kind selbst sind geprägt vom vorherrschenden Element. Alle Planeten (außer den drei geistigen) sowie AC und absteigender Mondknoten werden zuerst im Element gedeutet, später erst im Zeichen und noch einmal später im Haus. (Ausnahme: Beim absteigenden Mondknoten ziehe ich schon beim Kleinkind das Haus mit heran.)
3. Der dritte große Unterschied ist die Gewichtung der Planeten, die anders ist als beim Erwachsenen. Wenn ich noch einmal das Bäumchen als Symbol für das Kind heranziehen darf: Der Boden, in dem die Pflanze wächst, ist das, was das Kind umgibt, gleichsam der Nährboden, in den es verwurzelt ist, in gewissem Sinne auch das, was es mitbringt. Es ist der Bereich, in dem das Familienerbe wirkt, wozu nicht nur das Erbe der Eltern zählt, sondern vielfach auch das der Großeltern.

Astrologisch gesehen ist dieser Nährboden das Imum coeli, das IC. Dieser Punkt ist in der Deutung des Kinderhoroskops sehr wichtig, da er durch das Zeichen die Art und Weise angibt, wie sich das Kind geborgen, zu Hause fühlt. Ich zähle das IC zu den bedeutenden Punkten in einem Horoskop, weil wir daran ersehen, was ein Mensch braucht, um sich in Geborgenheit hin zu den Qualitäten des Medium coeli, des MC, entwickeln zu können, die im Laufe des Lebens immer wichtiger werden. Je nach Zeichen, in dem das IC steht, wissen wir, was das Kind braucht, vom ersten Lebenstag an. Ob es das von der Familie auch erhält, ist eine andere Frage. Doch wenn diese Geborgenheit nicht zur Verfügung stand, dann ist es für den Erwachsenen eine nicht geringe Aufgabe, zu versuchen, sich dieses Gefühl der Geborgenheit selbst zu geben. Dies ist dann ein notwendiger Akt der Selbstliebe, der unsere Wurzeln großflächig wachsen lässt.

Einige denken jetzt sicher an ein IC im Skorpion: «Wie kann man sich da geborgen fühlen? Oder bei einem IC im Widder?» Doch wir müssen auch an die lichten Seiten dieser Zeichen denken. Da gibt es beim Skorpion Geborgenheit durch intensive Gefühle, intensives Beieinandersein, durch einen Familienpakt, durch Zusammenhalten und vor allem auch durch innere Werte und inneren Reichtum. Der Widder bietet Lebenslust, Beweglichkeit, einen Schuss Herausforderung und hohe Motivation. Die positiven Ausdrucksmöglichkeiten dieser Zeichen können natürlich leicht auf die Schattenseite kippen, doch diese Gefahr ist in jedem anderen Zeichen auch gegeben. Sehen wir uns den Lebensbaum des Kindes einmal als Bild an:

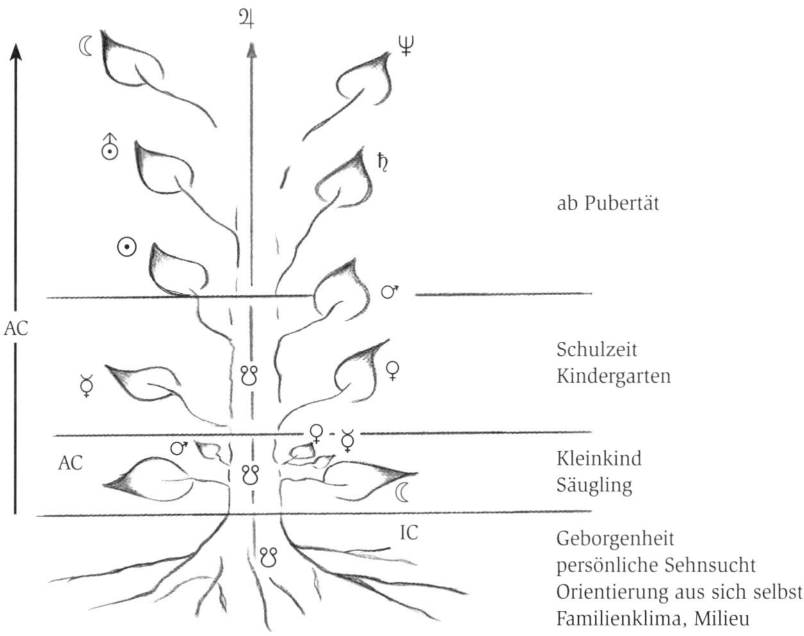

Der Boden, in dem das aufgehende Bäumchen wächst, in dem es verwurzelt ist, ist das Imum coeli, das IC, der Wurzelbereich. Den absteigenden Mondknoten nehme ich deshalb mit in den Wurzelbereich hinein, weil es für das Kind ein von alters her vertrauter Bereich ist. Etwas, was es kann. In die altvertrauten Verhaltensweisen des absteigenden Mondknotens zieht es sich zurück, wenn es Probleme hat, unter Umständen auch, wenn es sich in die Enge getrieben fühlt. Ob das immer die besten Verhaltensweisen sind, möge dahingestellt bleiben. Auf die genauere Deutung des absteigenden Mondknotens werde ich später noch eingehen.

Der Aszendent (AC) ist der Himmel, vor dem das Bäumchen wächst und in den es hineinwächst. Der Himmel ist gefärbt vom Element des AC. Es ist der rote Himmel des Feuer-AC, der grüne des Erd-AC, der gelbe des Luft-AC oder der blaue des Wasser-AC.

Die ersten Blätter des Baumes symbolisieren den Mond des Kindes. Nach und nach wachsen dann die Blätter von Merkur, Venus, Mars aus den kleinen Zweigen. Später erst kommen Sonne und Saturn dazu. Jupiter begleitet das Kind bei seinem Wachstum. Eigentlich *ist* das Kind das Prinzip Jupiter: sich ausdehnen, wachsen.

Es ist daher allgemein üblich, folgende vier Faktoren im kindlichen Horoskop in dieser Abfolge zuerst zu deuten:

1. das vorherrschende Element
2. den Aszendenten als weiteren prägenden Faktor
3. den Mond als den am stärksten hervortretenden Planeten
4. den absteigenden Mondknoten

Diese Reihenfolge gibt sehr gut Antwort auf die Frage: «Wie *ist* das Kind?» Ich persönlich ziehe eine andere Reihenfolge vor, die Antwort gibt auf die Frage: «Was *braucht* das Kind?» Ich deute

1. das Imum coeli: Was braucht das Kind, um sich geborgen zu fühlen?
2. das vorherrschende Element: Welcher «Motor» treibt das Kind an?
3. den Mond: Was braucht das Kind zur Befriedigung seiner primären Bedürfnisse?
4. den absteigenden Mondknoten: Was braucht das Kind bei gegebenenfalls «mitgebrachten» Problemen?

Nach meinen Erfahrungen ist bei der Interpretation des Kinderhoroskops der Aszendent fast identisch mit dem Mond zu deuten. Der Aszendent tritt insofern hinter der Bedeutung des Mondes zurück, als die Bedürfnisse des Mondes unsere primären, elementaren Bedürfnisse sind, das, was wir zum Leben brauchen. Mehr dazu finden Sie im Kapitel «Der Mond in der Schulzeit», Seite 167ff.

Dafür ist für mich, wie schon oben erwähnt, die Bedeutung des Imum coeli beim Kind immer deutlicher hervorgetreten. Wenn der kleine Mensch nicht die Geborgenheit vorfindet, die er braucht, um sich in sein Leben hineinentwickeln zu können, dann muss er als Jugendlicher und Erwachsener sehr viel Energie darauf verwenden, zunächst die Geborgenheit in sich selbst zu finden, bis er sich in die Öffentlichkeit des 10. Hauses hineinentwickeln kann. Es fehlt ihm die Verwurzelung, das Selbstverständnis zu sagen: «Ich bin so, wie ich bin.» Aus diesem Grund spreche ich mit den Eltern sehr ausführlich über das IC in Element und Zeichen, während ich den AC zwar erwähne, doch für seine Interpretation im Zeichen dieselbe Deutung wie für den Mond im Zeichen verwende.

Natürlich sind die Planeten Merkur, Venus und Mars vom ersten Lebenstag an mit dabei. Der Säugling lernt mit Merkur vom ersten Augenblick an, mit Mars bewegt er sich und mit Venus nimmt er Nahrung an oder lehnt sie ab. Trotzdem rücken erst im Kindergarten- und vor allem Schulalter diese Planeten deutlicher in den Vordergrund. Die Sonne als das Symbol für das Wesen und den Entfaltungswillen des Kindes ist selbstverständlich von Anfang an zu spüren, allerdings beginnt sich ihre Kraft erst in der Pubertät wirklich zu zeigen: Die Sonne geht auf, sie beginnt zu leuchten.

Ebenso ist es dem Kind erst ab der Pubertät möglich, Saturn «von innen», aus sich heraus, zu leben, während die Jahre vorher Saturn «von außen» durch die Eltern und andere Erziehungspersonen an das Kind herangetragen wird. Die Pubertät ist auch die Phase, in der der junge Mensch immer mehr beginnt, Verantwortung für sein Denken und Handeln zu übernehmen, und dadurch die Eltern im gleichen Maße aus ihrer Saturn-Rolle entlässt.

In diesem Zusammenhang ist es auch ein interessanter Gedanke, die Entwicklung des Menschen vom Kleinkind bis zum Erwachsenen in die Symbolik der Tierkreiszeichen zu übertragen[6]. Hier eine von mir bearbeitete Fassung:

Die Entwicklungsstadien des Menschen in der Symbolik der zwölf Zeichen

Widder	Kindphase, vorwärtsstürmend, rücksichts-los sich entwickeln
Stier	orale, sinnliche Phase, Wachstumsphase, Entwicklung von Körpergefühl
Zwillinge	sich aufrichten, dadurch größerer Überblick, Neugier, Sprachentwicklung
Krebs	emotionale Anteilnahme, Bewusstsein, Teil einer Familie zu sein

Die frühkindliche Entwicklung ist damit zunächst abgeschlossen.

Löwe	Erwachen des Ich-Bewusstseins, Streben nach Anerkennung («Mama, schau mal, was ich kann.»), «Ich bin der Nabel der Welt»-Phase
Jungfrau	Schulzeit, Anpassung, Aufgabenzuteilung, Beginn der Eigenverantwortung
Waage	(Pubertäts-)Zeit, in der Begegnungen stattfinden, Hereinnehmen des Gegengeschlechtes, Erlernen von Kompromissbereitschaft
Skorpion	Bedürfnis nach sexueller Vereinigung, Phase tiefer, verändernder Lebenskrisen

Die jugendliche Entwicklung ist damit zunächst abgeschlossen.

Schütze	Sinnsuche, Sinnkrisen, Sinnfindung
Steinbock	Zeit, in der «unser Bestes» der Gesellschaft zur Verfügung gestellt wird, aus der Masse treten, sich der Kritik stellen, Zeit der Reife, Zeit der Ernte
Wassermann	Zweite Pubertät! Die wahre Freiheit kommt erst danach (evtl. nach der Midlife-Crisis). Beginn, als Original, nicht mehr als Kopie zu leben, spielerische Provokation
Fische	Zeit vor dem Tod, Frage nach dem Woher und Wohin, Sehnsucht nach dem Göttlichen, nach dem Jenseits. Der Körper erfüllt seine Funktionen nicht mehr.

Leitlinien zur Deutung des Kinderhoroskops

Deutungsreihenfolge

Ab dem Säuglingsalter:

- Das IC im Zeichen sowie Planeten am IC: Welches Familienklima, welche emotionalen Bedingungen braucht das Kind, um sich geborgen zu fühlen?
- Das vorherrschende Element (hierbei vor allem auf Mond, AC, absteigenden Mondknoten achten): Wie ist das Temperament des Kindes? Wie reagiert es auf die Welt?
- Der Mond im Element: Welche existenziellen Bedürfnisse hat das Kind? Wie drückt es seine Gefühle aus?
- Der absteigende Mondknoten im Element: Was ist dem Kind vertraut? Was gibt ihm Sicherheit?
- Der Aszendent im Element: Wie zeigt sich das Kind? Wie stellt sich ihm die Welt dar?

Zusätzlich ab dem Kleinkindalter:

- Der Mond im Zeichen
- Merkur im Element: Wie lernt das Kind? Wo liegen seine Interessen?
- Venus im Zeichen: Was gefällt ihm? Was tut ihm gut? Wie tritt es in Beziehung?
- Mars im Zeichen: Wie spielt es? Wie groß ist sein Bewegungsdrang? Wie lebt es die Trotzphase?
- Der absteigende Mondknoten in Haus und Zeichen: Wo liegt eine «alte Problemzone» des Kindes? Wohin «flüchtet» es sich in Konflikten?
- Meiner Erfahrung nach wird das Element, in dem die Sonne steht, häufig auch schon im Kleinkindalter spürbar.

Zusätzlich ab dem Schulalter:

- Mond, Merkur, Venus, Mars in Zeichen, Häusern und Aspekten: Feindeutung der oben genannten Bereiche.
- Die Sonne im Zeichen: Was will sich entfalten?
- Die Qualitäten: Wie ist die vorherrschende Art der Problemlösung? Wie ist es zu motivieren?

- Sonne und Mond mit Aspekten: Wie erlebt das Kind die Eltern? Welche inneren Elternbilder bringt das Kind mit?
- Der absteigende Mondknoten und, wenn vorhanden, Aspekte zu Planeten am absteigenden Knoten.
- Jupiter in Zeichen, Haus und Aspekten: Wo gibt es etwas zu begrenzen? Wo sollte es Maß halten? Wo hat das Kind zu hohe Erwartungen?
- Saturn in Haus und Aspekten: Wo gibt es etwas zu stützen, zu unterstützen? Wo liegen Ängste oder Hemmungen?

Zusätzlich von Beginn der Vorpubertät an (fließend zwischen etwa 9 und 11 Jahren):

- Die Sonne in Zeichen, Haus und Aspekten.
- Den Herrscher des AC (Geburtsherrscher).
- Ebenso wichtig wie die Deutung des AC ist die Deutung des AC-Herrschers: das Haus, das Zeichen und seine Aspekte. So kann bei einem Kind mit Widder-AC, dessen Herrscher Mars im Steinbock steht, das Feurige des AC so beeinflusst sein, dass das Kind auf neue Situationen zwar zum einen mit dem Mut und der Neugier des Widders, aber zum anderen auch bedächtig nach Art des Steinbocks zugeht. Das Haus, in dem der Herrscher steht, gibt das Interessengebiet an.
- Uranus, Neptun und Pluto in Haus und Aspekten: beginnende Eigenverantwortung in Bezug auf diese Energien.

Die Bedeutung der Häuser im Horoskop des Kindes bis zur Pubertät

1. Haus: Die Einstellung zu sich selbst, zum eigenen Ich, Entwicklung der Identifikation, Selbstbehauptung. Durch welchen Filter sieht das Kind die Welt?
2. Haus: Besitzansprüche, Revierverhalten, Sicherheitsbedürfnis, Selbstwertgefühl, Art des Spielzeugs. Was kann es gut?
3. Haus: Beziehung zu den Geschwistern, Erforschung des nahen Umfeldes, Lernverhalten, Interessiertheit, Aufmerksamkeit, Kindergarten, Schule

4. Haus:	Seelische Grundbedürfnisse, Gefühle, Art des Geborgenheitsbedürfnisses. Beziehung zur Familie, Elternhaus. Was braucht es, wenn es ihm schlecht geht?
5. Haus:	Art zu spielen, Art, sich seinem Wesen gemäß auszudrücken. Hobbys. Was macht ihm Lust und Freude?
6. Haus:	Art, den Alltag zu bewältigen, gesundheitliche Disposition, Beziehung zu Haustieren. Welche Atmosphäre braucht es in der Schule? Wie ist seine Beziehung zu Schulkameraden?
7. Haus:	Beziehung zu anderen, Verhalten in Wettbewerbssituationen, Gruppenverhalten
8. Haus:	Bindungs- und Veränderungsverhalten, Opferbereitschaft, Aufträge der Ahnen
9. Haus:	Grundannahmen, Sinnfragen, weltanschauliches Vermögen, Gewissen, Lebensskript in Form von Glaubenssätzen
10. Haus:	Erstrebenswerte Ziele. Der Wunsch, bemerkt zu werden. Art, sich bemerkbar zu machen. Umgang mit Autoritäten
11. Haus:	Freundschaften, Gruppenfähigkeit
12. Haus:	Fantasiewelt, Traumwelt, Ungreifbares und Unbegreifbares. Atmosphäre, in die das Kind hineingeboren wird. Die letzte Zeit der Mutter vor der Geburt.

Das Kind von 0 bis 6 Jahren

Gleichgültig, vor welchem weltanschaulichen Hintergrund wir ein Neugeborenes betrachten, ob wir denken, dass alles genetisch vererbt ist, ob wir meinen, das Kindchen komme als «leeres Blatt, das zu beschreiben ist» auf die Welt, oder ob wir der Ansicht sind, eine uralte Seele mit vielen vergangenen Inkarnationen vor uns zu haben, unberührt lässt uns dieses zarte, hilfsbedürftige Wesen kaum. Fast jeder Mensch wird einen Impuls spüren, dieses Menschlein zu umsorgen und zu schützen. Doch was braucht es, um sich geborgen und beschützt zu fühlen? Was ist es genau, was die Eltern ihm geben können, um ihm den Start ins Leben so einfach wie möglich zu gestalten?

Es sind die schon genannten Faktoren, die schnell Aufschluss geben können:

- das Zeichen am Imum coeli (IC)
- das vorherrschende Element
- der Mond
- der absteigende Mondknoten (MK)
- der Aszendent (AC)

Das Imum coeli (IC)

Brigitte Hamann legte in einem Vortrag (DAV-Kongress 2008) dar, dass die beiden Hauptachsen im Radixhoroskop als Kreuz zu betrachten sind. Die Achse AC/DC stellt die irdische Ebene dar, während die Achse IC/MC die Verbindung der Erde (IC) mit dem Himmel (MC) bildet. Wir finden gemäß Hamanns Modell am IC den «Ruf des Kosmos», unsere ureigene Sehnsucht, etwas ganz zu begreifen und ganz zu leben, um es in unserer weiteren Entwicklung dann mit dem MC vereinen zu können.

Es ist also die Energie des Zeichens am IC, die uns die erforderliche Geborgenheit gibt, um uns sicher zu fühlen auf unserem Weg. Planeten, die direkt am IC stehen (Orbis 3°), verdeutlichen unsere oft verborgene Sehnsucht. Diese Planeten sind in ihrer vollen lichten Kraft zu deuten. Die Sehnsucht nach diesen Planeten wird aber meist erst im Schulalter und während der einsetzenden Pubertät zum Ausdruck kommen.

Ob wir das, was wir an Geborgenheit brauchen und uns ersehnen, auch bekommen, ist von der Familienatmosphäre abhängig. Sehr leicht gleiten Zeichen und Planeten am IC in das Gegenteil ab. Das kann, um wieder den IC in Skorpion als Beispiel heranzuziehen, bedeuten, dass statt des intensiven emotionalen Familienpakts, den sich das Kind wünscht, Abhängigkeiten und Verstrickungen in Machtkämpfe erlebt werden. Aber auch ein IC in Schütze kann, statt die Sehnsucht nach einer bildungsorientierten, glaubensfesten Familienatmosphäre zu erfüllen, ein besserwisserisches, dünkelhaftes und mit viel zu hohen Erwartungen an das Kind behaftetes Familienklima bedeuten. Dasselbe gilt auch für Planeten am IC. Ein Kind mit Uranus am IC braucht, um sich in Sicherheit entwickeln zu können, größtmöglichen Freiraum und eine für sein «Anderssein» offene Atmosphäre. Häufig findet das Kind sich aber als Außenseiter in der Familie wieder oder leidet unter Unwägbarkeiten und Unzuverlässigkeiten.

Deutung und Unterstützung

IC in Widder

Geborgenheit findet das Kind in einer munteren, aufgeweckten Familienatmosphäre, da, «wo etwas los ist». Es darf auch ruhig mal etwas laut sein. Bewegung und Beschäftigung geben ihm Geborgenheit.

Unterstützung: Bewegung durch Herumtragen mit einem Tragetuch oder Fahren im Kinderwagen. Eine Rassel oder etwas, was sich über dem Bettchen bewegt, sowie die Möglichkeit zum ausgiebigen Strampeln bieten. Früh die Bewegungsfähigkeit fördern, indem das Kind auf eine Decke auf dem Boden gelegt wird, und früh beginnen, mit ihm zu spielen.

IC in Stier

Geborgenheit findet das Kind in einer ruhigen, gleichmäßigen, gepflegten Familienatmosphäre. Körperkontakt ist wesentlich, keine schnellen Veränderungen. Möglichst wenig Wechsel in der Bezugsperson.

Unterstützung: Sich viel Zeit nehmen für die Mahlzeiten und das Baden, beim Wickeln ausgiebig streicheln. Spaziergänge oder Autofahrten zeitig planen, damit es keine Hektik beim Anziehen gibt, vor allem, wenn sich das Kind später selbst anziehen möchte, doppelt so viel Zeit einplanen.

IC in Zwillinge

Geborgenheit findet das Kind in einer lebendigen, kommunikativen, vielseitig interessierten Familienatmosphäre. Verbaler Kontakt ist wesentlich. Offenheit für alle Fragen des Kindes.

Unterstützung: Mit dem Kind so viel wie möglich sprechen oder ihm etwas vorsingen, auch schon im Säuglingsalter. Die Stimmen der Eltern geben Geborgenheit. Kleinkinder früh an leichten Gesprächen teilhaben lassen und erklären, wenn sie etwas nicht verstehen.

IC in Krebs

Geborgenheit findet das Kind in einer liebevoll-kuscheligen Familienatmosphäre, in der jeder für den anderen «da» ist. Familienfeste, gemeinsame Unternehmungen geben Sicherheit.

Unterstützung: Schon den Säugling, wenn er wach ist, am Familienleben teilhaben lassen, indem sein Liege-Sesselchen bei der übrigen Familie steht. Kleinkindern in ihrem Zimmer eine Kuschelecke einrichten, in die sie sich zurückziehen können.

IC in Löwe

Geborgenheit findet das Kind in einer lebhaften, warmherzigen Familienatmosphäre, die ihm zeitweise das Gefühl gibt, der Mittelpunkt zu sein. (Vorsicht vor Übertreibung!)

Unterstützung: Schon Säuglinge, erst recht Kleinkinder, lieben es, gelobt zu werden. Ihnen zeigen, dass sie toll sind. (Aber auch hier ist das richtige Maß zu finden.)

IC in Jungfrau

Geborgenheit findet das Kind in der Regelmäßigkeit. Die Familienatmosphäre sollte reinlich, wenig spontan und gut überschaubar sein. Kinder sind von Anfang an sehr genaue Beobachter ihrer Umgebung.

Unterstützung: Viel Gelegenheit geben, die Dinge in der Umgebung anzufassen, zu be-greifen. Mit Kleinkindern ausführlich über ihre Beobachtungen sprechen.

IC in Waage

Geborgenheit findet das Kind in einer harmonischen, feinsinnigen Familienatmosphäre, in der ein lebhafter Austausch stattfindet. Es liebt distanzierte Nähe.

Unterstützung: Schon der Säugling ist möglicherweise kein Kuschelkind, liebt es aber, wenn er «verbal gekuschelt» wird. Ständiges liebevolles Reden beim Wickeln oder Baden. Kleinkindern schon früh die Sachen zum Anziehen selbst auswählen lassen, darauf achten, dass frühzeitig andere Kinder eingeladen werden. Dabei auf eine harmonische Atmosphäre achten.

IC in Skorpion

Geborgenheit findet das Kind in einer intensiven, emotionalen Familienatmosphäre. Kleinkinder wollen spüren, dass sie ein Teil des «Familienpakts» sind. Nach dem Motto «Wir halten zusammen wie Pech und Schwefel.»

Unterstützung: Säuglinge wie Kleinkinder fordern, dass sich die Eltern intensiv, dauerhaft mit ihnen beschäftigen. (Vorsicht vor Übertreibung, eigene Grenzen wahrnehmen.)

IC in Schütze

Geborgenheit findet das Kind in einer interessanten, abwechslungsreichen Familienatmosphäre, in der es viel zu lernen gibt. Es fühlt sich aber häufig auch wohl in einer Familie, die fest im Glauben eingebunden ist.

Unterstützung: Schon Kleinkinder suchen mit gezielten «Warum-Fragen» nach dem Sinn (z.B. eines Verbots), der ihnen Sicherheit gibt. Deshalb ist die geduldige Beantwortung von Fragen eine gute Stütze und außerdem Anregung für den Lerneifer des Kindes.

IC in Steinbock

Geborgenheit findet das Kind in einer klar strukturierten, zuverlässigen Familienatmosphäre.

Unterstützung: Erkennbare Grenzen, liebevoll eingefordert, an die sich jeder in der Familie hält, geben Sicherheit. Körperkontakt ist sehr erwünscht, jedoch brauchen sowohl Säugling als auch Kleinkind Gelegenheit zum Rückzug. Dies ist vor allem bei mehreren Geschwistern zu beachten.

IC in Wassermann

Geborgenheit findet das Kind in einer etwas flippigen, ungewöhnlichen, nicht zu engen Familienatmosphäre.

Unterstützung: Von Zeit zu Zeit braucht es das Gefühl, jemand Besonderes zu sein. In der Umgebung des Säuglings sollte es nicht zu unruhig sein, doch sind auch schon hier spontane Unternehmungen willkommen. Auch dieses Kind liebt distanzierte Nähe.

IC in Fische

Geborgenheit findet das Kind in einer ruhigen, einfühlsamen, kongruenten, sehr liebevollen Familienatmosphäre. Widersprüchlichkeit und Unterschwelliges verunsichern sowohl den Säugling als auch das Kleinkind.

Unterstützung: Leise Musik, Kuscheltierchen oder Kuscheltuch sind für lange Zeit gute Begleiter.

Planeten am IC

Planeten am IC sind *zusätzlich* zum Zeichen am IC zu deuten. So bedeutet ein IC in Fische die Sehnsucht nach einem einfühlsamen, liebevollen Familienzusammenhalt. Mit Uranus am IC möchte es trotzdem *zusätzlich* die Freiheit, anders «ticken» zu dürfen als die übrigen Familienmitglieder. Mit Fische-IC und Mars in Konjunktion will das Kind trotz seiner Sehnsucht nach Einssein mit den anderen auch lernen, sich durchzusetzen und eine Art Streitkultur in der Familie zu entwickeln.

Sonne am IC

Das Kind will in der Geborgenheit des IC-Zeichens seine Eigen-Art, sein eigenes Wesen und sein Ich, sein Ego, entwickeln.

Mond am IC

Das Kind will in der Geborgenheit des IC-Zeichens seine ihm eigenen Bedürfnisse, seine Emotionen und Gefühle, seine Empfindsamkeit entwickeln.

Merkur am IC

Das Kind will in der Geborgenheit des IC-Zeichens seine Kommunikationsfähigkeit, seine Lernfähigkeit, sein ihm eigenes Interesse am Leben entwickeln.

Venus am IC

Das Kind will in der Geborgenheit des IC-Zeichens seine zu ihm gehörende Art, in Beziehungen zu gehen und in Beziehungen zu agieren, sowie seinen eigenen Geschmack entwickeln.

Mars am IC

Das Kind will in der Geborgenheit des IC-Zeichens seine ihm eigene Handlungsweise, sein Durchsetzungsvermögen, eine Streitkultur entwickeln.

Jupiter am IC

Das Kind will in der Geborgenheit des IC-Zeichens Großzügigkeit und eine eigene Weltsicht entwickeln.

Saturn am IC

Das Kind will in der Geborgenheit des IC-Zeichens Klarheit, Struktur, Durchhaltevermögen und Verantwortungsbereitschaft entwickeln.

Uranus am IC

Das Kind will in der Geborgenheit des IC-Zeichens seine Identität, seine Andersartigkeit entwickeln.

Neptun am IC

Das Kind will in der Geborgenheit des IC-Zeichens sein Mitgefühl, seine Fantasie entwickeln.

Pluto am IC

Das Kind will in der Geborgenheit des IC-Zeichens seine Intensität, seine Fähigkeit, zu binden und zu lösen, entwickeln.

Das vorherrschende Element

Was bei der Deutung eines Erwachsenenhoroskops manchmal in den Hintergrund tritt, ist im Kinderhoroskop geradezu als Wegweiser zum Inneren des Kindes zu bezeichnen: die Elemente. Wenn wir an das Lebensbäumchen (Seite 59) denken, dann ist der Himmel, in den es wachsen wird, rot, grün, gelb oder blau eingefärbt, je nachdem, ob das Kind eine Elementebetonung in Feuer, Erde, Luft oder Wasser mitbringt.

Im Baumbild ist zu sehen, dass zuerst Mond und AC sowie der absteigende Mondknoten, im Schulalter dann Merkur, Mars und Venus vermehrt ihre Energien einbringen, bis sich in der Pubertät die Einfärbung des Radixhoroskops durch die Elemente mit Saturn und vor allem mit der Sonne hin zum Erwachsenenhoroskop verschiebt. Das heißt, dass sich im Laufe seines Wachstums die Elementebetonung verändern kann. Um dem Kind die richtige Wachstumshilfe geben zu können, sollten Eltern diese Dynamik kennen, denn je nach Elementebetonung wird für die Erziehung des Kindes ein anderer Ansatz benötigt. Der Schwerpunkt kann sich aber im Lauf der Jahre verschieben.

Ein Junge, dessen AC, Mond, Sonne und Jupiter im Element Erde und dessen Merkur, Venus sowie Mars im Element Feuer stehen, lebte bis zum 10. Lebensjahr fast ausschließlich das Element Erde. Er zeigte sich langsam, ein wenig ängstlich, lange prüfend, sehr ablehnend jeglicher Veränderung gegenüber und gnadenlos materiell eingestellt. Die Eltern, beide mehr feuer- und luftbetont, waren ziemlich besorgt über dieses zurückgenommene, bewegungsunlustige und teilweise bequeme Kind. Erst ab der Vorpubertät wurde aus der «Couchpotato», wie ihn der Vater manchmal neckte, ein aufgeweckter, lebendiger, vielseitig interessierter Junge. Inzwischen ist er ein junger Mann und seine Abenteuerlust treibt ihn durch ganz Europa.

Sind also zwei Elemente stark durch persönliche Planeten besetzt, ist es in der Beratung wichtig, mit den Eltern darüber zu sprechen und sie auf eine mögliche Verschiebung des Temperaments im Laufe der Jahre aufmerksam zu machen.

Deutung und Unterstützung

Element Feuer stark besetzt: Feuerkinder

Feuerkinder wollen sich bewegen, toben, können schlecht ruhig sitzen. Sie haben ständig neue Ideen, aber häufig Schwierigkeiten, diese umzusetzen. Sie sind ungeduldig, laut, lärmend. Schreien manchmal aus purem Vergnügen oder plötzlicher Wut. Sie brauchen «Mitspieler», mit denen sie immer in eine Art Wettkampf treten. (Wer hat zuerst sein Eis aufgegessen, wer hat am schnellsten seine Zähne geputzt? Wer ist besser? Wer weiß mehr?)

Unterstützung: Körperliche Bewegung, Toben, Theater spielen, Abenteuer ermöglichen. Mit den Kindern basteln. Zeigen, wie sie ihre Ideen umsetzen, zu Papier bringen können. Platz geben. Sport machen und intensiv mitspielen. Müssen lernen, dass nicht das ganze Leben ein Wettkampf ist. Sie auch mal verlieren lassen. Langsam und ohne Zwang an ruhigere Beschäftigungen heranführen. Etwas zu Ende bringen.

Element Feuer schwach oder nicht besetzt

Begeisterungsfähigkeit und Idealismus, die Motoren für unser Tun, fehlen. Sie müssen im Laufe der Entwicklung erst erarbeitet werden.

Unterstützung: Durch Spiel im Freien, in der Sonne, in der Wärme. Das Feuer nahebringen. Feuer fasziniert und ängstigt zugleich. Deshalb umsichtigen, vorsichtigen Umgang mit dem Feuer lehren. Grillen, Lagerfeuer, Feuerwehr. Den Kindern helfen, sich zu trauen, den Mut aufzubringen, etwas zu tun.

Ein kleiner Junge mit Erdbetonung und einem einsamen Schütze-Mars war fasziniert von der Kampfsportart Aikido. Sein Freund besuchte eine Aikido-Schule für Kinder. Auf seinen Wunsch hin meldeten die Eltern den Jungen ebenfalls an. Doch er wagte nicht, in der Runde der Kinder mitzuüben. Ängstlich an seinen Vater geklammert, saß er auf der Bank und guckte sehnsüchtig zu. Der Vater verlor nicht die Geduld und ging immer wieder mit ihm zu den Übungsstunden «auf die Bank», bis der Junge eines Tages aufstand und sich unter die anderen Kinder mischte. Er – als Erdjunge – hatte jetzt lange genug aufmerksam beobachtet, dabei die Regeln begriffen und gesehen, dass die anderen auch Fehler machten. Jetzt war er «gerüstet», um mutig dazuzugehören. Heute ist er Jugendtrainer für Aikido.

Element Erde stark besetzt: Erdkinder

Dies ist nicht die Welt der Bewegung, die Welt der Ideen. Materie ist wichtig. Diese Kinder sind langsam, vorsichtig, wollen be-greifen, betasten, alles in den Mund stecken, mit den Sinnen aufnehmen, hören, sehen, riechen. Sie bauen gerne, formen, spielen im Sand, mögen Weihnachtsplätzchen backen. Fühlen sich sicher, wenn der Tagesablauf gleich bleibt. Haben eine ausgezeichnete Wahrnehmung, weil sie gründlich sind, auch gründlich im Wahrnehmen.

Unterstützung: Diese Kinder brauchen Liebe und Körperkontakt. Plastilin, Ton, Erde, Sand, Lego, Bausteine sind beliebte Spielmaterialien.

Gewohnheiten kreieren, feste Schlafenszeiten, feste Essenszeiten. Ganz wichtig: frühzeitig auf Veränderungen aufmerksam machen, denn spontane Entscheidungen ängstigen.

Element Erde schwach oder nicht besetzt

Diese Kinder sind kleine Chaoten oder kleine Träumer. Sie müssen im Laufe ihrer Entwicklung Realitätssinn lernen. Das heißt, sie müssen den Umgang mit Materie lernen. Lernen, wie Materie sich anfühlt.

Dabei gibt es zwei Möglichkeiten, wie sich das ausdrückt: Entweder besteht ein übertriebener Sauberkeitssinn oder Dreck und Matsch haben eine große Anziehungskraft.

Unterstützung: In beiden Fällen ist es wichtig, ihnen Sand, Ton, Plastilin, Teig anzubieten. Daraus etwas zu formen, etwas «in die Realität zu bringen», ist das, was sie lernen möchten. Es fällt schwer, sich in Alltagsroutinen einzupassen, das ist langweilig und nicht spannend. Das Zähneputzen, richtiges Hinsetzen bei den Mahlzeiten und ruhiges Sitzenbleiben sind einzuüben.

Element Luft stark besetzt: Luftkinder

Sie sind die Frager vom Dienst. Sind im besten Sinne neu-gierig, halten durch ihr Fragen ständigen Kontakt. Kontaktaufnahme ist das Wichtigste, teilweise besteht häufiger Wechsel in Beziehung zu anderen Kindern, immer dann, wenn es langweilig zu werden droht. Nerven durch andauerndes Reden, vor allem Eltern mit wenig Luft.

Ich kenne eine Mutter, deren Element Luft sehr sparsam besetzt ist. Außerdem sind Sonne und Mond im 12. Haus platziert. Ihr kleines Luftkind redete vom Wachwerden am Morgen bis zum Einschlafen am Abend beinahe ohne Unterbrechung, sowohl mit der Mutter als auch beim Spielen mit sich selbst. Die Mutter wurde dabei ganz wirr im Kopf. So bat sie das Kind um zehn Minuten Schweigen, indem sie ihm auf einer großen Uhr zeigte: «Jetzt steht der große Zeiger hier, auf der Zehn, und wenn der große Zeiger da, auf der Zwölf steht, dann reden wir wieder miteinander.» Sie hatte Erfolg und nebenbei lernte das Kind sehr schnell, die Uhr zu lesen.

Unterstützung: Luftkinder lieben spannende Geschichten, die nicht zu langatmig sind. Brauchen Bilderbücher, Malstifte, wollen früh schreiben, lesen. Gesellschaftsspiele spielen. Vorsicht vor Überangebot! Von sich aus bekommen die Kinder nie genug Information. Vorsicht vor zu frühem Fernsehen! Im Gespräch überprüfen, was die Kinder verstanden haben. Anregen, dass eine Idee auch in die Tat umgesetzt wird. Das Wichtigste: die Kinder und ihre Fragen ernst nehmen. Sich für jede Frage Zeit nehmen, keinesfalls: «Dazu bist du noch zu klein.» Das gilt grundsätzlich für alle Kinder, doch Luftkinder leiden unter dieser Antwort stärker, denn die Frage wird von ihnen nicht nur aus Wissensdurst gestellt, sondern auch zur Kontaktaufnahme oder zum Kontakterhalt. Genauso wichtig ist es, dem Kind zuzuhören.

Element Luft schwach oder nicht besetzt

Geistige Flexibilität liegt diesen Kindern nicht im Blut. Die Welt der Ideen, der Gedanken muss sich ihnen erst erschließen. Das bedeutet keinesfalls mangelnde Intelligenz. Gedanken und Vorstellungskraft sind vorhanden, das Kind «denkt» oft in Bildern, tut sich schwer, diese in Worten auszudrücken. Spielerische Leichtigkeit, gesunde Oberflächlichkeit der Luft fehlen.

Unterstützung: Sich viel im Freien aufhalten. Frischer Wind, frische Luft (Luft ist Symbol für Gedanken, Leichtigkeit, Unbekümmertheit). Memory spielen. Luftschlösser bauen, «Was wäre, wenn ...? »-Geschichten erfinden, ein Satz die Mutter, ein Satz das Kind. Vorlesen und über die Geschichte sprechen oder das Kind erfindet einen eigenen Schluss dazu. Die Kinder erzählen lassen, was sie im Kindergarten, in der Schule erlebt haben. Dabei aber keinesfalls inquisitorisch in sie dringen.

Element Wasser stark besetzt: Wasserkinder

Sehr einfühlsame Kinder, sie sind Seismografen für Unstimmigkeiten, Unnatürlichkeit und Unehrlichkeit. Spüren die emotionale Situation der Eltern, der Familie. Unfrieden belastet. Bedürfnis nach «heiler Welt», in der sie angstfrei und entspannt leben können. Sehr anlehnungsbedürftig. Weinen viel (teilweise noch als Erwachsene), das tut ihnen gut, erleichtert. Spüren deutlich, wenn sie gemocht werden. Fantasievoll, verträumt, kreativ. Manchmal auch musikalisch. Können ausgesprochene Nesthocker sein. Lassen sich gern bemuttern. Gefahr, dass sie auf Dauer lieber im Bett der Eltern als im eigenen schlafen.

Ängstlich, unter Umständen ausgeprägte Ängste, vor allem auch mit AC Skorpion.

Unterstützung: Brauchen dringend Geborgenheit und Fürsorge, Nähe, Zärtlichkeit, Kuscheln, Kuscheltiere. Da auch ältere Wasserkinder sehr anschmiegsam sein können, ist auf körperliche Übergriffe durch Erwachsene zu achten. Bei Angst vor Dunkelheit kleine Lampe bei Nacht. In den Schlaf singen. Lieben Märchen, lange, gefühlvolle Geschichten, die sie auch mehrmals hören können, anders als die Luft- oder Feuerkinder. Die Kinder wollen der Familie helfen, wenn sie spüren, dass es ihr schlecht geht. Spüren die Sorgen. So ist darauf zu achten, dass es der Familie gut geht. Schwelende Unstimmigkeiten möglichst schnell bereinigen. Die Kinder sinnen nämlich auf Abhilfe und entwickeln vage Schuldgefühle, wenn sie nicht helfen können. Früh zur Selbstständigkeit anleiten. Bei einer vereinnahmenden Mutter oder einer Mutter mit Gluckenverhalten ist ein Problem programmiert.

Ein Beispiel: Ich habe Mütter erlebt, die ihren zwölfjährigen Sohn noch gebadet oder ihre dreizehnjährige Tochter bei kaltem Wetter mit Wattepackungen auf der Brust zur Schule geschickt haben.

Element Wasser schwach oder nicht besetzt

Die Kinder haben Schwierigkeiten, Gefühle auszudrücken und vor allem, ihre Bedürfnisse wahrzunehmen. Wissen häufig nicht, was ihnen guttut oder vor allem, was ihnen nicht guttut. Vielleicht wirken sie distanziert oder etwas kühl, doch das bedeutet keinesfalls, dass sie keine Gefühle haben. Diese Kinder sind genauso leicht verletzbar wie andere, doch sie spüren die Verletzung oft nicht und meinen, irgendetwas mit ihnen selbst sei nicht in Ordnung.

Unterstützung: Der Umgang mit Wasser ist sehr hilfreich. Wasser ist das Symbol für Gefühle. Baden, in der Badewanne, im See, im Meer. Doch immer mit der größten Behutsamkeit, damit eine eventuell vorhandene Angst vor dem Wasser abgebaut werden kann. Niemals ins Wasser zwingen! Märchen erzählen und über die Gefühle der Personen sprechen. Von eigenen Gefühlen sprechen. Diese Kinder spüren sehr oft deutlich die Gefühle des Gegenübers, und wenn über diese Gefühle gesprochen wird, können sie dadurch Zugang zu den eigenen Gefühlen bekommen. Vielleicht ist auch ein Haustier sehr hilfreich (doch sollte dabei bedacht werden, dass die Eltern dieses Haustier versorgen müssen).

Der Mond im Säuglings- und Kleinkindalter

Der zentrale Planet der Kinderzeit ist der Mond. Meiner Erfahrung nach ist – je nach Kind unterschiedlich – die Qualität des Zeichens, in dem die Sonne steht, schon im Kleinkindalter zart zu spüren. Doch erst mit Beginn der Pubertät schiebt sich die Sonne in den Vordergrund und löst den Mond in seiner zentralen Bedeutung ab. Die Pubertät ist aber auch der Übergang ins Erwachsenenleben, in welchem die Bedeutung von Sonne und Mond sich die Waage halten (sollten). Das Kind ist bis zum Alter von ungefähr vier Jahren vollkommen Gefühl. Es will nichts weiter als Liebe, Geborgenheit, Zuwendung, Wohlergehen, Nahrung. Es reagiert spontan, instinktiv und lebt fast ausschließlich seine Bedürfnisse. Dass auch andere Menschen Bedürfnisse haben und dass diese manchmal mit den eigenen kollidieren, muss es erst lernen. All das sind «mondhafte» Eigenschaften und das Kind lebt sie in Reinkultur. Deshalb ist der Ausspruch von Anita Cortesi so treffend, wenn sie sagt: «Das Kind ist der Mond.»

Wie schon erwähnt, symbolisiert der Mond unsere existenziellen Bedürfnisse, ich nenne sie unsere primären Bedürfnisse im Gegensatz zu Venus, die für mich unsere sekundären Bedürfnisse spiegelt. Beide Bedürfnisse bestehen von Geburt an, ja wahrscheinlich schon im Mutterleib. Das primäre Mondbedürfnis, indem das werdende Menschlein angenommen werden möchte, um gedeihen zu können, und das sekundäre Venusbedürfnis, indem es sich wohlfühlt, wenn die Umgebung «stimmt».

Der Mond zeigt im Kinderhoroskop auch sehr klar die Bedürfnisse des Kindes an. Die Hauptbedürfnisse des Kindes habe ich schon oben erwähnt. Was brauchen wir alle zum Wohlergehen? Wir brauchen in erster Linie Sicherheit, damit wir uns wohlfühlen. Diese Sicherheit ist für ein Kind noch viel entscheidender, kann sich von Kind zu Kind unterschiedlich zeigen und von den Sicherheitsvorstellungen der Erwachsenen stark abweichen.

Kinder mit dem Mond in Erde brauchen vor allem materielle Sicherheit. Materielle Sicherheit besteht für ein Kind in einer gleichbleibenden Umgebung, gleichbleibenden Ritualen, seinem immer gleichen Tellerchen, dem gleichen Ablauf der Wickel- oder Badezeremonie, seinen immer gleichen Spielsachen, demselben Kuscheltier. Vor allem aber sind gleichbleibende Bezugspersonen wichtig. Erdmondkinder brauchen nicht die Abwechslung von Luft- oder Feuermondkindern, sondern mehr Ruhe und gleichbleibende Behandlung.

Wassermondkinder sind ähnlich, doch sie brauchen zu ihrer Sicherheit noch mehr den gleichbleibenden *emotionalen* Kontakt zur Mutter als Erdmondkinder. Wassermondkinder legen nicht so viel Wert auf die gleiche Umgebung, doch sind die immer gleiche Spieluhrmelodie oder die immer gleichen Zärtlichkeiten der Mutter wichtig.

Während Feuermondkinder aus ihren Spielen und den Erfolgen, die immer gleich bleiben sollen, Sicherheit ziehen, ist für Luftmondkinder die fast immerwährende Kommunikation mit der Bezugsperson wichtig. Sie ziehen daraus ihre Sicherheit und damit ihr Wohlbefinden.

Deutungshilfe und Unterstützung

Ein wichtiger Hinweis vorab: Bei der Deutung des Mondes verwende ich immer wieder mal den Begriff «Kuschelkind». Damit sind Kinder gemeint, die es lieben, sich anzuschmiegen oder zärtlich berührt zu werden. Es ist mir ein großes Anliegen, darauf hinzuweisen, dass ein Kuschelkind niemals «beschmust» werden darf, wenn es vom Erwachsenen wegstrebt, wenn es auch nur das kleinste Anzeichen zeigt, dass «es jetzt genug ist». Wie ich im Kapitel über Venus aufzeigen werde, wissen schon Säuglinge sehr genau, was sie mögen oder nicht, was gut für sie ist oder nicht. Auch in Hinsicht auf Zärtlichkeiten wissen die Kinder instinktiv, was sie brauchen. Dieser Hinweis gilt vor allem für Erwachsene, die selbst gern schmusen und der Meinung sind, ein Kuschelkind wäre immer dazu bereit.

Mond in Widder

Bedürfnis nach und Sicherheit durch Herausforderung, Bewegung, Wettbewerb. Mancher Säugling schreit zuweilen zornig, macht sich dabei steif und biegt sich nach hinten durch. Das Kind zeigt einen starken Bewegungsdrang, ist impulsiv, laut, schnell wütend und beleidigt, aber trotzdem rasch wieder «ausgeschnappt». Mit ständig neuen Ideen und seiner energiegeladenen Umtriebigkeit tötet es den Eltern teilweise den letzten Nerv. Meist ungeduldig und zappelig will das Kind beim Essen oft nicht sitzen bleiben. Es begeistert sich schnell, dies lässt aber ebenso bald wieder nach. Heftige Trotzphasen. Kein Kuschelkind.

Unterstützung: Achtung, Säuglinge sind motorisch sehr aktiv und drehen sich häufig früher um, als in den Ratgebern steht. Dadurch besteht die Gefahr, dass sie vom Wickeltisch fallen.

Eindeutige Grenzsetzung ist hier nötig, auch beim Säugling. Wenn er zornig schreit, ihn ruhig auf den Arm nehmen, mit ihm sprechen, ihn herumtragen. Wenn er sich beruhigt hat, aber ausdrücklich wieder in sein Bettchen legen. Dort weiterhin beruhigend auf ihn einsprechen.

Viel hinaus ins Freie, dorthin, wo es möglich ist, sich auszutoben. Wichtig ist, schon Kleinkinder zu lehren, Ausdauer zu entwickeln, bei einer Sache zu bleiben, sie zu Ende zu bringen. Mit ihnen beispielsweise Lego zu bauen, etwas zu unternehmen, was am nächsten Tag weitergeht (auch Mädchen mit Mond in Widder bauen gern mit Lego-Steinen oder ähnlichem, vielleicht ist ihnen das lieber, als mit Puppen zu spielen).

Ruhephasen sind nach Toben und Rennen sehr wichtig, denn das Kind muss lernen, dass sie auch zum Leben gehören. Nicht nötigen, zu kuscheln oder zu schmusen, kameradschaftlicher Knuff oder fest in den Arm nehmen genügen. Dies auch den Großeltern sagen, es beugt Enttäuschungen auf beiden Seiten vor. Wenn deren Kinder gern gekuschelt haben, meinen sie häufig, das Enkelkind müsste genauso reagieren.

Mond in Stier

Bedürfnis nach und Sicherheit durch Besitzen von Materiellem, Fähigkeiten, Wissen. Das Kind will besitzen. Materielles, sein Spielzeug, sein Zimmer, sein eigenes Besteck. Nicht nur das, sondern auch Fähigkeiten möchte es besitzen. Deshalb übt es häufig so lange, bis es klappt, bis es eine Fähigkeit besitzt. So kommt es, dass es dasselbe Spiel immer wieder spielen, dieselbe Schaukel immer wieder benutzen, dieselbe Geschichte so oft hören möchte, bis es sie also «besitzt». Schon Säuglinge sind überfordert durch zu viele Eindrücke, Erfahrungen. Das Kind zeigt meist ein ausgeprägtes Revierverhalten. Es liebt Körperkontakt und ist nicht sehr bewegungsfreudig. Manchmal erscheint es etwas langsam und ist es teilweise auch. Es kann ausgesprochen stur und lange beleidigt sein.

Unterstützung: Säuglinge in aller Ruhe und mit viel Zeit stillen und füttern. Gleichbleibende Umgebung ist nötig, viel Kontakt mit den Eltern, viel Zeit für sich selbst. Ruhe, keine Hektik, keine großen oder spontanen Veränderungen. Das Kind liebt es, in den Arm genommen, gestreichelt, gebadet zu werden. Es ist wichtig, ihm Geborgenheit durch körperliche (materielle) Nähe zu vermitteln (Achtung dabei vor körperlichen oder gar sexuellen Übergriffen). Sehr wichtig: die Grenzen des Kindes nicht überschreiten, sowohl räumlich als auch beim Spiel oder bei Körperkontakt.

Ich kenne ein Stiermondkind, das bei Spielkameraden immer erst klarstellen musste, dass seine Spielsachen ihm allein gehören, dann konnten die Freunde auch gern damit spielen. Wehe, wenn einer ohne dieses vorhergehende Zeremoniell ein Matchboxauto nahm!

Mond in Zwillinge

Bedürfnis nach und Sicherheit durch Wissen, Neues, Kommunikation. Das Kind liebt das Neue. Neu-gierig, also gierig nach Neuem. Es besteht ein großes Bedürfnis, zu wissen, zu verstehen, in Kontakt zu sein, zu kommunizieren. So fragt es den Eltern ein Loch in den Bauch, denn es erfährt Sicherheit durch Gespräch, durch Wissensvermehrung. Das Kind will früh lesen und schreiben lernen. Es ist kein Schmusekind und wehrt sich oder weint, wenn es zu lange im Arm oder auf dem Schoß festgehalten wird. Dann entsteht für das Kind nämlich ein Gefühl von Enge und das macht ihm Angst. Trotzdem besteht natürlich der Wunsch nach Geborgenheit. Es kann eine Herausforderung für Eltern sein, Nähe und zugleich Distanz zu vermitteln.

Unterstützung: Dauernde verbale Nähe, auch schon zum Säugling. Sprechkontakt, zum Beispiel auch beim Kochen, wenn das Kind wach in seinem Bettchen liegt oder im Laufstall spielt. Vorsicht ist geboten vor einem Übermaß an Eindrücken. Gemeinsame Spiele eher intellektueller Art wie Puzzle oder Memory liebt das Kind. Nicht so sehr mag es balgen, kitzeln wie bei Widder oder einen engen Körperkontakt wie bei Stier. Früher Kontakt zu anderen Kindern ist hilfreich (Krabbelgruppe, Spielplatz, Kindergarten). Bilderbücher, Malbücher, Vorlesen, Geschichten erfinden sind meist sehr beliebt. Eine liebevolle Unterstützung ist notwendig, dass es konzentriert eine Sache beendet. Frühzeitig kann damit spielerisch begonnen werden: ein Haus mit Lego fertig zu bauen, eine Geschichte, auch wenn sie lang ist, zu Ende zu lesen.

Ein Luftmondkind lebt oft über seine Gefühle hinweg, es «zieht sie gleichsam in den Kopf» und versucht sie, so jung es ist, unbewusst zu rationalisieren. Deshalb ist es unterstützend, sehr früh zu beginnen, über Gefühle zu sprechen. Dem Kind zu zeigen, dass man über seine Gefühle sprechen darf, es fragen, wie es sich fühlt. Von größter Bedeutung für das weitere Leben des Kindes ist es, dass es lernt, nicht nur über seine Gefühle zu sprechen, sondern sie auch auszudrücken.

Mond in Krebs

Bedürfnis nach und Sicherheit durch Geborgenheit, Zuwendung, Rückzug. Dieses Kind tritt der Welt eher unauffällig, schüchtern, ängstlich gegenüber. Schon der Säugling hat ein ausgezeichnetes Gespür für Stimmungen. Das Kleinkind spürt, wenn Aussage und Stimmung nicht kongruent sind. Zum Beispiel, wenn die Eltern verärgert sind, aber versuchen, die Emotion zu schlucken oder zu vertuschen. Das Kind ist dann verunsichert, seine Ängstlichkeit wächst. Von Beginn an braucht es viel Zuwendung und Zärtlichkeit. Ist eher zurückgezogen, spielt gern allein, doch ist es dabei nicht gern allein. Es hat eine reiche Fantasie, kann ganz in Fantasie- oder Traumwelten eintauchen. Es zeigt spontan seine Gefühle und weint meist häufig, auch der Säugling, das erleichtert. Fühlt sich meist im warmen Wasser sehr wohl, hat aber keine Vorliebe für viel Bewegung oder gar Sport. Liebt häufig Musik. Kuschelkind.

Unterstützung: Wesentlich ist eine gerade Linie im emotionalen Bereich. Konsequenz ist gefordert. Das Kind, auch schon der Säugling, spürt sofort Inkonsequenz oder ein schlechtes Gewissen, zum Beispiel bei einer Erziehungsmaßnahme, und nutzt das teilweise aus. Vielfach hat es Angst vor Neuem oder wenn die Atmosphäre sehr hektisch ist. Säuglinge spucken dann häufig und Kleinkindern wird übel, zum Beispiel wenn es zum Kindergarten gehen soll. Deshalb ist es angebracht, es früh genug zu ermutigen. Erziehung zur Selbstständigkeit gibt ihm Selbstsicherheit. Aber bitte sehr vorsichtig und liebevoll, niemals mit Zwang.

Mond in Löwe

Bedürfnis nach und Sicherheit durch Spiel, Selbstdarstellung, Selbstständigkeit. Es ist ein Feuerkind, doch kein so heftig loderndes wie bei Mond in Widder, sondern wärmend, herzerfrischend. Es will absoluter Mittelpunkt sein, will Aufmerksamkeit und nervt, bis es die gewünschte Aufmerksamkeit erhält. Das Erstaunliche dabei ist, dass auch negative Aufmerksamkeit, wenn sie das Kind in den Mittelpunkt bringt, in Kauf genommen wird.

Ein dreijähriger Junge mit Feuermond spielte zuerst ganz friedlich mit anderen Kindern am Spielplatz. Als seine Mutter aber dort eine Freundin traf, mit der sie sich angeregt unterhielt, begann er alle anderen Kinder – immer mit Blick auf die Mutter – zu necken. Auch mehrmalige Ermahnungen der Mutter nutzten nichts. Erst als er vor allen anderen Kindern heftig ausgeschimpft wurde – und damit die absolute Aufmerksamkeit nicht nur seiner Mutter, sondern auch aller anderen hatte –, begann er zuerst, laut zu weinen, um sich dann wieder friedlich einzufügen.

Ähnliche Verhaltensweisen sind auch schon bei Säuglingen zu beobachten. Meist ist es sehr theatralisch, fordernd, auch in seinen Gefühlsäußerungen. Für das Kind ist es selbstverständlich, dass jeder Zeit hat, sich ihm zu widmen. Es will früh eigene Aufgaben übernehmen, die es allein schafft, um allein gelobt zu werden. Anerkennung ist so wichtig wie Luft und Nahrung. Kein Schmusekind, es hat ein gutes Gefühl für Nähe und Distanz und kann dieses Bedürfnis auch ausdrücken.

Unterstützung: Das Wichtigste: das Kind nicht als König der Familie betrachten. So früh wie möglich aus dem Mittelpunkt in die Reihe der Familie eingliedern. Es bedarf wirklich einer Vorbereitung, dass die Welt sich nicht nur um seine Person dreht. Es muss lernen, dass andere ebenso wichtig sind wie es selbst, denn das ist für ein Löwemondkind nicht selbstverständlich. Hilfreich ist auch, es zu lehren, Mitgefühl zu entwickeln, auch für Tiere und Pflanzen. Wenn das Kind, wie oben der Junge, um Aufmerksamkeit buhlt, die die Eltern ihm im Augenblick nicht geben wollen oder können, ist es ratsam, das Kind aus dem Fokus zu nehmen (z.B. in einem Restaurant), ruhig mit ihm nach draußen zu gehen und dort mit ihm die Situation zu klären. Sachlichen Erklärungen gegenüber ist das Kind zugänglich.

Mond in Jungfrau

Bedürfnis nach und Sicherheit durch Ordnung und Überschaubarkeit. Es ist ein vorsichtiges, lange beobachtendes Kind, langsam, bedächtig und gründlich. Säuglinge verlangen nach absoluter Regelmäßigkeit im Füttern, im Baden, beim Spazierengehen. Meist besteht eine Ängstlichkeit, nicht zu genügen, den Dingen nicht gewachsen zu sein. Durch sein starkes Bedürfnis nach Überschaubarkeit braucht das Kind eine einfach strukturierte Ordnung, auch im Tagesablauf. Schon das Kleinkind macht sich gern nützlich, übernimmt gern kleine Aufgaben. Es spielt häufig viel zu wenig, ist zu ernst und orientiert sich zu sehr an vernünftigen Erwachsenen.

Unterstützung: Wichtig: das Kind zum Spielen ermuntern. Mit ihm spielen. Zeigen, dass auch Erwachsene spielen, dass Spielen zum Leben gehört. Es sanft dazu bringen, Kinder einzuladen, im Sand nicht nur zu «kochen». Tollen, hineinzuspringen, zu rutschen. Es dauert oft lange, bis es den Mut dazu findet, doch niemals zu etwas zwingen. Das Kind braucht Zeit, es hat ein sehr eigenes Zeitgefühl. Es orientiert sich an der Realität, an Tatsachen. Deshalb sollten seine Fragen immer ehrlich und sachlich beantwortet werden. Blumige, ausweichende Geschichten verwirren es. Tatsachen oder Situationen, die das Kind als schlimm empfindet, sollten nicht beschönigt werden, sonst stimmt seine Beobachtung nicht, das schürt wiederum seine Ängstlichkeit. Richtige Beobachtungen auch bestätigen. Wenn das Kind beispielsweise sagt: «Ich mag die Kindergartentante nicht, weil sie mich auch nicht mag», dann nicht abwiegeln oder beschönigen, sondern genau nachfragen, wie es zu dieser Beobachtung kommt. Bei Bedarf mit der Kindergärtnerin sprechen.

Mond in Waage

Bedürfnis nach und Sicherheit durch Harmonie, Ausgleich und Geborgenheit. Wesentlich für dieses Kind ist Harmonie, Ausgleich, Freundlichkeit, ein Miteinander, kein Gegeneinander. Es kann nämlich kaum Streit und Disharmonie ertragen. Schon als Säugling zeigt es sich sehr kontaktfreudig und lacht, wenn man in den Kinderwagen guckt. Schon das Kleinkind will – wenn auch unbewusst – niemanden verletzen. Auch deshalb sind Entscheidungen für das Kind sehr schwierig. Für etwas sein, heißt gleichzeitig, gegen etwas anderes zu sein. Daher passt es sich an, um die Harmonie, das Miteinander nicht zu stören, und verleugnet damit oft eigene Bedürfnisse und Wünsche. Kein Kuschelkind.

Unterstützung: Beim Säugling bitte Vorsicht vor zu vielen Kontakten, jeder will ihn mal tragen oder auf den Schoß nehmen, weil er so nett lacht. Das Kind mag das aber häufig nicht so gern, denn trotz seiner ausgeprägten Freundlichkeit mag es doch etwas Distanz. Wesentlich ist, den eigenen Willen des Kindes zu wecken. Schon früh auf eigene Entscheidungen pochen. Was willst du anziehen, mit welcher Farbe sollen wir das Auto, den Zaun, das Haus im Malbuch ausmalen? Welche Geschichte möchtest du heute hören? Sollen wir zuerst zu den Elefanten oder zu den Affen gehen? Das Kind braucht immer wieder Bestätigung, dass es geliebt und akzeptiert wird, aber weniger durch körperliche Nähe.

Mond in Skorpion

Bedürfnis nach und Sicherheit durch Intensität und Tiefe. Ganz das Gegenteil ist das Skorpionmondkind. Schon der Säugling liebt intensiven, andauernden Kontakt und fordert ihn machtvoll ein. Je nach «Pluto-Ausstattung» der Mutter gelingt es ihm, sie schon von der ersten Nacht an in einen Machtkampf zu ziehen. Das Kind versucht in Beziehungen, Macht durch Bindung zu erreichen. Mit einem äußerst starken Bedürfnis nach Liebe fordert es die ganze Zuwendung. Liebe wird gezeigt durch Anwesenheit. Um sich geborgen zu fühlen, braucht es eine innige Vertrautheit zu den nächsten Personen. Schon das Kleinkind kann bohrende Fragen stellen, tief eindringend, auch wenn es dem Gegenüber zu viel wird. Es will einfach wissen, wie «es drinnen» aussieht. Schlecht für Teddys, Puppen oder auch Geräte. Es kann sehr manipulativ und sehr eifersüchtig sein.

Unterstützung: Bedingungslose Liebe zu zeigen, ist absolute Notwendigkeit. Mehr noch als bei anderen Kindern. Ich kenne eine junge Skorpionmondfrau, die heute noch fragt, «Hast du mich jetzt nicht mehr lieb?», wenn es mal eine Meinungsverschiedenheit gegeben hat.

Wichtig ist, ihren Besitzansprüchen an die Eltern unbedingt klare Grenzen zu setzen. Die Eltern «gehören» auch den Geschwistern. Die Mutter darf auch Zeit für den Vater haben und umgekehrt. Das Kind muss wirklich lernen, dass die Menschen in ihrer Umgebung auch einmal etwas für sich tun wollen. Die Grenzsetzung muss aber sehr vorsichtig geschehen, das Kind braucht die Gewissheit, dass es trotzdem sehr geliebt wird und die Zuwendung der Eltern nicht verliert.

Mond in Schütze

Bedürfnis nach und Sicherheit durch Gerechtigkeit, Wissen und Sinnfindung. Ein begeisterungsfähiges, optimistisches, lebhaftes, freundliches Kind. Denkt, die Welt sei grundsätzlich gut und ihm zugetan, und ist daher überhaupt nicht misstrauisch! Es zeigt sich sehr kontaktfreudig allem und allen gegenüber. Obwohl kein Schmusekind, sucht es immer wieder Kontakt zur Mutter, auch während des Spielens. Sein Wissensdurst ist schier unermesslich. Schon früh (teilweise schon der Säugling) mag es keinen Mittagsschlaf mehr halten, es gibt so viel zu entdecken. Es hat aber auch kein starkes Ruhebedürfnis. Schon als Kleinkind zeigt sich sein ausgeprägter Sinn für Ungerechtigkeiten. Zunächst ist es von einer Idee leicht zu begeistern. Ist das Neue vorbei, ist aber auch die Lust vorbei. Auch wenn etwas nicht auf Anhieb klappt, selbst beim Spielen, verliert es leicht die Geduld und die Lust daran.

Unterstützung: Wichtig ist, früh Grenzen aufzuzeigen, was es im Kontakt mit anderen Personen darf oder nicht. Seine (Welt-)Offenheit kann von verschiedenen Menschen missverstanden werden. Wichtig ist, ihm beizubringen, bei einer Sache zu bleiben, etwas zu Ende zu führen. Das Kind braucht viel Anerkennung und meint häufig, etwas Besonderes zu sein. Auch hier ist vorsichtige Grenzsetzung notwendig. Das Kind sollte behutsam an die Realität herangeführt werden, die auch darin besteht, dass es nicht immer die Beste, der Gescheiteste ist.

Mond in Steinbock

Bedürfnis nach und Sicherheit durch Klarheit, Regeln und Verantwortung. Das Kind braucht eine klare, durchschaubare, strukturierte Umgebung und klare, durchschaubare Regeln. Es liebt das Gewohnte. In Beziehungen ist es anfangs distanziert und vorsichtig, abwartend, bis es Zuneigung zeigt (auch der Säugling). Es ist bereit, sich und seine Bedürfnisse jederzeit zurückzustellen, weil ihm die anderen wichtiger erscheinen. Es lebt in einer ernsten Grundstimmung.

Unterstützung: Absolut notwendig, mehr noch als bei anderen Kindern, ist, die Zuwendung keinesfalls vom Betragen, vom Verhalten oder gar von Leistung abhängig zu machen. Das Kind spürt sehr schnell, ob die Zuwendung von äußeren Faktoren abhängt, und wird sich dann noch mehr anstrengen, «lieb» zu sein, und sich dabei überfordern. Spielen ist sehr wichtig für das Kind, deshalb sollten Freunde eingeladen werden oder die Eltern sollten selbst mit dem Kind spielen um des Spielens willen. Eigene verspielte Seiten können dabei sehr hilfreich sein. Es sollte kein Spiel sein, das einen «Zweck» hat. Das Kind spielt gern immer wieder dasselbe oder am selben Spielplatz. Man kann vorsichtig Abwechslung anbieten.

Mond in Wassermann

Bedürfnis nach und Sicherheit durch Besonderheit, Freiheit, Freiwilligkeit. Das Kind möchte etwas Besonderes sein. Es ist eigen-willig und unverwechselbar. Eigenwillig in Gedanken, Kleidung, Fantasien, im Umgang mit anderen. Seine schlechte Anpassung an Normen und Regeln wird gemindert, wenn das Kind die Notwendigkeit eines Gebotes oder Verbotes begreift. Es will früh selbstständig sein und kann Einmischung nicht leiden. Kein Kuschelkind. Bei Zärtlichkeiten und körperlichen Berührungen bangt es um seine Freiheit, genauso wie bei allzu engen Kontakten. So wirkt es manchmal etwas distanziert. Tut alles nur freiwillig und solange es Lust hat.

Unterstützung: Das Kind von Anfang an lehren, dass es zwar etwas Besonderes ist, doch dass dies auf jeden Menschen zutrifft. Dass es nicht besser ist, nicht mehr wert als die anderen. Es braucht dringend Struktur und Halt. Hier ist Erdung notwendig, zum Beispiel durch Sand, Wasser, Ton, Natur, am Bach spielen. Dies alles fördert den Realitätsbezug, denn es besteht die Gefahr, dass das Kind etwas «abgehoben» wirkt und sich in seine etwas verkopfte, rationalisierte Emotionalität einspinnt.

Mond in Fische

Bedürfnis nach und Sicherheit durch ein Nest, Geborgenheit in einem wohltuenden Familienkreis. Sehr sensible, anschmiegsame Säuglinge, die viel Ruhe und kuschelige Umgebung brauchen. Sie weinen häufig, lassen sich aber schnell trösten. Das Kind ist ein kleiner Seismograf, der die Erschütterungen in seiner Umgebung schon bemerkt, wenn die Richterskala für Erdbeben nichts registrieren würde. Dadurch entstehen hohe Anforderungen an die Familie. Das Kind leidet mit anderen Menschen mit, denn es kann sich extrem schwer abgrenzen. So besteht die Gefahr, dass es von Gefühlen überschwemmt wird, die nicht die seinen sind. Deshalb sollten Säuglinge auch keinesfalls auf größere Feste oder größere Veranstaltungen mitgenommen werden. Sehr intensive Gefühlswelt und Fantasiewelt, große Träumer. Das Kind hat kein ausgeprägtes Ich-Gefühl, es passt sich schnell, viel zu schnell an. Da es schwer Nein sagen kann, lebt es häufig nicht nach seinen eigenen Bedürfnissen. Es kann sich gut durch Malen oder Musik ausdrücken. Musik-CDs kommen bei ihm sicher gut an.

Unterstützung: Dieses Kind braucht einen festen Halt, klare Orientierung und Regeln, mehr als andere. Als kleiner Träumer sollte es quasi an den Alltag, an die Realität gewöhnt werden. Konsequente, folgerichtige liebevolle Erziehung, denn es ist sehr leicht verletzbar. Früh üben, dass ein Nein nicht bedeutet, einen anderen zu verletzen. Dass seine Meinung genauso gut, richtig und wichtig ist wie die anderer. Ausgesprochenes Schmusekind. Achtung vor Grenzüberschreitungen! Sagt nicht Nein!

Es braucht viel Ruhe und jeden Tag Zeit, das Erlebte gefühlsmäßig verarbeiten zu können. Mit älteren Kindern ist ein Gespräch über die Tagesinhalte vor dem Schlafen hilfreich. Bei Entscheidungen sollte ausdrücklich nach ihrem Willen, ihren Wünschen und Vorstellungen gefragt werden: «Was möchtest du heute anziehen, essen, spielen?» Eine Antwort wie «Sag du» sollte nicht einfach hingenommen werden. Hier ist Nachfragen wichtig.

Der Aszendent (AC)

Der AC ist der persönlichste Punkt im Horoskop, weil es der am schnellsten laufende Faktor ist. Er läuft zwischen 1 Grad pro Minute im Zeichen Fische und 1 Grad pro acht Minuten im Zeichen Jungfrau, während zum Beispiel der Mond nur 1 Grad in ca. 1 ½ Stunden läuft.

Der AC steht für den Verlauf der Geburt und die damit verbundenen Erfahrungen des Kindes. Ein Kind ist diesen Erfahrungen noch sehr nahe und die Gefühle bei der Geburt prägen deshalb auch seine weitere Wahrnehmung der Welt. Erst später werden diese Erfahrungen von anderen überdeckt. Wenn das Kind auf etwas Neues zugeht, greift es meistens auf diese ersten Erfahrungen zurück und beginnt mit der Qualität des AC-Elements und des AC-Zeichens. Da ein Kind andauernd auf etwas Neues zugeht, ist der AC in einem Kinderhoroskop noch bedeutsamer als in einem Erwachsenenhoroskop. Beim Erwachsenen spielen alle Planeten eine bewusste Rolle, werden bewusst eingesetzt, zumindest bis Saturn. Daher besteht die Möglichkeit, dass der AC von anderen Faktoren überdeckt wird. Aber auch ein Kind kann unter Umständen seinen AC stark der Sonne unterordnen.

Wenn das Kind die Erfahrung machen muss, dass die Art seines AC in Element und Zeichen nicht «richtig» ist, um die Liebe der Eltern zu erhalten, wird es bald mehr andere Horoskopfaktoren leben als den AC und meist wird dann das Sonnenelement oder das Sonnenzeichen «eingesetzt».

Ein Junge mit einem AC in Feuer und Sonne, Merkur und Mond in Erde, tobte im Kindergarten oft «ungezügelt lebhaft», wie die Kindergärtnerin der Mutter klagte. Als er eines Tages einem anderen Kind den Stuhl mehrmals unter dem Po weggezogen hatte, wurde er für den Rest des Vormittags an einem Stuhl festgebunden und durfte sich nicht bewegen. Als die Mutter ihn abholte, wurde er von ihr noch einmal für sein Verhalten bestraft. Seitdem war er nach Aussagen der Mutter «wie verwandelt, richtig vernünftig geworden». Der Junge ist heute über 60 Jahre alt und lebt nach wie vor ausschließlich seine Erdenergie. Niemand würde vermuten, dass er einen Feuer-AC sein eigen nennt. Er hat die gesamte Feuerqualität verdrängt.

Zum einen ist, wie wir alle wissen, der AC gewissermaßen die Schnittstelle zwischen der «Innenwelt» des Horoskops und der Außenwelt. Karen Hamaker-Zondag verwendet für den AC das Bild einer heruntergelassenen Zugbrücke, die den Burghof (des Horoskops) mit der Umgebung verbindet. Das Kind erlebt seine Umgebung, also sein «Außen», durch das Element und das Zeichen seines AC. Es nimmt sie wie durch eine Brille, die in den Farben des Elements getönt ist, wahr. Ebenso erfährt die Umgebung das Kind «gefärbt» durch das Element und Zeichen des AC. Zum anderen drücken sich im Auftreten und Verhalten des Kindes (manche sagen, auch in seinem Aussehen) das Element und das Zeichen des AC aus.

Es lässt sich nicht immer klar unterscheiden, ob es der Mond oder der AC ist, der uns im Säugling und Kleinkind als Erstes entgegentritt. Doch in den meisten Fällen wird es der AC sein, dem wir zuerst begegnen, denn er ist die Verbindung von innen nach außen. Der Mond und die Planeten können sich im Burghof verstecken oder zurückgehalten werden, der AC ist im Kontakt mit der Außenwelt beim Kind immer sichtbar und spürbar. Schon in den ersten Lebenswochen, ganz sicher aber in den ersten Monaten kann man sehr gut das Element des AC unterscheiden, nicht allerdings das Zeichen.

Deutung des Aszendenten beim Säugling und Kleinkind

Zur Deutung des Aszendenten beim Kleinkind kann die Deutung der Elemente aus dem vorhergehenden Kapitel herangezogen werden. Die Deutung des Aszendenten im Zeichen ist praktisch identisch mit der Deutung des Mondes im Zeichen, die ebenfalls oben schon dargelegt wurde. Worauf ich hier aber speziell eingehen möchte, ist der Aszendent in den Elementen, wie er uns beim Säugling entgegentritt.

Aszendent Feuer

Der Säugling macht sich durch lautes und kräftiges Schreien bemerkbar. Er kann schon kräftig strampeln, sodass die Gefahr des unvorhergesehenen Umdrehens gegeben ist. Er wirkt aufgeweckt, lebhaft und nimmt schon an seiner Umgebung teil. Er genießt es, Mittelpunkt zu sein, und wird quengelig, wenn sich die Mutter abwendet.

Aszendent Erde

Er braucht einen sehr geordneten Tagesablauf und viel Ruhe. Der Säugling empfindet Menschen, die immer wieder in sein Bettchen schauen, als störend und belastend. Er hat einen starken Greifreflex, will früh alles in den Mund stecken. Außerdem liebt das Baby Körperkontakt, es wird gern gebadet, eingeölt, gestreichelt, getragen.

Aszendent Luft

Hier wirkt der Säugling ausgesprochen aufgeweckt, er will unterhalten werden. Er ist glücklich, wenn er Stimmen hört, wenn jemand ständig mit ihm spricht oder ihm etwas vorsingt. Das Baby findet viel Abwechslung schön, wenn viele Menschen da sind, wenn immer etwas los ist.

Aszendent Wasser

Das Baby braucht viel Nestwärme, Zärtlichkeit, Kuscheln. Es fühlt sich am wohlsten in den Armen der Mutter oder im Bettchen, im «Nest». So klein es ist, es spürt sofort die Stimmung der Mutter oder der Familie und reagiert auf Stimmungswechsel teils heftig (möglicherweise sogar körperlich durch Erbrechen). Es spürt auch die Stimmung des Ortes, an den es mitgenommen wird.

Die persönlichen Planeten im Säuglings- und Kleinkindalter

Zur Erinnerung: Die persönlichen Planeten werden im Säuglings- und Kleinkindalter unbewusst, ja fast instinktiv gelebt.

Merkur

Merkur umfasst beim Säugling und Kleinkind den gesamten Bereich der sprachlichen und kognitiven Entwicklung. Das Element, in dem er steht, wirkt wie ein Wahrnehmungsfilter, das Haus zeigt das Interessengebiet.

Merkur im Element Feuer

Der Säugling nimmt als Erstes bewegliche Dinge wahr. Schon das Kleinkind lässt sich von Dingen und Situationen beeindrucken, die in sein kleines Weltbild eingeordnet werden können und einen Sinn ergeben.

Lebhafte, starke Vorstellungskraft, viel Drama, die Welt ist seine Bühne, immer in Veränderung begriffen. Das Kind akzeptiert Tatsachen, wenn sie begründet werden. Es begreift die Dinge durch Ausprobieren.

Merkur im Element Erde

Das intellektuelle Begreifen ist eng mit allen Sinnen verbunden. Mit dem Tastsinn durch konkretes Be-greifen, Anfassen, mit dem Geschmackssinn durch In-den-Mund-stecken, mit dem Gesichtssinn (Sehen) durch sehr exaktes Beobachten und mit dem Hörsinn durch genaues Hinhören. Deshalb braucht das Kind Zeit, sich mit der Umwelt auseinanderzusetzen, braucht Zeit, um nachzudenken, Eindrücke zu verdauen. Es zeigt im Denken und Begreifen Ausdauer. Sein Interesse liegt auf Dingen, die es anfassen kann. Eine etwas verzögerte Sprachentwicklung ist möglich.

Merkur im Element Luft

Das Gespräch hat für das Kind eine zentrale Bedeutung, es fragt, will alles erklärt bekommen, will selbst erzählen. Schon der Säugling will sich früh mitteilen, spricht womöglich, bevor er läuft. Das Kind orientiert sich nach außen, ist geistig immer in Bewegung, an allem interessiert. Lernbegierig, hellwach, kontaktfreudig, aber auch schnell gelangweilt. Mag nur spielerisch lernen, wenn es anstrengend wird, verliert es die Lust. Es denkt logisch und kausal und begreift die Dinge durch Erklärungen.

Merkur im Element Wasser

Das Kind ist ein kleiner «Fühldenker». Es nimmt Dinge vor allem wahr, wenn sie mit Emotionen verknüpft sind. Es denkt in Bildern und muss diese erst in unsere abstrakte Sprache übersetzen. Deshalb wirkt es häufig langsam im Denken und Sprechen. Es kann nur echten Kontakt zur Umwelt aufnehmen, wenn sie stimmig ist, es sich deshalb sicher fühlt. Für das Kind ist Lernen und Wissen stets mit Fühlen und Erleben verbunden. Es begreift die Dinge gefühlsmäßig.

Rückläufiger Merkur

Wie bei allen rückläufigen Planeten ist die Energie mehr nach innen und in die Tiefe gerichtet. Das Kind hat Kontakt zum kollektiven Unbewussten, wird teilweise davon überflutet. Es spürt teils extrem die Gefühlslage des Gegenübers und denkt mehr in Bildern als in Worten. Wenn es etwas erzählen will, sieht es zuerst das Bild vor sich und findet deshalb in Erzählungen oft nicht die chronologische Reihenfolge. Die Gefahr ist, dass das Kind für dumm gehalten wird.

Unterstützung: Sowohl die Eltern als auch die Kindergärtnerin sollten sich bemühen, das Kind zu verstehen, niemals sagen, es sei dumm (ist es auch nicht!). Dies kann zu einer frühen Erschütterung des Selbstvertrauens und des Selbstwertes führen. Immer wieder mit ihm üben, es auffordern, schwierige Dinge zu erklären, seine Meinung zu äußern. Das Kind neigt dazu, sich für dümmer als andere Kinder zu halten, da es sie im Denken und Sprechen schneller und gewandter erlebt.

Venus

Der Mond beschreibt, was wir existenziell brauchen, Venus, was wir für unser Wohlergehen brauchen. Venus als der Planet der Beziehungen symbolisiert zunächst unsere Beziehung zu uns selbst. In seiner ungestörten Beziehung zu sich selbst «weiß» das Kind, was es mag und was es nicht mag, so gut wie niemand anders, auch nicht die Mutter. Das Kind wählt das Richtige und die richtige Menge und zwar instinktiv.

Ich habe immer wieder erlebt, dass zum Beispiel frühe Essstörungen entstanden sind, weil das Kind gezwungen wurde, zu viel oder Falsches oder etwas, was es ablehnt, zu essen. Es reagiert dann instinktiv mit Erbrechen oder Verweigerung der Nahrungsaufnahme oder aber ergibt sich frustriert in das Überangebot an Nahrung. Wenn wir als Kind zum Essen gezwungen werden, wird der Keim dafür gelegt, dass wir im Erwachsenenleben nicht wissen, was uns guttut, was zu viel ist, was wir mögen oder nicht. Das bezieht sich dann sowohl auf unsere Ernährungsgewohnheiten als auch auf unser Beziehungsverhalten und generell auf alles, was wir mögen, was zu uns passt, uns wohltut. Venusenergie hat also vom Säuglingsalter an mit Freiwilligkeit, mit freier Wahl zu tun, während das, was wir ausgedrückt durch die Symbolik des Mondes existenziell brauchen, was also notwendig ist, nicht ganz freiwillig ist.

Zunächst bezieht sich diese freie Venus-Wahl auf die Nahrungsaufnahme, später erweitert sie sich auf die Kleidung, Spielsachen, die Kinderzimmereinrichtung oder die Wahl einer Freizeitbeschäftigung. Kinder mit Venus in Wassermann werden andere Hobbys wählen als Kinder mit Venus in Krebs.

Venus ist aber vor allem auch der Planet, der unsere Beziehungswünsche und unser Beziehungsverhalten symbolisiert. Venus wählt auch die Beziehungen. Kinder gehen spontan auf Menschen zu oder lehnen diese ebenso spontan ab. So ist es falsch, das Kind dazu zu animieren, der Oma oder Tante Lotte einen Kuss zu geben. Das Kind wird freiwillig Nähe zu den Menschen in der Familie suchen, die ihm wohltun, und wird distanzierter denen gegenüber sein, die es im Augenblick ablehnt. Die Haltung kann sich ändern.

Eine Beobachtung hat mich in den letzten Jahren sehr zum Nachdenken gebracht: Durch die exzessive Berichterstattung in den Medien wird jedes Verbrechen an einem Kind episch ausgewalzt und bis in die Einzelheiten berichtet. Das schürt natürlich in enormem Maße die schlimmsten Ängste fast aller Eltern. Daraus folgt, dass sie ihre Kinder zur strikten Abgrenzung gegenüber allen Erwachsenen außerhalb der Familie erziehen. Das ist sowohl verständlich als auch richtig. Jedoch wird meiner Meinung nach dabei nicht das rechte Maß gefunden. Kaum ein Kind lächelt mehr zurück, wenn es angelächelt wird, selbst wenn es auf dem Schoß der Mutter «in Sicherheit» sitzt. Ernst und beinahe feindselig schauen sie den anderen Menschen ins Gesicht. Selbst die Mütter verkneifen sich meist ein Lächeln, denn das Kind soll lernen, dass Fremde «tabu» sind.

Das Kind aber lernt durch Begegnungen im Umfeld der Familie, mit Nachbarn, der Gemüsefrau und später durch den Umgang mit anderen Menschen. Es lernt auf diese Weise die *Umgangs*formen, das Benehmen von Mensch zu Mensch. Es lernt seine Venus kennen und sie zu benutzen. Es lernt zu unterscheiden, wer ihm guttut, wer nicht. Das alles selbstverständlich unter dem Blick der Eltern. Es lernt aber auch die einfachsten Regeln der Höflichkeit, ohne die wir auch im Wassermannzeitalter, wo jeder nur sein eigenes individuelles Leben zu leben versucht, nicht auskommen. Es lernt, wie es sich später in Situationen, in denen die Eltern nicht an seiner Seite sind, verhalten soll. Es lernt vor allem, seinem Instinkt, seinem Gefühl Fremden oder Halbfremden gegenüber zu vertrauen. Und es wird nicht ängstlich, mit Menschen überhaupt in Kontakt zu treten. Das alles kann es nicht lernen, wenn der Kontakt «tabu» ist.

Ich will keinesfalls dem Leichtsinn der Eltern das Wort reden, doch eine Überlegung, wie in dieser schwierigen Situation ein rechter Mittelweg zu finden wäre, möchte ich anregen. Venus ist nämlich auch ein Selektionsprinzip. Ihre Stellung in Zeichen, Aspekten und Haus sowie ihr Dispositor zeigen, wie das Kind selektiert. Nicht nur Kleidung und Nahrung, sondern auch, wie es Beziehungen selektiert, aussondert, auswählt.

Die Hausstellung zeigt auch, was ein Kind in der Beziehung sucht und wie es dementsprechend seine Freunde, Spielkameraden und Gesprächspartner wählt. Zusammenfassend ist zu sagen, dass im Venus-Bereich das Kind eher begleitet und nicht behindert werden sollte, seinen eigene Wahl zu treffen.

Aspekte zur Venus zeigen, wie die Energien in einer Beziehung fließen können. Harmonische Aspekte (auch Konjunktionen) zu den persönlichen Planeten und zu Jupiter sind Motivation, auf andere zuzugehen und Nähe zu suchen. Spannungsaspekte und Aspekte zu Saturn und den Transsaturniern sowie Venus in einem eingeschlossenen Zeichen oder am absteigenden Mondknoten bedeuten eine Entwicklungsaufgabe in Beziehungen.

Venus in Widder

Beim Essen: Etwas salopp ausgedrückt ist Widder das «Zeichen der Neinsager». So finden wir hier ein Kind, das auch die Nahrungsaufnahme nach seinem Willen gestalten will und sie dabei häufig verweigert. Es ist sehr unruhig und schnell gelangweilt beim Essen.

Die Mutter eines Säuglings mit Venus in Widder erzählte, dass sie den Spinatbrei nur noch im Unterhemd füttere, da hinterher sowohl sie und das Baby als auch die Umgebung grün wären.

Empfehlenswert ist hier, es nicht auf einen Zweikampf ankommen zu lassen. Dem Kind nicht mit dem Löffel in der Hand hinterherzulaufen. Ein Kleinkind sollte so lange am Tisch sitzen bleiben, bis es fertig gegessen hat. Es gibt Mütter, die ihre Kinder weiterfüttern, während diese mit ihren Spielsachen spielen.

Wenn es nicht essen will, sollte es nicht gezwungen werden; wenn es wirklich Hunger hat, wird es essen. Eine Kinderärztin machte die teils verzweifelten Eltern immer darauf aufmerksam, dass ein Kind nicht verhungere, wenn es eine Mahlzeit ausfallen lässt. Der Kampf ums Essen und der Zwang seien für das Kind viel schlimmer als eine ausgefallene Mahlzeit. Selbstverständlich gehört eine andauernde Essstörung in die Behandlung eines Arztes.

In Beziehungen: Jeder ist sofort «mein Freund, meine Freundin». Das Kind sieht sich schon mit Spielkameraden im Wettbewerb. Es streitet schnell und geht mit dem Gegenüber oft heftig und ruppig um, ohne es verletzen zu wollen.

Im Spiel: Das Kind liebt Spiele im Freien mit viel Bewegung. Es hat ein gutes Gespür für harmonische Bewegungen, wie zum Beispiel Tanz.

Venus in Stier

Beim Essen: Hier gibt es nur eine Regel für das Kind: Was schmeckt, schmeckt, was nicht schmeckt, wird nicht gegessen. Dabei ist es nicht experimentierfreudig, doch ist es durchaus empfehlenswert, das Kind ungewohnte, neue Speisen kosten zu lassen – dadurch wird dann hie und da der Speisezettel erweitert. Es ist ein kleiner Feinschmecker. Kleinkinder haben häufig phasenweise Lieblingsspeisen: wochenlang nur Spiegelei auf Brot, abgelöst von Ravioli und anschließend die Serie kaltes Wiener Schnitzel mit grünen Paprika. Keine Angst, das Kind, an das ich hier denke, ist heute eine ausgesprochene Feinschmeckerin.

In Beziehungen: Der Säugling und häufig auch noch das Kleinkind fremdeln sehr. Bitte keinesfalls die Kinder nötigen, auf dem Arm eines anderen (auch wenn es Oma oder Opa sind) zu bleiben oder «der Tante die Hand zu geben». Diese Kinder müssen die Umgebung erst sehr lange beobachten, um dann in ihrem Tempo auf Neues zugehen zu können. Schon früh lassen sich teils heftige Gefühle der Eifersucht beobachten, da hoher Besitzanspruch – auch an Personen – besteht. Das Kind lebt nach dem Motto: «Alles ist mein.»

Beim Spiel: Liebt das Gewohnte, sprich denselben Spielplatz, dieselbe Sandkastenfreundin, dasselbe Buch, das gewohnte Spielzeug. Spielt gern Sand, baut gern Straßen oder Burgen, kocht und backt gern zu Hause mit.

Venus in Zwillinge

Beim Essen: Schon der Säugling zeigt Flexibilität beim Essen und liebt Abwechslung. Sozialer Kontakt beim Essen ist wichtig. Beim Stillen ist der soziale Kontakt per se gegeben, doch wenn das Baby schlecht trinkt, kann es hilfreich sein, ihm dabei eine Melodie vorzusummen. Das Kleinkind liebt Gespräche beim Essen, es ist daher wichtig, dass wenigstens einmal täglich die ganze Familie um den Esstisch versammelt ist.

In Beziehungen: Freundschaften sind dem Kind wichtig, dabei können diese oft wechseln. Dies ist kein Qualitätsmerkmal, sondern es ist die Vielfalt an Beziehungen, die das Kind wünscht. Es ist auch nicht wählerisch, wen es zum Freund, zur Freundin wählt.

Beim Spiel: Alles, was das Denken und den Kontakt zu anderen fördert, ist beliebt.

Venus in Krebs

Beim Essen: Sowohl der Säugling als auch das Kleinkind braucht das Gefühl der Geborgenheit bei der Nahrungsaufnahme. Unruhe, Streit, Lärm mag das Kind nicht. Sind die Eltern gestresst oder in Eile, spuckt es häufig alles wieder aus. Die Atmosphäre in der Familie während des Essens ist für das Kind wichtiger als das Essen selbst.

In Beziehungen: Auch dieses Kind fremdelt stark, will ganz viel und ganz lange ausschließlich innerhalb der Familie bleiben. Die leiseste Zurückweisung, auch von Spielkameraden, nimmt es persönlich und zieht sich zurück. Deshalb ist es zu empfehlen, am Abend vor dem Gute-Nacht-Sagen mit dem Kind den Tag noch einmal vorbeiziehen zu lassen: Was hat dir gefallen? Was gefiel dir nicht so? Was ist der Grund, warum du nicht mehr mit Marie spielen magst, warum du nicht zum Geburtstag von Daniel gehen möchtest?

Im Spiel: Kinder zum Spielen besser nach Hause kommen lassen als umgekehrt. Es dauert lange, bis das Kind freiwillig zu den anderen Kindern zum Spielen möchte. Das Kind mag Puppen oder Plüschtiere und eine «Schmuseecke» im Kinderzimmer, in die es sich zurückziehen kann. Es fühlt sich heftig und lärmend spielenden Kindern ausgeliefert.

Venus in Löwe

Beim Essen, in Beziehungen, im Spiel: Das Kind will unter allen Umständen immer Aufmerksamkeit auf sich ziehen, positive oder auch negative Beachtung. Dabei tut es viel, um zu gefallen und so Zuwendung zu erhalten. So kann es sich beim Essen entweder sehr gut oder sehr schlecht benehmen, in Beziehungen herzlich und liebevoll oder herrschsüchtig und bestimmend, im Spiel großzügig oder angeberisch sein. Immer geht es darum, in den Mittelpunkt zu kommen und beachtet zu werden. Vorsicht: Die Kinder werden fälschlicherweise als besonders robust und unempfindlich eingeschätzt, sind aber sehr leicht verletzbar.

Venus in Jungfrau

Beim Essen: Der Säugling liebt das Gewohnte und Ruhe beim Essen. Schon das Kleinkind lässt sich leiten, wenn etwas als «vernünftig oder gesund» erklärt wird. Achtung: Hier sind der Manipulation Tür und Tor geöffnet. Es sollte – auch bei gesundheitsbewussten Müttern – darauf geachtet werden, dass es dem Kind auch wirklich schmeckt.

In Beziehungen: In Beziehungen ist das Kind vorsichtig abwartend. Es geht nicht spontan auf andere zu, sondern tastet sich langsam heran. Hier ist sehr stark das dem Kind eigene Tempo zu beachten – auch wenn es schwer erträglich ist: nicht manipulieren, nicht das Tempo forcieren. Dieses Kind ist außerdem wählerisch in Beziehungen. Nicht jeder wird sofort zum Freund.

Im Spiel: Ruhig, besonnen, teils viel zu vernünftig. Versucht, anderen Kindern zu helfen, versucht, sich nützlich zu machen. Es hilft gern der Mutter im Haushalt und sieht das als Spiel an.

Venus in Waage

Beim Essen: Sowohl der Säugling als auch das Kleinkind weiß genau, was ihm bekommt, was nicht. Deshalb nicht zwingen, etwas zu essen, was es ablehnt. Dieses Kind hat einen guten Geschmack in allem, auch bei der Wahl der Speisen.

In Beziehungen: Das Kind ist sehr entgegenkommend, da es mehr beim Du als beim Ich ist. Es möchte niemanden verletzen, kann schlecht

Nein sagen. Daher ist es leicht beeinflussbar und muss früh lernen, in Beziehungen eine eigene Meinung zu finden. Hier ist es empfehlenswert, dem Kind frühzeitig in vielen harmonischen Gesprächen nahezubringen, dass immer lieb sein auch verkehrt ist.

Im Spiel: Auch hier ist darauf zu achten, dass das Kind lernt, sich auch durchzusetzen und nicht immer um des lieben Friedens willen nachzugeben. Das Kind liebt schöne, «saubere» Spiele und will sich nicht schmutzig machen. Malt wahrscheinlich gern.

Venus in Skorpion

Beim Essen: Sowohl Säugling als auch Kleinkind kann die Nahrungsaufnahme zu einer Machtprobe werden lassen. Es ist nicht primär wichtig, ob etwas schmeckt oder nicht, sondern was durch sein Essverhalten bewirkt werden kann. Es ist nicht ungewöhnlich, wenn sich das Kind beim Füttern steif nach hinten biegt und die Luft anhält, um nicht essen zu müssen. Die Macht der Mutter besteht hier nicht im (Macht-)Kampf, sondern in der Gelassenheit: vom Tisch aufstehen, das Kind ruhig und freundlich auf den Arm nehmen und ablenken. Wenn es sich beruhigt hat, mit dem Tagesablauf weitermachen, der nach dem Essen geplant war. Es schwächt das Kind nicht, wenn es bis zur nächsten Mahlzeit hungrig bleibt. Sollte das Kind bis dahin wirklich nach Essen verlangen, wird es gefüttert. Sollte es dabei wieder in die Machtprobe gehen, wird bis zur nächsten Mahlzeit gewartet.

In Beziehungen: Beziehungen erzeugen beim Kind tiefe Gefühle, auch beim Spielkameraden. Es ist stark eifersüchtig und versucht, stark zu binden. Jede Trennung ist sehr schmerzhaft und wird als Verrat angesehen. Hier ist es empfehlenswert, dem Kind früh nahezubringen, dass Spielkameraden, Freunde oder Eltern nicht Eigentum sind wie die Puppe oder der Teddy und dass Menschen vielfältige Beziehungen leben.

Im Spiel: Das Kind findet alles schön, was durch intensive, gefühlsschwangere Stimmung beeinflusst ist. Es spielt gern mit einem Menschen, einem Freund, schließt gleichsam einen Pakt mit ihm. Das kann für das Gegenüber sehr schnell zu eng werden. Kommt es zur Trennung, ist das Kind sehr verletzt und verständnislos. Eltern sollten versuchen, das Kind in Gruppen spielen zu lassen – aber niemals dazu zwingen. Es spielt gern an «verbotenen Orten»: am Teich, am Wasser, an der Rutsche, wenn es verboten wurde. Wenn dem Kind der Grund des Verbotes erklärt wird, besteht eher die Möglichkeit, dass es das Verbot einhält. Nicht vergessen: In gewisser Weise reizt das Kind die Gefahr, es spielt damit.

Venus in Schütze

Beim Essen: Das Kind inszeniert teils dramatische Auftritte, will nicht ruhig sitzen, liebt nicht die engen Grenzen des Benehmens, wie es beim Essen gefordert wird. Abhilfe: Da das Kind Geschichten liebt, zum Beispiel eine Geschichte erzählen vom Spinat, der die abenteuerliche Reise durch den Körper antreten will.

In Beziehungen: Es will in jedem Fall beachtet werden, braucht wie jedes Zeichen im Element Feuer Anerkennung und steht gern im Mittelpunkt. Es geht offen und neugierig (teils zu sehr) auf Menschen zu.

Im Spiel: Das Kind liebt das Großartige, das Theatralische, auch im Spiel: Kasperltheater, selbst Theater spielen. Es ist interessiert an Bildern, Büchern, Geschichten, an allem, wo es zeigen kann, wie gut es ist oder wo es besser ist als andere.

Venus in Steinbock

Beim Essen: Das Kind liebt beim Essen eine ruhige und geordnete Umgebung. Am liebsten mag es die gewohnten Speisen ohne allzu viel Abwechslung.

In Beziehungen: Im sozialen Verhalten ist das Kind zurückhaltend und vorsichtig. Hat es aber einmal Vertrauen gefasst, erweist es sich als treuer, anhänglicher Spielkamerad.

Im Spiel: Es spielt gern allein in seiner Umgebung und in seinem Tempo. Liebt die ruhige, klare Spielform. Baut gern mit Klötzchen oder Lego, liebt Playmobil oder Puppenhäuser, weil es da das reale Leben nachstellen kann. Sorgfältiger Umgang mit Spielsachen. Wenn es mit anderen Kindern gespielt hat, braucht es immer wieder Zeit für sich allein.

Venus in Wassermann

Beim Essen: Bei diesem Kind soll alles besonders sein. Es sieht essen als eine Gelegenheit zum Experimentieren an. In den Kartoffelbrei werden Straßen für die Sauce gebahnt und es ist spannend zuzuschauen, wie sich die Kirschen mit dem Pudding in neue Farben mischen lassen.

In Beziehungen: Das Kind lässt sich nicht einvernehmen, ist weitgehend unbestechlich. Wählt seine Freunde selbst aus, will in der Beziehung aber die Besondere, der Besondere sein. Macht sich teilweise zum Kasper, um darin seine Besonderheit zu zeigen.

Im Spiel: Das Kind braucht Abwechslung sowohl beim Spiel als auch bei den Spielsachen. Es ist früh begeistert von elektronischen Spielsachen. Vorsicht, das sollte nicht allzu früh unterstützt werden!

Venus in Fische

Beim Essen: Ähnlich wie Kinder mit Venus in Krebs kann auch hier das Kind nur in einer friedlichen Atmosphäre essen. Sonst können wirklich starke Essstörungen auftreten. Es verweigert das Essen oder muss spucken. Unstimmigkeiten schlagen ihm auf den Magen. Seine Liebesfähigkeit erstreckt sich weit über die Familie hinaus, auch auf Tiere oder Pflanzen. Deshalb möchten die Kinder häufig kein Fleisch oder Fisch essen. Bitte dieses Bedürfnis beachten, es kommt aus tiefstem Herzen und ist kein «Theater».

In Beziehungen: Es ist einfühlsam, weich, liebevoll und leicht verletzbar. Ruppigen Spielgefährten ist es ausgeliefert, da es sich schlecht verteidigen kann. Braucht Zeiten, in denen es mit sich allein ist, in denen es träumen kann, besonders nach dem Spiel mit mehreren Kindern.

Im Spiel: Das Kind liebt alles, was mit Fantasie, Musik, Wasser und Kuscheligem zu tun hat. Es ist schnell überfordert mit zu vielen Kindern, sondert sich im Kindergarten leicht ab und sollte dann behutsam wieder zur Gruppe geführt werden. Es braucht aber auch im Spiel viel Zeit für sich.

Rückläufige Venus

Es ist, als hätte das Kind eine vage Erinnerung, wie Beziehungen sein könnten oder sein sollten. Deshalb verhält es sich manchmal nicht angemessen zur augenblicklichen Situation. Manchmal mag es Nähe und ist zutraulich, manchmal ist es sehr zurückgezogen. Zuwendung, gleichgültig ob das Kind sie gibt oder erhält, scheint plötzlich zu viel zu sein. Wird es dann dazu genötigt, kann es sehr abweisend sein.

Unterstützung: Eltern dürfen dem Kind in solchen Situationen keinesfalls die Zuneigung entziehen, doch ist es empfehlenswert, dem Kind mitzuteilen, was sie bei so einem Rückzug empfinden. Da das Kind einen sehr eigenwilligen und eigenartigen Geschmack aufweisen kann, sollte es sich seinen eigenen Stil in Kleidung und Zimmer suchen dürfen. Es mag sein, dass dies den Eltern als ein etwas fremder, altmodischer Geschmack erscheint.

Eine Frau mit rückläufiger Venus erzählte mir, dass in den 80er-Jahren, als die gerüschten Laura-Ashley-Kleider so modern waren, ihr als Kind «das Herz aufgegangen war», als die Mutter auf ihren Geschmack einging und ihr solche Garderobe kaufte.

Im Bezug auf Besitz reagiert das Kind mit rückläufiger Venus sehr unterschiedlich: Einmal will es etwas unbedingt haben und für sich allein behalten, dann verschenkt es dasselbe wieder großzügig.

Mars

Beim Säugling und Kleinkind erlebe ich immer wieder, dass Mars sinnvollerweise nur in den Elementen zu deuten ist. Erst im Schulalter differenziert sich seine Energie durch die verschiedenen Zeichen, wohl deshalb, weil der Aktionsradius des Kindes größer wird. Meiner Erfahrung nach wird das Kind auch in der wohl berühmtesten Mars-Phase des Kleinkindalters, der Trotzphase, nach Art des Elementes, in dem der Mars steht, trotzen. Zum Beispiel auf erdige Art und Weise und nicht unterschiedlich nach Mars in Stier, Jungfrau oder Steinbock. Eine Ausnahme: Mars in Skorpion.

Die Trotzphase

Die Trotzphase ist eine ungemein wichtige Zeit für das Kind, lernt es doch dabei, seinen Willen einzusetzen. Wie schon mehrfach angesprochen, setzt es dabei seine persönlichen Planeten *unbewusst* ein, in diesem Fall in erster Linie den Mars. Es übt, seinen Mars zu gebrauchen. Dass es dabei weit über das Ziel hinaus schießen kann, ist eine normale Folgeerscheinung. Für die Eltern besteht die Herausforderung in dieser Zeit darin, für sich herauszufinden, wie sie am besten mit dem Trotz des Kindes umgehen sollen und mit sich selbst: mit Aggression, mit Geduld, mit Diplomatie, mit verbalem Kontakt?

So ein Trotzanfall ist für das Kind eine Übung, seinen Willen zu spüren, ihn durchzusetzen und gleichzeitig zu erfahren, dass es dabei Grenzen gibt, an die es stößt. Es ist also von größter Wichtigkeit, den Willen des Kindes keinesfalls zu brechen, wie es früher empfohlen wurde, sondern in jeder Situation erneut abzuwägen, ob es richtig und möglich ist, seinem Drängen nachzugeben, oder ob ihm ein Nein entgegengesetzt werden muss.

Das Kind wird versuchen, auf seine Weise, je nach Element des Mars, mit dem Kopf durch die Wand zu kommen. Ist die Wand aus Beton, wird sich das Kind den Kopf (den Willen) daran zerbrechen. Ist die Wand aus Watte, wird es lernen, grenzen- und folgenlos seinen Willen durchzusetzen. Ist die Wand aber aus einem elastischen Material, so wird es sich nicht verletzen, jedoch lernen, dass nicht alles geht, wie es will. Niemals darf das Kind hören: «Dann hat die Mama, der Papa dich nicht mehr lieb.»

Dies ist die schlimmste Androhung, die einem Kind widerfahren kann. Das Kind wird alles tun, um sich die Liebe der Eltern zu erhalten, es wird mit der Zeit willenlos werden. Der Merksatz für Eltern in der Trotzphase kann sein: Mein Kind übt, seinen Willen zu gebrauchen, und wer übt, macht Fehler. Es ist nicht seine Absicht, mich zu ärgern oder zu provozieren, es übt nur.

Die Trotzanfälle sind bei Eltern meist sehr gefürchtet. Nicht nur, weil das Engelchen erstmals so richtig seinen Zorn und seinen Willen zeigt, sondern auch, weil dies häufig in der Öffentlichkeit geschieht. Kaum etwas ist für Eltern so schlimm wie eine Szene vor entweder grinsenden oder besserwisserisch den Kopf schüttelnden Zuschauern. Hier ein Merksatz: Wie immer ich es mache, in den Augen der Zuschauer ist es sowieso verkehrt. Also mache ich es so, wie es für mich richtig ist. Die Gefahr in dieser Situation ist nämlich, dass die Eltern ihre Hilflosigkeit am Kind ausagieren, weil sich das im Augenblick als der einfachste Weg erweist.

Mars im Element Feuer

Das Kind handelt vorschnell, teilweise rücksichtslos und nach dem Motto: Was nicht verboten ist, ist erlaubt. Es fordert viel Beachtung und erwartet für alles Lob und Anerkennung. Es hat einfach das Gefühl, der Beste zu sein, nimmt nicht zur Kenntnis, wenn das nicht stimmt. Große Einsatzbereitschaft, wenn es begeistert ist. Willensstark, aber wenn es seinen Willen nicht durchsetzen kann, lässt es relativ schnell die Absicht fallen und wendet sich Neuem zu. Es bewegt sich ausgesprochen gern, sollte im Kleinkindalter aber nicht schon sportlich gefordert werden.

Im Trotzalter gibt es teils heftige Kämpfe, es wird sehr wütend und kann so lange und laut schreien, bis es blau anläuft. Gibt aber relativ schnell nach.

Mars im Element Erde

Das Kind zeigt sich beharrlich im Spiel, bei Unterbrechung protestiert es schon sehr früh lautstark. Seine Handlungsweise ist langsam, überlegt und gründlich. Es erobert seine Umwelt mit kleinen Schritten, zurückhaltend, teils etwas ängstlich. Wenn es etwas gelernt hat, möchte es dies andauernd anwenden. Eigentlich wird es nur in der Verteidigung richtig wütend.

Im Trotzalter lässt es sich gern auf den Boden fallen oder stampft mit den Füßen. Sehr bockig. Der jeweilige Trotzanfall hält lange an.

Mars im Element Luft

Das Kind ist jederzeit offen, etwas Neues zu beginnen, zu unternehmen, hat aber wenig Durchhaltevermögen. Sobald der Reiz des Neuen vorbei ist, verliert es die Lust. Es hat ständig neue Ideen, die aber nicht unbedingt umgesetzt werden. Möglicherweise ist es leicht, das Kind in seinem Handeln zu beeinflussen, da es schlecht eigene Entscheidungen treffen kann. Möglicherweise benimmt es sich aber auch recht eigenwillig und rebellisch und ist daher nicht so leicht zu führen.

Im Trotzalter wird es versuchen, verbal zu argumentieren. Unter Schreien und Weinen schimpft es laut vor sich hin. Ist mit Erklärungen zu besänftigen.

Mars im Element Wasser

In Wasserzeichen ist Mars nicht direkt «in seinem Element». Das Kind handelt eher ängstlich, muss sich wohlfühlen, um etwas zu wagen. Es neigt dazu, zu viel Rücksicht zu nehmen, und stellt dabei seinen eigenen Willen hintan. Geht häufig den Weg des geringsten Widerstandes und versucht dabei zu manipulieren. Oder es arbeitet mit den Schuldgefühlen der Umgebung und setzt so auf indirekte Weise seinen Willen durch.

Bei Mars in Skorpion reizt das Verbotene; hier handelt das Kind schon früh «hintenrum», wenn niemand es sieht oder es sich unbeobachtet fühlt.

Im Trotzalter versucht es, durch Weinen und Schluchzen zu manipulieren. Trotzt dann noch lange still vor sich hin. Bei Mars in Skorpion verläuft der Trotzanfall häufig kompromisslos, das Kind schlägt manchmal sogar nach dem Erwachsenen. Vorsicht: Alle Wassermarskinder sind sehr verletzlich, auch wenn es manchmal nicht so erscheint!

Rückläufiger Mars

Das Kind kann in seiner Durchsetzungskraft gehemmt sein, weil es «nach innen hört», bevor es handelt. Dabei kann sich die Aggressionsenergie des Mars auf zweierlei Art äußern: Das Kind fühlt sich sehr unsicher, wenn es auf etwas zugeht, etwas anpackt und – vor allem – wenn seine Aggression gefordert ist. Es hat möglicherweise Angst vor Aggression, auch seiner eigenen, und schluckt sie hinunter. So ist es äußerlich ein angepasstes Kind, während sich innerlich seine verschluckte Wut staut. Dabei wird es mit der Zeit energielos und starr. Es wagt nicht, sich zu wehren oder etwas neu anzupacken. Das Kind kann aber auch genau andersherum reagieren: mit enormer, explodierender Wut. Es rastet bei der geringsten Kleinigkeit aus und ist in seinem Zorn schlecht zu bremsen. Kleinkinder reagieren diese Wut meist an Puppen oder Teddys ab, aber auch an Geschwistern oder dem «bösen» Tischbein.

Unterstützung: In beiden Fällen sollte mit den Eltern über deren Mars gesprochen werden, über deren Vermögen, Aggression, Durchsetzungskraft und Mut zur Tat zu leben. Denn sie sind das lebende Beispiel für das Kind, das unterschwellige, wabernde Aggressionen der Eltern häufig an deren Stelle auslebt, aber auch die unterdrückten Ängste, den mangelnden Mut der Eltern wahrnimmt und übernimmt. Keinesfalls sollte der Wut des Kindes mit Aggression begegnet werden. Jedoch sind klare Grenzen wichtig, aber auch die Möglichkeit, die Wut auf eine sozialverträgliche Art und Weise auszuleben (Kissenschlachten, Trommeln auf einem Topf).

Ein Wort zur Sonne

In der Kinderastrologie wird häufig davon gesprochen, dass die Sonne erst ab der beginnenden Pubertät gedeutet werden sollte. Das ist auch richtig, denn in dieser Zeit beginnt sich das Kind zu individualisieren und seine Sonne verstärkt zu leben.

Doch nach meiner Beobachtung schwingt die Zeichenqualität, in der die Sonne steht, schon ab dem vierten Lebensjahr häufig mit. Es gibt Kinder, die, wenn das vorherrschende Element nicht gelebt werden kann, sogar ganz auf ihr Sonnenzeichen ausweichen. Trotzdem werde ich die Deutung der Sonne erst im Kapitel «Das Kind von 6 bis 12 Jahren» besprechen.

Jupiter und Saturn, die Gesellschaftsplaneten

Nicht umsonst werden Jupiter und Saturn Gesellschaftsplaneten genannt. Anders als bei den beiden Lichtern Sonne und Mond und bei den persönlichen Planeten Merkur bis Mars tritt dem Kind in Jupiter und Saturn die Gesellschaft entgegen.

Jupiter heißt das neue Wesen in der Gesellschaft willkommen und nimmt es unter seine wachstumsfördernden Fittiche, während Saturn ihm in Gestalt von Regeln und Geboten entgegentritt, damit das Kind lernt, sich innerhalb des gesellschaftlichen und gesetzlichen Rahmens zu bewegen.

Jupiter und Saturn sind die beiden Pole der Kindheit. Am einen Pol steht das Kind mit Jupiter, dem Symbol grenzenlosen Wachstums, am anderen Pol stehen die Eltern mit Saturn, der das Symbol des Erziehers darstellt. Jupiter steht für Ausdehnung und ungebremstes Tun, Saturn für Begrenzung und Verbot.

Jupiter

Zwei Planetenprinzipien stehen dem Kind von Anfang an voll zur Verfügung: die Energien von Mond und Jupiter. Ein Kind mit stark gestelltem Jupiter (Jupiter in Schütze, in Fische als alter Herrscher, in Krebs in der Erhöhung, im eigenen Haus) nimmt die ganze Wohnung, einschließlich der Eltern, voll in Beschlag. Es will sich unendlich ausdehnen. Dabei kennt es beinahe keine Grenzen, es übertreibt in allem.

Kinder mit einem gut gestellten Jupiter sind lebensbejahende, zuversichtliche Kinder, sind jedoch durch die Feuerqualität des Jupiters nicht ausdauernd, haben wenig Durchhaltevermögen und langweilen sich schnell. Die Aufgabe der Eltern besteht darin, sie zu lehren, dass auch ihnen nicht alles (Wissen) in den Schoß fällt, dass auch sie etwas leisten müssen. Diese Kinder brauchen eine konsequente Führung mit viel Verständnis für ihr Gefühl, großartig zu sein. Gut für die Kinder ist es, wenn sie frühzeitig liebevoll mit der saturnischen Energie bekannt gemacht werden, denn dadurch wird ihr Sinn für die Realität, für das Machbare, geweckt.

Ist der Jupiter stark gestellt, so zeigt sich schon beim Kleinkind der Lebensbereich betont, in dessen Haus Jupiter steht. Hier neigt das Kind nicht nur zu eigenen Übertreibungen, sondern hat auch überzogene Erwartungen.

Ein Mädchen mit starkem Jupiter im 2. Haus verteidigte nicht nur seine Spielsachen durch Beißen und Kratzen, sondern war auch über jedes Geschenk enttäuscht, wenn es von der Größe her nicht seinen Erwartungen entsprach. Mit vier Jahren wollte es auf dem Volksfest bei einer Tombola unbedingt die riesengroße Micky Maus gewinnen. Als der Gewinn eine kleine Ente war, warf es diese auf den Boden und wollte sie nicht.

Grundsätzlich kann gesagt werden, dass, je jupiterhafter das Kind agiert, desto mehr als Gegengewicht die Maß haltende Qualität des Saturns vonnöten ist.

Ich gehe hier nicht im Einzelnen auf die Deutung von Jupiter in den Elementen, Häusern oder in den Zeichen ein. Allgemein ist zu sagen:

Das Zeichen, das Haus, in dem Jupiter steht, den oder die persönlichen Planeten, die er aspektiert, «liebt» er und er möchte dort etwas zur Blüte bringen. Handelt es sich um einen stark gestellten Jupiter oder um einen Spannungsaspekt, fehlt dabei häufig das rechte Maß und/oder werden dabei die Erwartungen zu hoch gesetzt. Deshalb steht Jupiter im Kinderleben nicht nur für das Glück, sondern kann durchaus auch Frustration mit sich bringen.

Saturn

Saturn steht für Struktur, Festigkeit und Begrenzung. Somit bedeutet er Halt, Stabilität, Durchhaltevermögen und Konsequenz. Er steht für das Abgrenzungsvermögen eines Menschen, aber auch für die Grenzen, die er als unangenehm erlebt, die ihn Begehrtes nicht erreichen lassen.[7]

Struktur und Begrenzung sind im Leben eines Kindes wesentliche Faktoren, die ihm eben diesen oben erwähnten Halt und die Sicherheit geben. Ein Kind, dem keine Grenzen aufgezeigt werden, ist orientierungslos. Immer wieder ist zu beobachten, wie Kinder Grenzsetzungen, ein Nein, ein Verbot, geradezu herausfordern. Sie «bitten» mit ihrem Verhalten um Führung. Im Kleinkindalter ist es den Kindern nicht möglich, die Regeln, Gebote und Verbote von Saturn aus sich heraus zu leben, sie benötigen die saturnische Energie der Eltern und der Kindergärtnerin, um ihre Grenzen zu erfahren. In einem durch sinnvolle Regeln und manchmal auch Verbote abgesteckten Rahmen gewinnen sie Halt und vor allem Sicherheit. Von diesem Rahmen ausgehend wagen sie es dann, sich weiter auf den abenteuerlichen Weg durchs Leben zu begeben. Aus dieser Sicherheit heraus ist es ihnen dann auch möglich, sich den Ängsten, allen voran den Versagensängsten, die Saturn begleiten, vorsichtig zu stellen.

So besteht die saturnische Energie der Eltern auch darin, dass sie dem Kind gegenüber bestimmt auftreten. Die Sozialpädagogin Beate Weymann-Reichardt meint damit, «dem Kind entschlossen, innerlich gefestigt, zuversichtlich und entspannt gegenüberzutreten und damit klar zu stellen, wer in der Familie das Sagen hat». Dabei genügt nach ihrer Auffassung durchaus ein klares, bestimmtes, möglichst freundliches und entspanntes «Nein, das geht jetzt nicht!» seitens der Eltern. Und zwar ohne Begründung. Eltern müssten sich einfach bewusst machen, dass manche Äußerungen eben keine Bitte, sondern eine Forderung darstellten, zu der sie zweifelsfrei berechtigt seien. Denn Kinder wünschten sich starke Eltern, die sich den Konflikten mit ihnen stellen und sie anleiten.[8]

Die Kinder können also im Säuglings- und Kleinkindalter die Saturnenergie nicht selbst leben, sondern müssen diese begrenzenden und zugleich stützenden Kräfte von außen erfahren. Sehr deutlich aber spüren sie den Bereich, das Haus, in dem Saturn steht, vielfach als besetzt mit Ängsten, Hemmungen, Sorgen und Einschränkungen. So ist es sinnvoll, Saturn für dieses Alter nur im Haus zu deuten.

Saturn in Haus 1

Das Kind will bei dieser Konstellation die Verantwortung für sein Auftreten, für sein So-Sein übernehmen. Letztendlich möchte es lernen, zu sich zu stehen so, wie es ist. Dies fällt mit Saturn nicht leicht, lauert doch im Hintergrund schon beim Kleinkind das Gefühl: Ich bin nicht gut genug. Vielfach betrachtet es auch seine kleine Welt mit viel zu ernsten Augen und ist dadurch manchmal «sorgenbeladen». Es hat Angst, nicht geliebt zu werden, weil es meint, «irgendwie nicht richtig zu sein». Deshalb ist es meist gehemmt im Auftreten.

Unterstützung: Hilfreich kann es hier zum einen sein, schon früh auf das Auftreten des Kindes, auch in Bezug auf Sauberkeit, Kleidung, Benehmen und Verhalten anderen gegenüber, zu achten, sodass das Kind gern «angenommen wird» in seiner Art.

Ein kleiner Junge mit Saturn in Haus 1, der aus einer kinderreichen, liebenswert-chaotischen Familie stammte, muffelte meist etwas aus seiner nicht sehr sauberen Kleidung vor sich hin. Dadurch wurde er seine ganz Kindergartenzeit hindurch von den Spielkameraden abgelehnt, kurz vor dem Schuleintritt beinahe schon gemobbt. Im Abschnitt über die Schulkinder finden Sie weitere Hinweise in dem Kapitel «Zur Saturnstellung in den Häusern 1, 4 und 7», Seite 220.

Zum anderen ist es wichtig, auf die Sorgen des Kindes einzugehen (seien sie für die Eltern auch noch so trivial) und ihm vielleicht eine andere «Brille» als die «Sorgenbrille» anzubieten. Keinesfalls darf über die ängstliche, sorgenvolle Sichtweise des Kindes einfach hinweggegangen oder die Sorge kleingeredet werden. Das Kind würde sich nicht ernst und nicht angenommen fühlen.

Ein Mädchen mit dieser Konstellation machte sich große Sorgen, was die anderen denken könnten, wenn es eine andere Pausentasche oder neue, auffallende Söckchen im Kindergarten tragen würde. Alles an ihrem Aussehen und Auftreten sollte immer bleiben wie bisher, denn das fiel nicht auf und wurde nicht belächelt von den anderen. Ein Beratungsgespräch mit den Eltern brachte dem Kind Erleichterung, denn sie begannen, dem Kind eine andere «Brille» anzubieten. Nämlich die, dass es vielleicht damit nicht belächelt, sondern angelächelt werde. Langsam und sehr vorsichtig (Saturn) wurde das Mädchen mit seiner Kleidung etwas mutiger. Und siehe da: Die anderen spielten genauso gern mit ihm wie zuvor. Es war nur seine «Sorgenbrille», die es so ängstlich gemacht hatte.

Saturn in Haus 2

Der Umgang mit Eigentum, der Erwerb eigener Wertvorstellungen, ein solider Selbstwert, Talente und Fähigkeiten stehen hier im Zentrum. Erleichternd ist für das Kind ein «eigenes Revier». Wenn es mit Geschwistern sein Zimmer teilt, sollte wenigstens sein Bett sein alleiniges «Revier» sein. Seine Angst liegt darin, zu wenig zu bekommen oder zu wenig zu haben (von allem: Materiellem wie Emotionalem).

Ein Mann mit Saturn in Haus 2 erinnert sich, dass er seine ganze Kindheit über glaubte, dass sein Bruder bevorzugt werde und mehr «von allem bekäme», sowohl vom Pudding als auch von der Liebe der Eltern.

Unterstützung: Das Selbstwertgefühl des Kindes ist bei Saturn in Haus 2 nicht sehr ausgeprägt. Daher ist es wichtig, dem Kind niemals zu vermitteln, dass es etwas nicht kann oder zu wenig begabt ist. Ein Satz wie «Das darfst du haben und das nicht» bedarf einer Erklärung. Andernfalls ist es leicht möglich, dass das Kind diese Absagen auf *sich* und seinen Wert bezieht und dadurch das Gefühl bei ihm entsteht: *Ich* bin es nicht wert oder *ich* bin nichts wert.

Saturn in Haus 3

Die Aufgabe bei dieser Konstellation ist, das Lernen zu lernen. Lernen ist das Aufnehmen und Verknüpfen von Informationen sowie die Fähigkeit, diese mit eigenen Worten wiederzugeben. Genau das ist es, was dem Kind schwerfällt, teilweise fühlt es sich wie blockiert oder auch zu gehemmt, um seine Meinung zu äußern oder etwas zu erzählen. Die Angst dabei ist, etwas Falsches zu sagen, etwas nicht zu wissen. Saturn in Haus 3 kann aber auch eine Lernaufgabe in Bezug auf die Geschwister bedeuten. Vielleicht fühlt sich das Kind den Geschwistern gegenüber zurückgesetzt (besonders wenn ein neues Geschwisterchen geboren wird), vielleicht übernimmt es aber auch viel zu früh Verantwortung für das Wohlergehen der Geschwister. Möglich ist aber auch, dass die Eltern dem Kind Mühe und Verantwortung für das kleinere Geschwisterchen auftragen und es diese Last wie ein kleiner Packesel übernimmt.

Unterstützung: Erleichternd für das Kind ist bei Kommunikations- oder Lernproblemen, viel mit ihm zu kommunizieren, sich Geschichten oder Erlebnisse erzählen lassen. Auf seine vielleicht etwas umständlichen Fragen geduldig und ausführlich zu antworten und niemals zu sagen: «Das verstehst du nicht, das geht dich nichts an, das interessiert mich nicht.» Sonst kann beim Kind leicht der Eindruck entstehen, dass es dumm sei.

Bei Geschwisterproblemen ist zunächst herauszufinden, in welcher Rolle sich das Kind fühlt: Ist es die Rolle des Entthronten? Des Zurückgesetzten? Des Eifersüchtigen? Des Verantwortlichen? Die Unterstützung kann hier darin bestehen, sehr bewusst und liebevoll dem Kind die Stellung in der Geschwisterreihe zu geben, die ihm zusteht, ohne es zu überfordern.

An dieser Stelle müssen auch die neuen «Geschwister» bei Patchworkfamilien erwähnt werden. Im Allgemeinen ist es für alle beteiligten Kinder schwierig, sich in einer neuen Familiensituation zurechtzufinden. Ein Kind mit Saturn in Haus 3 wird sich wahrscheinlich zurückziehen, um seine vorherige Stellung trauern und zum Teil misstrauisch auf die neuen «Geschwister» zugehen. Es ist unbedingt notwendig, sehr einfühlsam mit dem Kind umzugehen und es niemals zu bedrängen, «vernünftig zu sein» oder Nähe herzustellen, wenn es noch nicht bereit dazu ist. Der Prozess des Aneinandergewöhnens kann lange dauern und viel Geduld und Verständnis von beiden Elternteilen, dem alten und dem neuen, fordern.

Saturn in Haus 4

Lernaufgabe hier ist zunächst der Umgang mit Gefühlen, mit Emotionen. Dabei hat auch das Wahrnehmen und «Einfordern» von eigenen Bedürfnissen sowie die Stellung des Kindes innerhalb der Familie einen wesentlichen Anteil. Seine Angst ist wohl, von den Familienmitgliedern nicht geliebt zu werden, wenn es seine Gefühle zeigt oder seine Wünsche äußert. Auch meint es manchmal, seine Gefühle seien «nicht richtig».

Unterstützung: Für das Kind ist es eine Hilfe, wenn in der Familie über Gefühle und Bedürfnisse gesprochen wird, wenn es nach seinen Gefühlen und Bedürfnissen gefragt wird. Häufig fällt es ihm schwer, seine Bedürfnisse zu erkennen und/oder zu formulieren. Dann kann es hilfreich sein, ihm liebevoll Zeit und Raum zur Verfügung zu stellen, darüber nachzudenken und es immer wieder einzuladen, zu sagen, was es möchte oder nicht möchte. Da ein Kind mit Saturn in Haus 4 sich innerhalb der Familie, vor allem mit Geschwistern, meist zurücknimmt, ist darauf zu achten, dass es nicht zurückgesetzt wird oder sich zurückgesetzt fühlt. Im Abschnitt über die Schulkinder finden Sie weitere Hinweise in dem Kapitel «Zur Saturnstellung in den Häusern 1, 4 und 7», Seite 220.

Saturn in Haus 5

Das Kind möchte bei dieser Konstellation lernen, Selbstsicherheit zu finden durch seine eigene kreative Form des Ausdrucks. Es will lernen, sich zu zeigen mit dem, was es kann, was es selbst geschaffen hat. Im Kinderhoroskop bezeichne ich das 5. Haus oft als «Mama-schau-mal-was-ich-kann-Haus». Steht hier Saturn, ist das Vertrauen des Kindes in das, was es kann, nicht allzu groß. Es ist sehr vorsichtig und teilweise gehemmt, sich selbst und sein Können zu zeigen. Seine Angst besteht darin, dass das, was aus ihm kommt, nicht gut genug sein könnte.

Unterstützung: Die größte Hilfe ist hier eine liebevolle Ehrlichkeit. Das, was gut ist, sollte gelobt und das, was nicht so toll ist, vorsichtig kritisiert werden. Diese Ehrlichkeit ist wichtig, damit das Kind lernt, dass es sich auf die Aussagen der Eltern verlassen kann. Dadurch gewinnt es die Sicherheit (Saturn): Wenn Mama oder Papa sagen, ich bin toll, ist es wirklich so. Die Kritik aber sollte sehr vorsichtig, sehr zugewandt und immer konstruktiv sein. Die Erziehungsperson ist also gefordert, dem Kind eine Verbesserungsmöglichkeit anzubieten. Wichtig ist es, darauf zu achten, dass diese Verbesserung mit dem Kind zusammen erarbeitet und ihm nicht «aufgedrückt» wird.

Das Kind malt in einem Malbuch. Dabei geht es nicht sehr sorgfältig vor, sondern kritzelt mit wirren Strichen in den Figuren herum und darüber hinaus. Nun kann eine liebevolle Kritik dadurch geschehen, dass es gefragt wird, wie es das denn machen könnte, dass der Hase nicht so ausgefranste Ohren hat, sondern dass seine Ohren «die Form behalten», auch wenn sie angemalt sind. Dann kann man fragen, ob man ihm zeigen darf, wie es mit dem Stift innerhalb der schwarzen Linien bleiben kann. Ein Kind mit Saturn in Haus 5 wird eifrig bemüht sein, das dann nachzuahmen.

Manchmal konnte ich beobachten, dass Säuglinge und Kleinkinder mit dieser Konstellation Schwierigkeiten mit dem Stuhlgang haben, es für sie buchstäblich schwierig ist, «sich auszudrücken». Ist dies der Fall, so ist mit der Erziehung zur Sauberkeit sehr langsam und vorsichtig zu beginnen.

Saturn in Haus 6

Hier ist die Einübung von Regeln, Ritualen und Ordnung das Lernthema. Das Kind hat unbewusst den Eindruck, nützlich sein zu müssen. Seine Angst ist, nicht gut genug zu sein, so ist es ziemlich darauf bedacht, nicht aufzufallen. Es steht meist unter einem enorm großen eigenen Perfektionsanspruch.

Unterstützung: Deshalb ist die stärkste Unterstützung, diesem Anspruch ein «Laisser-faire» entgegenzustellen, das Nichtperfekte zuzulassen. Eine weitere Hilfe ist sicher, einen geordneten Alltag anzubieten, mit Regeln und Ritualen, auf die das Kind sich verlassen kann. Sicherheit bietet es auch, wenn die Eltern auf die Rituale achten, die das Kind selber kreiert, und auf sie Rücksicht nehmen.

Ein kleines Mädchen kam jeden Abend, nachdem es von Mutter oder Vater liebevoll zu Bett gebracht worden war, nach ein paar Minuten noch einmal zurück in die Küche oder ins Wohnzimmer, um ein paar Schlucke zu trinken. Dann ging es selbstständig zurück ins Bett. Dieses Ritual war über mehrere Jahre hinweg sehr wichtig, denn es gab ihm die Sicherheit, dass die Eltern auch da waren, wenn es sie nicht mehr sah oder hörte. Das Mädchen stellte dieses Verhalten von selbst ein, als es Schulkind wurde.

Saturn in Haus 7

Der Umgang mit dem Du und das Hineinwachsen in Beziehungen außerhalb der Familie ist bei dieser Konstellation das Lernthema. Der Säugling und das Kleinkind mit dieser Konstellation tastet sich ganz langsam an den Umgang mit dem Gegenüber heran, auch wenn der kleine Mensch vom übrigen Horoskop her vielleicht ein feuriger «Draufgänger» ist. Es fremdelt, was ungefähr im Alter von acht Monaten einsetzt und die erste Bewusstheit im Kontakt mit dem Du außerhalb der Familie anzeigt. Dabei wendet sich meist auch das sonst freundliche und zugewandte Kind brüsk ab und weint manchmal sogar. Sein Verhalten weist darauf hin, dass sowohl das Aufnehmen als auch das Erhalten von Beziehungen gelernt werden will. Mit Saturn in Haus 7 kann Fremdeln verstärkt auftreten, der Wunsch des Babys nach Distanz gegenüber Fremden sollte von den Eltern respektiert werden. Auch das Kleinkind zeigt sich vorsichtig und distanziert und manchmal auch misstrauisch anderen gegenüber. Wettbewerbssituationen (z.B. Sackhüpfen beim Kindergeburtstag) sind ihm ein Gräuel. Erstens denkt es, dass es alles schlechter kann als die Mitbewerber, und zweitens müsste es eigentlich Zeit haben, sich an diese spezielle Situation mit den anderen Kindern zu gewöhnen. Die bleibt ihm aber im Wettbewerb nicht.

Unterstützung: Hilfestellung können die Eltern durch klare Verhältnisse in ihren eigenen Beziehungen geben. Sie sollten sich aufeinander verlassen können. Wenn ein Versprechen oder eine Verabredung nicht einzuhalten sind, ist es wichtig, abzusagen und eine Begründung mitzuliefern. So lernt das Kind am Beispiel, dass man einander vertrauen kann. Unzuverlässigkeit vonseiten des Gegenübers sollte mit dem Kind besprochen werden, denn es nimmt jegliches Beziehungsverhalten sehr persönlich und betrachtet es als Aufwertung oder eben Abwertung seiner Person. Möchte es bei Wettspielen nicht mitmachen, darf es nicht dazu genötigt werden. Wenn es eine Zeit lang zuschauen kann, wird es vielleicht von selbst Lust verspüren, dabei zu sein.

Saturn in Haus 8

Das Lernthema hier ist, zu begreifen, dass sich Situationen und Menschen verändern, dass eigentlich nichts so bleibt, wie es ist. Ein Kind mit Saturn in Haus 8 möchte alles jederzeit unter Kontrolle haben, denn nur das Gewohnte, das, was es kennt, gibt ihm Sicherheit. Hat es sich einmal auf einen Menschen eingelassen, bewacht es ihn eifersüchtig. Um sich die Gunst von Menschen, auf die es sich eingelassen hat, zu erhalten, ist es zu großen, oft allzu großen Opfern bereit, da es seinen Eigenwert oft hinter den Wert der anderen stellt. Angst hat es vor Veränderungen beinahe jeglicher Art.

Ein fünfjähriges Mädchen kontrollierte ihre Freundin im Kindergarten und auf dem Spielplatz, damit diese ja nicht mit anderen Kindern spielte. Die Angst, sie zu verlieren (das Gewohnte zu verlieren), war so groß, dass es abends im Bett noch bitterlich weinte, als es hörte, dass ein zweites Mädchen bei der Freundin zum Geburtstag eingeladen war. Um sich die Zuneigung der Freundin zu erhalten, «opferte» es seine Barbiepuppe, mit der die Freundin schon immer spielen wollte. Es schenkte sie ihr mit sehr schwerem Herzen.

Unterstützung: Die Eltern können helfen, indem sie zunächst ihre eigene Einstellung zu Veränderung und Kontrolle hinterfragen. Oft lebt das Kind mit Saturn in Haus 8 etwas aus, was eigentlich ein Problem der Eltern ist. Des Weiteren ist es hilfreich, jede anstehende, vor allem aber jede plötzliche Veränderung sehr sorgfältig mit dem Kind zu besprechen und zu fragen, worum es sich in diesem Zusammenhang Sorgen macht. Ganz wichtig ist auch die Stärkung des Eigenwertes unabhängig von der Meinung anderer Kinder.

Saturn in Haus 9

Hier will das Kind lernen, dass sein Wissen, seine Meinung, seine Vorstellungen genauso viel wert sind wie das Wissen, die Meinung und die Vorstellungen der anderen. Häufig muss es aber bei dieser Konstellation erleben, dass seine Meinung die anderen nicht interessiert. Besonders schlimm für das Kind ist die Erfahrung, wenn sie unter Geschwistern oder mit den Eltern gemacht wird. Es lebt in der Angst, dass entweder seine Meinung oder es selbst wegen seiner Meinung abgelehnt wird.

Unterstützung: Es ist für das Kind hilfreich, wenn es ausreden darf, auch wenn es langsam ist und seine Vorstellungen nicht denen der Eltern entsprechen. Wenn die Eltern etwas nicht verstanden haben, sollten sie nachfragen und geduldig die Meinung des Kindes anhören – auch wenn es vielleicht nicht richtig liegt. Erst dann, wenn das Kind ganz zu Ende gekommen ist, ist Zeit für ein Gespräch darüber, warum seine Meinung falsch ist. Die Eltern sollten aber nicht einfach nur eine Korrektur und Belehrung folgen lassen. In einem Gespräch fühlt sich das Kind in seiner ganzen Person geachtet und angenommen, folgen nur Korrektur oder Belehrung, fühlt es sich geschulmeistert und nicht ernst genommen. Doch bevor die Eltern die Meinung oder die Vorstellungen des Kindes ablehnen, sollten sie sich fairerweise fragen, ob diese nicht nur eine Betrachtungsweise aus einem anderen Blickwinkel heraus sind als ihre eigene.

Saturn in Haus 10

Das Lernthema ist hier, sich sorgfältig vorbereitet außerhalb der Familie zu zeigen. Deshalb ist das 10. Haus für Kleinkinder noch nicht sehr greifbar, suchen sie doch zuerst ihren Platz in der Familie, also im gegenüberliegenden Haus. Doch mit Saturn in diesem Haus haben meist auch schon kleine Kinder, Angst zu versagen, nicht gut genug zu sein, wenn sie «an die Öffentlichkeit» treten sollen, also zum Beispiel ein

Gedicht aufsagen, mit dem Nikolaus sprechen, auf dem Kindergeburtstag mit fremden Kindern in ein Wettspiel treten sollen. All das kostet sie große Überwindung und sie versuchen es zu vermeiden. Manche von ihnen spüren gleichzeitig eine Sehnsucht danach.

Unterstützung: Daher ist die beste Unterstützung, das Kind nicht in solche Situationen zu zwingen. Wenn die Eltern bemerken, dass das Kind unter Druck steht, ist mit ihm zu besprechen, wie die Situation beschaffen sein muss, damit es sich am besten fühlt und sich zu zeigen wagt. Wichtig ist, dass das Kind spürt, dass es nicht muss, aber darf, wenn es möchte.

Saturn in Haus 11

Hier will das Kind lernen, eine treue Freundin, ein zuverlässiger Kamerad zu werden und sich in Gruppen behaupten zu können. Dabei hat es vielleicht Schwierigkeiten, sich in Gruppen zu integrieren, in Gruppen anerkannt zu werden und nicht als Mauerblümchen außerhalb zu stehen. Seine Angst, in der Gruppe abgelehnt zu werden, blockiert häufig das sonst natürliche, kindliche Verhalten, auf andere Kindergruppen zuzugehen.

Unterstützung: Eine gute Möglichkeit ist es, schon früh kleine Gruppen von Spielkameraden nach Hause einzuladen, damit sich das Kind an seine Rolle in der Gruppe auf ganz natürliche Weise gewöhnen kann. Dann nämlich ist die Eingliederung in den Kindergarten, die erste Gruppe außerhalb der Familie, nicht so angstbesetzt. Es ist darauf zu achten, wie das Kind sich in vorhandene Gruppen einfügt und ob es sich wohlfühlt. Ist dies nicht der Fall, sollte ausführlich und geduldig sowohl mit dem Kind als auch mit der Kindergärtnerin darüber gesprochen werden.

Saturn in Haus 12

Hier wachen schon Säuglinge manchmal nachts weinend auf, weil sie wahrscheinlich schlecht geträumt haben. In dieser Phase sind die Kinder generell noch ganz mit dem kollektiven Unbewussten verbunden und mit Saturn in Haus 12 strömen auch die weniger angenehmen Träume oder Bilder aus dem Kollektiv besonders auf sie ein. Häufig erspüren die Kinder auch Unausgesprochenes, das gleichsam in den Räumen wabert. Kleinkinder leiden häufig unter unbestimmten Schuldgefühlen, die nichts mit ihnen zu tun haben, die sie sich nicht erklären können, die sie aber bedrücken. Die meisten Erwachsenen können sich Kleinkinder mit unbestimmten Schuldgefühlen wahrscheinlich schlecht vorstellen, doch in Spieltherapien zeigen diese sich deutlich und auch wie quälend sie für diese kleinen Wesen sein können.

Unterstützung: Hilfreich ist es, wenn die Eltern darauf achten, dass zwischen ihnen nichts Unausgesprochenes in der Luft liegt. Besser für das Kind ist ein ehrlicher Streit als die sprichwörtlich «dicke Luft» zwischen den Eltern. Nachts vielleicht ein kleines Licht brennen lassen. Wenn die Kinder im Schlaf weinen, sie vorsichtig wecken, ein wenig mit ihnen sprechen, vielleicht ein beruhigendes Lied vorsingen.

Die geistigen Planeten Uranus, Neptun und Pluto

Nur stark gestellte Generationsplaneten sind bei Säugling und Kleinkind überhaupt spürbar. Stark gestellt bedeutet in diesem Fall, dass der Planet eine Konjunktion oder ein Quadrat zum absteigenden Mondknoten bildet, einen Spannungsaspekt zu einem oder mehreren persönlichen Planeten hat oder im eigenen Haus (Uranus im 11., Neptun im 12. und Pluto im 8. Haus) steht. Das Zeichen, in dem er steht, gibt einem Generationsplaneten keine Stärke.

Auch die Energien der drei geistigen Planeten können, wie schon bei Saturn angesprochen, durch die Kinder noch nicht selbst gelebt werden. Bei stark gestelltem Uranus, Neptun oder Pluto fordert das Kind die Eltern meistens durch sein Verhalten im Zusammenhang mit dem jeweiligen Planeten heraus, auf uranische, neptunische oder plutonische Weise zu *reagieren.* So sammelt es dann erste Erfahrungen mit den Planetenenergien, indem es lernt, wie die Umgebung sie benutzt. Je nach Reaktion der Eltern wird das Kind mit der Zeit uranisches, neptunisches oder plutonisches Verhalten nachahmen, ablehnen oder es wird als Opfer resignieren.

Abgelehnt wird das Verhalten der Eltern immer dann, wenn ihre Reaktion das Kind erschreckt oder verstört hat. Um das an einem Beispiel zu erläutern:

Ein Säugling mit einem stark gestellten Pluto versucht, durch ausdauerndes, zorniges Brüllen seine Eltern dazu zu bewegen, ihn nachts herumzutragen, obwohl er gefüttert, gewickelt und mit Zärtlichkeiten bedacht wurde. Es war so schön, er will einfach mehr. Er fordert also durch sein intensives, «machtvolles» Verhalten die Eltern heraus, plutonisch zu reagieren.

Lassen diese jetzt das Kind bis zur Erschöpfung brüllen (wie es früher empfohlen wurde), wird das Kind irgendwann aufgeben und resigniert verinnerlichen: «Ich werde nicht gehört.» Es lernt mit der Zeit, dass es ohnmächtig - ohne Macht - ist.

Verlieren die Eltern die Nerven und schreien das Kind an oder schütteln es gar, wird das Kind verschreckt und verstört verstummen und verinnerlichen: «Wenn ich versuche, meine Macht zu zeigen, geschieht Schreckliches.» Es lernt mit der Zeit, machtvolles Verhalten zu vermeiden.

Verstehen es die Eltern, dem kleinen Schreihals liebevoll seine (und ihre) Grenzen aufzuzeigen, wird das Kind lernen: «Manchmal kann ich mich durchsetzen und manchmal muss ich nachgeben.» Es wird lernen, durch Nachahmung des elterlichen Verhaltens seine plutonischen Kräfte konstruktiv zu nutzen.

Dieses Beispiel zeigt, wie schon im Säuglingsalter die ersten Erfahrungen mit den Energien der drei geistigen Planeten gemacht werden können und wie die Weichen während des Kleinkindalters durch das Verhalten der Eltern gestellt werden. Sehr häufig aber können die Eltern leider mit dem uranischen, plutonischen oder neptunischen Verhalten ihrer Kinder nicht konstruktiv umgehen. Je nachdem, wie sie selbst die Energien der Planeten in ihrer Kindheit erfahren mussten, fühlen sie sich ihren Kindern gegenüber hilflos ausgeliefert und ohnmächtig oder extrem herausgefordert. Sie leben dann Uranus, Neptun oder Pluto in der Verdrängung oder in der unreifen Zerrform. Das Potenzial der Energien staut sich oder entlädt sich und prägt in beiden Fällen das Familienklima.

Entladen sich die Energien von Uranus, Neptun und Pluto, so erlebt das Kind den agierenden Elternteil bei Uranus als extrem unzuverlässig und gefährlich wegen seiner explosiven Ausbrüche, bei Neptun als nicht greifbar, verwirrend, vielleicht suchtgefährdet und bei Pluto als besitzergreifend, unterdrückend, schlimmstenfalls bereit zu physischer und/ oder psychischer Gewalt und seine Macht missbrauchend.

Stauen sich die Energien bei einem oder beiden Elternteilen, so lebt das Kind in einer nicht minder schwierigen Umgebung. Hat es nämlich Aspekte von persönlichen Planeten zu Uranus, Neptun oder Pluto, so fungiert es gleichsam als Kanal für die aufgestauten Energien der Eltern und agiert sie – oftmals auf überaus heftige Weise – anstelle der Eltern aus. So sind gerade die sogenannten Problemkinder häufig die Kinder, die diese von den Eltern nicht gelebten Energien der geistigen Planeten ausleben. Deshalb ist es, gerade bei Problemkindern, wirklich unerlässlich, die Elternhoroskope mit einzubeziehen und herauszufinden, wie die Eltern ihr Leben vielleicht verändern müssen.

Ein achtjähriges Mädchen mit Mond im Quadrat zu Pluto litt unter derart starken Ängsten, dass es nicht mehr zur Schule gehen, nicht mehr mit der U-Bahn fahren konnte und kaum noch etwas essen wollte, denn von dem «Schmutz in den Speisen» könnte es ja krank werden. Das Kind ging beinahe zwei Jahre lang ohne sichtlichen Erfolg in eine Spieltherapie, bis die Kindertherapeutin der Mutter dringend riet, selbst eine Psychotherapie bei einem anderen Therapeuten zu beginnen. Als dabei die massiven Ängste der Mutter durchbrachen, führte die Spieltherapie beim Kind in kürzester Zeit zum Erfolg. Das Kind war und ist angstfrei.

Dieses Beispiel soll keinesfalls zeigen, dass alle Ängste oder Probleme der Kinder bei den Eltern, insbesondere bei den Müttern, zu finden seien, doch ist dringend anzuraten, sich Gedanken darüber zu machen und sie mit den Eltern zu besprechen.

Wenn die Energien der drei geistigen Planeten im Horoskop des Kindes stark gestellt sind, vor allem wenn sie Spannungsaspekte zu persönlichen Planeten bilden, sind sie «Wahrnehmungsfilter des Kindes» für das Geschehen in seiner Umgebung.

Ein Kind mit stark gestelltem Uranus nimmt das Uranische besonders wahr, ein Kind mit starkem Neptun filtert das Neptunische und ein Kind mit starkem Pluto fokussiert seine Wahrnehmung besonders auf plutonische Elemente der Umgebung.

Prominenter Uranus

Häufig finden sich schon beim Säugling Schlafstörungen, die sich ins Kleinkindalter und Schulalter hinziehen können. Es sind die kleinen Wanderer, die nachts versuchen, in einem anderen Bett Unterschlupf zu finden.

Ein Junge mit Uranus am IC zog jahrelang jede Nacht mit seinem Kopfkissen und einem Plüschtier im Schlepptau ins Elternbett oder zu den beiden älteren Geschwistern. Das machte er so geschickt und vorsichtig, dass er sehr häufig erst gegen Morgen entdeckt und zurück ins eigene Bett gebracht wurde. Als er ungefähr fünf Jahre alt war, gewöhnte er sich an, bei den häufig übernachtenden Freunden der Eltern ins Bett zu schlüpfen, die zu höflich waren, ihn hinauszuwerfen.

Auffallend können auch die Schreckhaftigkeit, die Nervosität und die Ungeduld des Kindes sein. Durch seine uranische Brille nimmt es seine Umgebung als unruhig, unzuverlässig und instabil wahr. So ordnet es alle seine Erlebnisse unter diesem Filter ein, dabei besteht aber durchaus die Möglichkeit, dass seine Wahrnehmung sehr subjektiv gefärbt ist.

Der Vater, ein viel beschäftigter Tierarzt, wollte mit seinem dreijährigen Sohn am Sonntag zum Spielplatz gehen. Kurz bevor die beiden losmarschierten, kam ein Notruf von einem Bauern; der Vater musste zur Geburt eines Kalbes. Es war nicht das erste Mal, dass er ein Vorhaben nicht einhalten konnte und seinen Sohn enttäuschen musste. Dieser, mit Uranus am Aszendenten, nahm den Vater als höchst unzuverlässig wahr, obwohl das nicht den Tatsachen entsprach. Allen Erklärungsversuchen gegenüber verhielt der Junge sich höchst skeptisch. Seiner subjektiven Wahrnehmung nach konnte er sich auf den Vater nicht verlassen. Der Vater selbst ist mit einer Sonne/Saturn-Konjunktion in seinem Radixhoroskop sehr gewissenhaft und litt unter dem Missverständnis mit seinem kleinen Sohn.

Weiterhin ist schon beim Kleinkind der ausgesprochene Hang zum Anderssein zu beobachten. Es kommt sich einmalig und einzigartig vor und will auffallen. Dies kann auf sehr «friedliche» Weise geschehen, wie bei einem kleinen Jungen mit Uranus als Geburtsherrscher im Quadrat zu Mars und im Sextil zur Sonne, der sehr zum Leidwesen seiner Mutter schon im Kindergarten darauf bestanden hatte, zwei verschiedenfarbige Söckchen zu tragen, weil er dadurch zu etwas Besonderem wurde. Er hat dies die Grundschulzeit über weiter durchgehalten.

Das Gefühl der Einzigartigkeit kann aber beim etwas älteren Kleinkind auch zu beinahe antisozialem Verhalten führen, wie bei dem kleinen Mädchen im Vorschulalter mit Uranus am Aszendenten in Konjunktion zum Mond, das auf sehr freche und unverschämte Weise die anderen Kinder der Gruppe verpetzte, foppte und beherrschte, sodass es als Gruppenschreck einzigartig wurde.

Unterstützung: Die größte Hilfestellung ist es, wenn die Eltern die

Ruhe bewahren. Das Kind will meist nicht provozieren, sondern fühlt sich innerlich getrieben und ist verunsichert. So sind eine ruhige Stimme und ruhige, aber konsequente Anweisungen, wie sich das Kind verhalten soll, die beste Reaktion. Fühlt sich ein Elternteil provoziert, besonders wenn das Kind ins Trotzalter kommt, dann ist es entlastend, wenn der andere Elternteil einspringen kann. Nächtliche Wanderer sind am besten wieder ins eigene Bett zu bringen, ein Nachtlicht hilft häufig, bei Säuglingen und kleinen Kindern auch eine Spieluhr.

Zeigt sich ein prominenter Uranus durch den Wunsch nach Anderssein, so ist Humor ein guter Helfer. Doch niemals das Kind auslachen, sondern mit ihm lachen. So weit wie möglich dem Wunsch nach Besonderheit nachgeben.

Wesentlich ist dabei allerdings, dass das Kind auf «friedliche», das heißt sozial verträgliche Weise agiert. Nimmt das Gefühl der Einzigartigkeit überhand, das heißt, wenn sein Verhalten sozial nicht mehr akzeptiert werden kann, dann ist es dringend notwendig, dem Kind Grenzen aufzuzeigen. Dies geschieht am leichtesten, indem ihm innerhalb der Familie keine Sonderrolle zugedacht wird und die Eltern klar auf die gleichen Rechte und Pflichten aller hinweisen. Denn so klein die Kinder auch sind: Auch ihr Uranus ist ansprechbar in Bezug auf Gleichheit, sie müssen nur Gelegenheit haben, sie vorgelebt zu bekommen.

Prominenter Neptun

Das Neptunkind lebt in einer starken Verbundenheit mit jedem und allem. Daher kann es sich sehr schlecht von der Umwelt abgrenzen. Schon Säuglinge «schwingen mit der Umgebung mit». Vorsicht, die Kinder handeln oft dem anderen zuliebe. Sie sind weich, nachgiebig und zeigen wenig «Ich». Sie haben eine überbordende Fantasie, sodass sie manchmal Geschichten erzählen, die nur in ihrer Vorstellung existieren. Das als Lüge zu bezeichnen, wäre zu hart, doch sie können auch kleine Mogler sein. Sie sind im besten Sinne grenzenlos.

Unterstützung: Hilfreich ist es, den Kindern Zeit und Gelegenheit zu bieten, Neptun zu erleben. Zeit für Fantasie, zum Träumen, um Musik zu hören, um Geschichten zu erzählen oder vorgelesen zu bekommen. Sie zu anderer Zeit aber durchaus mit Konkretem vertraut zu machen, zum Beispiel, dass man sich schnell waschen und anziehen muss, damit man pünktlich in den Kindergarten kommt. Oder dass beim

Essen nicht nur Straßen für die Sauce in den Kartoffelbrei gezogen werden dürfen, sondern dabei auch der Teller immer leerer werden sollte. Es ist gut möglich, dass schon ein kleiner Neptunsäugling beim Stillen lieber träumt als saugt und sehr große Pausen einlegt, ja dabei sogar einschläft. Liebevolles Sprechen fördert seine Aufmerksamkeit. Nicht zum Essen zwingen, denn wenn er wirklich hungrig ist, träumt er nicht.

Im Trotzalter ist es wichtig, wenn auch nicht gerade entspannend für die Eltern, dass ein Neptunkind lernt «Ich will» und «Nein» zu sagen. Beim Kindergartenkind sollte darauf geachtet werden, ob es sich abgrenzen, Nein sagen kann. Wenn nicht, sind geduldige Gespräche notwendig, damit es lernt, sich und seine Wünsche genauso wichtig zu nehmen wie die der anderen.

Prominenter Pluto

Die antiken Astrologen sahen in Saturn nur den Übeltäter, das große Unglück. Erst mit der psychologischen Astrologie hat sich eine neue Sicht von Saturn langsam etablieren können. So sehen viele, viel zu viele Astrologen heute in Pluto nur die dunkle, böse Seite und bringen ihn mit einem negativen Prinzip in Verbindung. Doch ein Planet ist weder gut noch böse, sondern er symbolisiert einen Archetyp, den wir alle in uns haben und der sich in vielfachen Formen in unserer Welt, in unserem Erleben, manifestiert. Je nachdem, ob seine Energien in unser Denken und Fühlen hineinpassen, erleben wir sie als gut oder böse. Ich bin der Meinung, dass es unsere Aufgabe ist, durch unser Leben den Reichtum, den Schatz aus den dunklen Tiefen Plutos zu finden.

Bei Menschen mit stark gestelltem Pluto geht es um Macht und Ohnmacht, um Intensität bis hin zum Zwanghaften, um Ende und Neubeginn, um Abhängigkeit und Loslassen. Die gleichen Themen sind in einem Kinderleben zu finden.

Wie schon oben beschrieben, ziehen Kinder mit starkem Pluto die Eltern in einen Machtkampf, fast von der ersten Stunde an. Je nachdem, wie gut die Eltern mit ihren eigenen Plutothemen im Horoskop umgehen können, machen sie das Kind mächtig, übermächtig oder ohnmächtig. Aufgabe der Eltern ist es, sich in diesem Machtkampf mit dem Kind so zu verhalten, dass dabei keiner zum Opfer wird.

Das Plutokind ist mächtig, intensiv und echt. Es provoziert so lange, bis die wahren Gefühle seiner Umgebung hervorkommen. Bis das angepasste Verhalten der Eltern oder der Erziehungspersonen in echtes Verhalten umkippt. Die Themen, mit denen die Eltern durch die Provokationen des Kindes konfrontiert werden, haben sie sehr häufig tief in sich vergraben. Es sind die gesellschaftlich tabuisierten Fragen wie:

Muss jede Mutter immer gern Mutter sein? Müssen Eltern immer nur beglückt von ihrem Kind sein? Ist Mutterschaft oder Vaterschaft auf die Dauer nicht eine Übung in Verzicht? Sind Kinder immer nur Wonne oder behindern sie auch?

Alles Fragen, die gesellschaftlich nicht diskutiert werden dürfen, um nicht als Rabeneltern angesehen zu werden, die aber doch tief in manchen Eltern vorhanden sind. Plutonische Kinder legen den Finger genau auf diese verborgenen Stellen und werden die Antwort herausfinden. Können Eltern mit diesen Provokationen nicht umgehen oder fühlen sie sich «ertappt», kann es in den Auseinandersetzungen zu psychischer oder physischer Gewalt kommen. Besonders wichtig dabei ist: Nicht die Kinder mit ihren plutonischen Energien sind schuld an solchen Übergriffen, sondern die Eltern, die mit diesen Energien nur destruktiv umgehen können.

Unterstützung: Die größte Hilfe hier ist ein Gespräch mit den Eltern sowohl über die oben aufgeführten gesellschaftlich sanktionierten Fragen als auch über ihre Einstellung zu den Plutothemen Macht, Ohnmacht, Intensität, Abhängigkeit und Loslassen. Dabei ist auch unbedingt die Kindheit der Eltern zu thematisieren, wie sie in dieser Hinsicht ihre eigenen Eltern erlebt haben. Eltern mit starken Plutothemen im Horoskop sind auf ihre Machtwünsche aufmerksam zu machen.

Dazu ein Wort zu Macht: Macht kommt von «machen» und bedeutet eigentlich, dass jemand in seiner Kraft ist, etwas zu tun und zu handeln. Die Frage ist, ob er diese Kraft, etwas zu machen, für andere oder über andere anwendet. Verwendet jemand seine Macht für andere, ist das zu begrüßen und zu unterstützen. Verwendet er sie über andere, dann ist das Machtmissbrauch.

Der Begriff Macht ist bei uns in Deutschland besonders seit dem Machtmissbrauch des Dritten Reiches unter Hitler verpönt. Nur die wenigsten geben zu, dass sie gern mächtig wären oder gern Macht hätten. Besonders Menschen mit Plutothemen im Horoskop lehnen Macht oft vehement ab oder leugnen, sie zu wollen. Power, der Begriff aus dem

Englischen, ist aber sehr erwünscht und beliebt. Deshalb schlage ich vor, in Beratungen entweder den Begriff «Macht» wirklich ausführlich zu erläutern, damit er in seiner ursprünglichen Bedeutung verstanden und ohne Vorbehalte angenommen werden kann, oder stattdessen den Begriff «Kraft» zu verwenden.

Der absteigende Mondknoten

Da der absteigende Mondknoten im Kinderhoroskop vom Säuglingsalter an bis ins Erwachsenenleben hinein prägnant gelebt wird (beim Säugling allerdings nur im Element) und sich in der Deutung bis zur Pubertät nicht signifikant ändert, soll er in einem eigenen – altersunabhängigen – Kapitel behandelt werden.

Bei vielen, vor allem esoterisch geprägten Schulen der Astrologie herrscht die Ansicht, dass die Themen des absteigenden Mondknotens aus früheren Inkarnationen mitgebracht sind. In meinen Erlebnissen mit Kindern bin ich zu der Meinung gekommen, dass dies richtig ist. Das Thema des Zeichens und sogar des Hauses ist den Kindern etwas ganz und gar Vertrautes. Dabei deute ich wie bei der Deutung im Erwachsenenhoroskop auch in erster Linie das Haus und erst dann das Zeichen. Gerade bei Kindern tritt das Thema des Hauses, in dem der absteigende Mondknoten steht, sehr viel deutlicher hervor als das Zeichen. Sie legen in diesem Bereich Verhaltensweisen an den Tag, die teilweise dermaßen übertrieben sind, dass sie sich damit Ärger von der Umgebung und Frustrationen einhandeln. Ausnahme ist das Horoskop des Säuglings, dort ist das Element das Prägende.

Beim absteigenden Mondknoten wird allgemein gesagt, dass sich Menschen in einer Rolle sehen, die sie einmal innehatten und ein der Rolle entsprechendes Verhalten an den Tag legen, das aber zu ihrer Rolle in der aktuellen Inkarnation nicht mehr passt. Bei Kindern ist dies noch viel deutlicher zu bemerken, es wirkt teilweise geradezu skurril. Sie ecken mit diesem Verhalten oftmals an, nicht zuletzt deshalb, weil die Umgebung das Verhalten nicht einordnen kann. Deshalb ist der Bereich des absteigenden Mondknotens sowohl für das Kind als auch für Eltern meist eine «Problemzone».

So ist es sicher eine Hilfe für die Eltern, mit ihnen ausführlich das

Thema des absteigenden Mondknotens zu besprechen und somit Verständnis für das in ihren Augen bizarre Verhalten des Kindes zu wecken.

Ein kleines Stiermädchen (Sonne, Mond und Venus in Stier), langsam, bedächtig, gemütlich, mit Hang zur Bequemlichkeit, hatte einen ausgeprägten Willen, alles allein zu machen. Mit absteigendem Mondknoten in Haus 1 war eines seiner ersten Worte «Selbermachen». Es wollte Dinge tun, für die es definitiv zu klein oder zu jung war. Das morgendliche Waschen und Anziehen für den Kindergarten war entweder ein täglicher Kampf oder die Mutter musste eine halbe Stunde früher aufstehen, damit das Mädchen sich selbst ankleiden konnte. Die Kindergärtnerin sagte ihm zehn Minuten vor Ende, dass es beginnen sollte, die Schuhe anzuziehen und zu binden. Im Allgemeinen war das Kind lieb, ruhig und passte sich gern an, ging es aber um «Selbermachen», wurde es zu einer kleinen Furie. Das Gespräch mit der Mutter über den absteigenden Mondknoten weckte Verständnis für das Verhalten des Mädchens und wurde für alle zur Erleichterung.

Während des Schulalters verlieren sich die Verhaltensweisen des absteigenden Mondknotens allmählich, da das Kind gelernt hat, dass es mit diesem Verhalten meistens aneckt und sich Schwierigkeiten einhandelt.

Nicht allzu selten findet man auch, dass sich Kinder bei Problemen in den Bereich des absteigenden Mondknotens zurückziehen, weil ihnen diese Verhaltensweisen vertraut sind und sie auf diese Weise Sicherheit empfinden. Bei absteigendem Mondknoten in Haus 12 kann sich dies zum Beispiel durch Flucht in die Fantasiewelt, in Lügen, in Träumereien äußern, bei absteigendem Mondknoten in Haus 6 durch Flucht in Rituale, in Aufräumen oder bei absteigendem Mondknoten in Haus 4 durch Flucht ins häusliche Nest, in die Höhle aus Decken, unter den Tisch, ins Bett.

Ich bespreche mit den Eltern ausschließlich den absteigenden, nicht den aufsteigenden Mondknoten. Ich bin absolut der Meinung, dass die Mondknotenachse ein sehr persönliches Lebensziel und Lebensmuster darstellt, das außer dem Horoskopeigner selbst niemanden etwas angeht. Auch nicht die Eltern. Wir wissen zum einen am Tag der Beratung nicht, ob der später erwachsene Mensch gewollt hätte, dass mit seinen Eltern eines seiner wesentlichen Lebensziele besprochen wird. Zum anderen wissen wir nicht, ob die Eltern, wenn sie eines dieser Ziele kennen, das Kind dorthin leiten, führen oder zwingen werden. Ja, alle Eltern wollen «das Beste» für ihr Kind – doch was ist, aus der Sicht des späteren Erwachsenen, das Beste?

Deutung und Unterstützung

Die Mondknotenachse und damit auch den absteigenden Mondknoten deute ich an erster Stelle im Haus und nehme das Zeichen, in dem der Knoten steht, ausschließlich als Zusatzinformation. Wenn also der absteigende Mondknoten im 12. Haus in Steinbock steht, so sind es für mich die Themen des 12. Hauses (und nicht die Themen von Steinbock), die ein Problem des Kindes anzeigen können. Das Zeichen Steinbock gibt zusätzlich Auskunft, wie das Kind wohl damit umgeht. Deshalb gebe ich zu jedem Mondknoten im Haus unten die Zusatzinformation des Mondknotens im Zeichen.

Absteigender Mondknoten in Haus 1

Vom Einzelkämpfer zur Gemeinschaft. Das Kind will sich schon früh durchsetzen, vor allem seinen Willen. Es kann dabei sehr rücksichtslos und frech werden, fordert ständig, teilweise laut schreiend. Es wird schnell und heftig wütend; häufig begleitet von einem schlechten Gewissen, zu unruhig, zu laut zu sein. Es tut meist das, was ihm gerade einfällt. Das Kind zeigt stark ausgeprägte Trotzphasen.

Es ist wahrscheinlich, dass Menschen mit absteigendem Mondknoten in Haus 1 in einem früheren Leben die Erfahrung gemacht haben, allein auf sich selbst angewiesen gewesen zu sein. Möglicherweise mussten sie jeden Tag erneut um ihr Überleben kämpfen. Daraus lässt sich das Verhalten ableiten, etwas unbedingt selbst machen, ohne Hilfe auskommen zu wollen. Teilweise findet sich großes Misstrauen anderen gegenüber, das Kind sieht sich als Einzelkämpfer. Daraus erfolgen Anpassungsschwierigkeiten und Schwierigkeiten in Gruppen. Manchmal findet sich eine schwierige Identifikation mit dem gleichgeschlechtlichen Elternteil.

Bei Schwierigkeiten ist Flucht möglich in eine Trotzhaltung oder das Grundgefühl: «Allein gegen den Rest der Welt».

Unterstützung: Obwohl das Kind manchmal durchaus eine Geduldsprobe für seine Eltern sein kann, ist es das Wichtigste, *nicht* seinen Willen zu brechen, denn das Kind will im Laufe seines Lebens lernen, kompromissfähig zu werden. Hier ist das Anbieten und Einhalten von Kompromissen schon ein erstes Beispiel, das die Eltern beinahe täglich geben können. Auch ist meist eine Erklärung hilfreich, warum etwas nicht möglich ist oder warum etwas jetzt getan werden muss. Wird das Kind zu hart angefasst, wechselt es zu früh in den aufsteigenden Mondknoten in Haus 7 und kommt zu früh «im Du, bei den anderen» an. Als Erwachsene muss es dann oft mühsam wieder zum Ich zurückfinden. Natürlich mangelt es dem Kind mit absteigendem Mondknoten in Haus 1 an Einfühlungsvermögen für andere. Doch es sollte langsam dahin geführt werden, sich in andere einzufühlen, zu spüren, wie es anderen geht. Es ist sicher gut, Freunde einzuladen und mit allen Kindern zusammen etwas zu unternehmen und auf diese Weise den Gemeinschaftssinn zu wecken. Wichtig ist auch, dem Kind zu zeigen, dass es nicht allein ist mit seinen Problemen, dass die Eltern dafür da sind, seine Sorgen mit ihm zu besprechen.

Absteigender Mondknoten in Widder: Das Kind lebt den Bereich des absteigenden Mondknotens auf eine spontane, mutige, optimistische, teils frech-aggressive, herausfordernde Art und Weise aus nach dem Motto: «Erst handeln, dann denken» und ist teilweise sehr uneinsichtig.

Absteigender Mondknoten in Haus 2

Von Inbesitznahme zum Loslassen. Das wesentliche Thema des Kindes sind hier Revierkämpfe. Es kann Streit mit den Geschwistern geben, weil diese sein Zimmer zum Spielen mitbenutzen. Bald prangt an der Zimmertür ein Schild: «Erst anklopfen». Das Kind bewacht eifersüchtig sein Eigentum.

Die Cousine eines vierjährigen Mädchens spielte ohne Erlaubnis mit der Lieblingspuppe des Mädchens. Dieses zertrat voller Zorn und unter lautem Weinen den Kopf der Puppe, damit die Cousine «sie nicht mehr wollte». Selbst spielte das Mädchen noch jahrelang weiter mit dieser kopflosen Puppe.

Häufig findet sich auch eine ausgeprägte Sammelwut. Schon Kleinkinder heben akribisch Gegenstände von der Straße auf und wollen sie mit nach Hause nehmen. Es empfindet unbewusst so, dass sein Selbstwert mit Besitztum steigt. Ältere Kinder können gnadenlos materiell eingestellt sein. Das kann sich in Sparsamkeit bis zum Geiz hin äußern oder indem sie dauernd «Habenwollen». Das Kind kann sich nicht trennen, weder von materiellen Dingen noch von Menschen, auch wenn sie ihm nicht guttun. So hält es teilweise lange an Schulkameraden fest, die vielleicht nicht mehr der beste Umgang sind. Der Mensch mit absteigendem Mondknoten in Haus 2 könnte aus einer Inkarnation kommen, in der es am Notwendigsten fehlte.

Bei Schwierigkeiten ist Flucht möglich in Besitzgier und übermäßiges Essen.

Unterstützung: Die zentrale Aufgabe des aufsteigenden Mondknotens in Haus 8 heißt Loslassen. Das Kind möchte lernen zu vertrauen, dass genügend «da» ist, dass es überleben wird. So ist es ihm eine Hilfe, Kinder ins «Revier» einzuladen, miteinander zu spielen und dieselben Spielsachen zu benutzen und auszutauschen. Jedoch ohne seine Grenzen zu verletzen, ohne das Kind dabei zu überfordern. Das Kind wird unter Anleitung lernen, etwas zu verschenken, etwas loszulassen. Zuerst die Dinge, aus denen es herausgewachsen ist, Kleidung oder Spielsachen, später dann Geschenke, die es selbst gebastelt oder gekauft hat.

Absteigender Mondknoten in Stier: Das Kind lebt den Bereich des absteigenden Mondknotens fröhlich, genießerisch, gesellig, teils aber auch besitzergreifend, eifersüchtig, stur, bequem bis faul, hemmungslos.

Absteigender Mondknoten in Haus 3

Von willkürlich gesammeltem Wissen zu persönlicher Meinung. Schon bei Kleinkindern findet sich eine große Angst, etwas zu verpassen. Dies äußert sich oft in dem absonderlichen Verhalten, wirklich überall dabei sein zu wollen. Manche Kinder verfolgen ihre Mutter bis auf die Toilette. Ältere Kinder können durchaus kleine «Betriebsnudeln» werden. Diese Angst, etwas zu verpassen, wird gespeist aus der zugrunde liegenden Angst, als dumm zu gelten. So sammelt das Kind wahllos Informationen und Wissen, ohne es weiter zu verarbeiten. Es gibt Erwachsene, die immer noch ihren absteigenden Mondknoten in Haus 3 stark ausleben und die ganze Passagen aus Büchern zitieren können, sogar mit Seitenangabe, ohne sich zu diesem Zitat eine eigene Meinung gebildet zu haben. Beim Kind klingt das so: «Der oder die hat aber gesagt ...»

So ist ein weiterer Punkt auch beim Kind, dass es meist keine eigene Meinung hat, sondern sich der von anderen anpasst. Entscheidungen fallen sehr schwer. Häufig bestehen Sprach-, Lese-, Schreib- und Schulschwierigkeiten. Manchmal sind auch hier hyperaktive Kinder zu finden. Geschwisterkonflikte sind möglich. Manchmal ist das Kind ältestes oder jüngstes in der Geschwisterreihe und hat dadurch einen Sonderstatus inne, der nicht immer zu seinem Vorteil ist.

Bei Schwierigkeiten ist Flucht möglich in Bücher, stundenlange Telefongespräche sowie Zerstreuungen aller Art.

Unterstützung: Sie richtet sich nach der Art der Schwierigkeiten. Bei fortdauernden Sprach-, Lese-, Schreib- oder Schulschwierigkeiten sowie Hyperaktivität ist fachlicher Rat einzuholen. In den Kompetenzbereich der Eltern aber fällt die Hilfe zur eigenen Meinungsbildung. Liebevoll sollte das Kind darauf hingewiesen werden, dass es nicht unüberlegt die Meinung von anderen übernehmen darf. Ja, mehr noch, dass seine eigene Meinung interessant, erwünscht und keineswegs dumm ist. Das stärkt auch sein Selbstwertgefühl. Man sollte nie die Antwort «Ist mir egal» akzeptieren. Immer wieder kann mit dem Kind auch darüber gesprochen werden, dass es nichts verpasst, wenn es nicht überall dabei ist. Dabei sind folgende Fragen Schlüssel zum Gespräch: Was erwartest du dir, wenn du da hingehst? Wie stellst du dir vor, wie das ist, wenn du dabei bist?

Absteigender Mondknoten in Zwillinge: Das Kind lebt den Bereich des absteigenden Mondknotens auf eine unbeschwerte, lebhafte, kontaktfreudige Art und Weise, teils aber auch rastlos, zerstreut, leicht ablenkbar und uninteressiert.

Absteigender Mondknoten in Haus 4

Vom Nest in die Welt. Bei dieser Stellung gibt es zwei Möglichkeiten: Im ersten Fall findet das Kind kein Nest vor, keine Wärme. Es erlebt in einer problematischen Familie eine emotional arme Kindheit und muss daher mit starken Frustrationen umgehen lernen, es bekommt keine «mondhafte Nahrung». Das kann dazu führen, dass das Kind sich früh eine Ersatzfamilie bei einer Freundin oder einem Schulkameraden sucht.

Oder dass das ältere Kind ein ausgesprochener Nestflüchter wird, früh selbstständig ist und sich abkapselt von der übrigen Familie.

Bei Schwierigkeiten ist Flucht in die Isolation möglich oder es läuft weg.

Im zweiten Fall zeigt sich das Kind sehr emotional, versucht sofort, Abhängigkeiten zu schaffen. Meist, indem es sich bemüht, möglichst lange unselbstständig zu bleiben. Es will nicht allein essen, sich nicht allein anziehen und löst sich schwer von daheim. Es weint heftig beim Eintritt in den Kindergarten, in die Schule, jeden Tag aufs Neue und will partout nicht erwachsen werden. Ältere Kinder wollen nicht lernen, selbst für sich zu sorgen, sie versuchen mit allen Mitteln, weiter bemuttert zu werden.

Bei Schwierigkeiten ist Flucht ins Bett möglich, ins «Nest», in die Familie.

Unterstützung: Im Beratungsgespräch sollte zunächst herausgearbeitet werden, ob es um eine emotional eher arme Kindheit geht oder ob als Lernaufgabe Eigenverantwortung angesagt ist. Die erste Möglichkeit werden wir sehr selten in der Beratung finden. Falls doch, muss uns klar sein, dass es sich hier nicht um böse Absicht, sondern um einen Mangel seitens der Eltern handelt. Eltern, die ihr Kind vernachlässigen, erbitten nicht eine astrologische Beratung. Also ist hier über das emotionale Vermögen der Eltern, insbesondere das der Mutter, zu sprechen. Wie wurde sie als Kind emotional versorgt? Wie sind ihre Bedürfnisse, welche davon kann sie sich erfüllen?

Im zweiten Fall ist es wichtig, dass sich die Mutter klarmacht, dass das Loslassen des Kindes strenggenommen schon mit der Geburt beginnt. Eine sehr schwierige Botschaft für Frauen, die in ihrer Mutterrolle aufgehen. Das Kind sollte sehr früh dazu angehalten werden, so bald wie möglich selbstständig zu essen, und nicht mehr gefüttert werden, auch wenn es vorübergehend etwas weniger isst oder mit Nahrungsverweigerung reagiert. Es sollte früh eingeführt werden, dass es sich selbst anzieht, wäscht, seine Kleider aussucht. Kurz, die Eltern sollten immer wieder bemüht sein, dem Kind Eigenverantwortlichkeit beizubringen, aber natürlich liebevoll und in einem Rahmen, in dem es nicht überfordert ist.

Eine Möglichkeit ist auch, andere Kinder zuerst zum Übernachten einzuladen und dann das eigene Kind dazu zu animieren, ob es nicht auch mal bei den anderen Kindern übernachten möchte. Das funktioniert jedoch nur, wenn das Kind wirklich angstfrei zustimmt. Auch wenn es zunächst zustimmt und dann zur Schlafenszeit doch noch weinend bei der Mama anruft, dann sollte es nicht gezwungen werden, dort zu bleiben, sondern abgeholt werden. Ein anderes Mal kann der Versuch ja wiederholt werden. Eine gute Ablösungsübung für Mütter und Kinder sind auch die heute üblichen Fahrten ins Schullandheim. Gut ist auch, das Kind für einige Stunden in geeignete Spielgruppen zu geben. Doch was ich immer wieder erfahre, ist, dass es sehr häufig die Mütter sind, die das Kind mit absteigendem Mondknoten in Haus 4 zu sehr an sich binden, das Kind selbst geht normalerweise gern auf diese Angebote ein. Ein intensives Gespräch mit den Müttern hilft oft sehr.

Absteigender Mondknoten in Krebs: Das Kind lebt den Bereich des absteigenden Mondknotens sehr empfindsam bis überempfindlich, sehr emotional, anhänglich bis besitzergreifend oder ängstlich. Es verhält sich teils «erpresserisch» den Eltern und der Umgebung gegenüber. Versucht, anderen Schuldgefühle zu machen.

Absteigender Mondknoten in Haus 5

Vom Star ins Ensemble. Das Kind kommt sich häufig vor wie ein kleiner Prinz, eine kleine Prinzessin oder wie ein Star. Es hat zeitweise Schwierigkeiten, sich einzuordnen, zu helfen, für andere etwas zu tun. Es fühlt sich in einer besonderen Stellung und wundert sich darüber, dass keiner merkt, wie wichtig es ist. Zugleich zeigt es ausgeprägten Stolz und Würde. Um in den Mittelpunkt zu kommen, wendet es jedes noch so außergewöhnliche Mittel an. Dabei helfen ihm seine schauspielerischen Fähigkeiten.

Ein Junge in der Grundschule konnte immer wieder «auf Kommando» in Ohnmacht fallen. Lehrer und Eltern reagierten geschockt, ließen ihn beim Arzt gründlich untersuchen. All diese teilweise schmerzhaften Untersuchungen ließ er über sich ergehen, fühlte er sich dabei doch im Mittelpunkt. Erst als er seinen Banknachbarn fragte: «Soll ich es wieder tun?» und auf dessen Frage «Was denn?» wieder umkippte, flog der Schwindel auf.

Bei Schwierigkeiten ist Flucht möglich in Angeberei, Prahlerei oder in die völlige Verdrängung der Schwierigkeiten.

Unterstützung: Die Lernaufgabe des aufsteigenden Mondknotens in

Haus 11 heißt Eingliederung in eine Gemeinschaft. So ist es nötig, das Kind bald aus dem Mittelpunkt zu nehmen, in das Leben der Familie einzugliedern. Die Eltern tun dem Kind keinen Gefallen, wenn sie es im Fokus belassen, auch oder gerade, wenn es ein Einzelkind ist. Für Schulkameraden könnte sein egozentrisches Verhalten später Anlass zu Mobbing werden. Eine weitere Eingliederung in Spielgruppen, in den Kindergarten sollte erfolgen. Von Vorteil wäre es, die jeweilige Betreuerin auf die Geltungssucht des Kindes aufmerksam zu machen (aber ohne dass das Kind es hört, käme es dadurch doch wieder in den Mittelpunkt). In der Schule ist es dann sehr wichtig, das Kind zu stützen und zu unterstützen, wenn sich der Eingliederungsprozess schwierig gestaltet. Dabei ist es wichtig, ihm sein Verhalten und dessen Wirkung auf andere genau zu erklären. Gut ist es auch, das schon etwas ältere Kind für einige Zeit in ein Ferienlager zu geben, bei den Pfadfindern oder ähnlichen auf Gemeinschaft basierenden Gruppen anzumelden oder es einen Mannschaftsport erlernen zu lassen. Dies funktioniert aber nur, wenn das Kind freiwillig mitmacht. Bei Ängsten zusammen mit einem Freund, einer Freundin oder Geschwistern in eine Gruppe geben.

Absteigender Mondknoten in Löwe: Das Kind lebt den Bereich des absteigenden Mondknotens großzügig und herzlich. Meist ist es abhängig von der absoluten Bewunderung durch andere. Schnell beleidigt. Paschahaft.

Absteigender Mondknoten in Haus 6

Von der Sicherheit des Fassbaren zur Unsicherheit des Unfassbaren. Wichtig ist dem Kind alles Materielle, Körperliche, auch Körperpflege, Gesundheit, Nahrung. Es hängt sehr am Gewohnten, Überschaubaren, liebt und bekommt Sicherheit durch den immer gleichen Tages-, Handlungs- bzw. Spielablauf, wobei mitunter sogar das noch so Alltägliche ritualisiert wird. Dadurch wirkt das Kind (und ist es auch zum Teil) sehr umständlich, langsam und nervt damit Menschen in seiner Umgebung, vor allem schnellere Geschwister oder Schulkameraden. Es wird dadurch häufig zum Opfer von Hänseleien und zieht sich dann noch mehr in seine Ängstlichkeit vor Unbekanntem zurück. Reisen kann für das Kind sehr strapaziös sein. Ältere Kinder haben oft Schuldgefühle, weil sie nicht perfekt sind. Teilweise überaus ordentlich.

Bei Schwierigkeiten ist Flucht möglich in Perfektionismus, Unterwürfigkeit, Selbstverleugnung.

Unterstützung: Für Säugling und Kleinkind ist ein geradezu ritualisierter Tagesablauf sehr stützend. Doch ist es auch Aufgabe der Eltern, dem Kind behutsam beizubringen, dass die Welt keine klare Ordnung hat. Ihm liebevoll zu zeigen, dass selbst das Chaos trägt. Ein wichtiger Punkt ist auch, mit dem Kind zu besprechen und ihm zu zeigen, dass niemand perfekt ist. Dass Fehler keinen Liebesentzug nach sich ziehen. Hilfreich kann es sein, die Liebe zur Musik zu wecken, das Kind an die Natur heranzuführen, ihm einen liebevollen, sorgsamen Umgang mit der Natur beizubringen. Je nach Familienhintergrund kann ein religiöser Rückhalt förderlich sein. Dadurch lernt es, dass eine übergeordnete Instanz es hält und führt (Schutzengel). Jedoch sollte das nichts Aufgesetztes sein, sondern schon der religiösen Einstellung zumindest eines Elternteils entsprechen.

Absteigender Mondknoten in Jungfrau: Das Kind lebt den Bereich des absteigenden Mondknotens vorsichtig, zurückhaltend, abwartend. Es versucht immer, alles richtig zu machen, kann aber auch sehr kritisch anderen und sich selbst gegenüber sein, langsam, langweilend, neidisch, nörgelnd.

Absteigender Mondknoten in Haus 7

Vom Du hin zur Begegnung mit sich selbst. Das Kind tut sehr viel für Harmonie und Frieden in Beziehungen, in der Familie. Es lebt sehr angepasst, teilweise überangepasst in vorauseilendem Gehorsam, und ist immer bemüht, das Richtige zu tun. Es versucht, etwas für den anderen zu tun, hat aber kein Geschick darin, herauszufinden, was es Gutes für den anderen tun könnte, und nervt ihn damit sehr. Das Kind zieht eine Scheinharmonie auf jeden Fall einer Auseinandersetzung vor. So lebt es häufig völlig gegen seine eigenen Bedürfnisse und Wünsche, ja, kennt sie meist nicht einmal. Dadurch wird oft übersehen, die Wünsche des Kindes in Planungen mit einzubeziehen, denn es erweist sich als sehr «pflegeleicht». Es «läuft so mit», um sich die Zuneigung der Bezugspersonen zu erhalten, besonders bei mehreren Geschwistern, und fragt bei Entscheidungen immer erst mal die anderen.

Bei Schwierigkeiten ist Flucht möglich in: «Ich bin lieb zu allen, dann sind alle lieb zu mir.»

Unterstützung: Die größte Hilfe für das Kind ist, es immer wieder nach eigenen Wünschen und Bedürfnissen fragen. «Was willst *du* denn?» Wobei das Wort «wollen» hier mehr angebracht ist als «möchten». Mit dem Kind sollte besprochen werden oder ihm sollte gezeigt werden, dass seine Wünsche in Ordnung sind, auch wenn es von anderen Menschen abweichende Vorstellungen hat oder der Wunsch nicht erfüllt werden kann. Wichtig ist es zu zeigen, dass Streit und Auseinandersetzungen zu Beziehungen gehören und keinen Liebesverlust nach sich ziehen. Beim etwas älteren Kind sollte darauf geachtet werden, dass es nicht zum Mitläufer wird. Das Kind um Mithilfe bitten, das heißt, es in den Alltag einbeziehen und ihm dabei auch klarmachen, dass es nicht «sein Bestes» für die Aufrechterhaltung der Harmonie geben muss.

Absteigender Mondknoten in Waage: Das Kind lebt den Bereich des absteigenden Mondknotens kontaktfreudig, auf Harmonie bedacht, aber gleichzeitig distanziert. Auf Schönheit bedacht. Unentschieden, berechnend, wankelmütig, launisch.

Absteigender Mondknoten in Haus 8

Von fremden Wertvorstellungen zu einem eigenen Wertesystem gelangen. Das Kind hat wenig Gefühl für seinen Eigenwert und für Werte generell. Es schätzt sich selbst und andere (anderes) wenig. So schenkt es häufig Dinge her, die es selbst noch braucht oder liebt. Schon das Kleinkind bezieht unbewusst seinen Selbstwert aus den Bemerkungen und den Verhaltensweisen der anderen. Es tut deshalb viel, um von anderen gelobt zu werden, auch Dinge, die ihm selbst nicht gefallen und nicht guttun. Häufig hat das Kind eine erotische Ausstrahlung (auch die Jungen), die von Erwachsenen missverstanden werden kann. Hier besteht die Gefahr, missbraucht und benutzt zu werden, da wenig Eigenwert vorhanden ist.

Themen des 8. Hauses sind faszinierend für das Kind und ziehen es an, gleichgültig, ob es sich dabei um Geheimnisse, Tabus, Okkultes oder um Sexualität handelt.

Auch wenn das Kind eine erotische Ausstrahlung hat, die zu seinem Wesen gehört, weise ich ausdrücklich darauf hin, dass das Kind in keiner Weise Verursacher eines Fehlverhaltens von Erwachsenen ist! Es hat weder irgendeine Schuld noch auch nur ein «wissentliches Verhalten».

Es lebt ganz einfach sich selbst. Schuld tragen immer und in jedem Fall diejenigen, die Kinder in Abhängigkeiten oder Verstrickungen bringen.

Bei Schwierigkeiten ist Flucht möglich in: «Ich mache mich so unauffällig wie möglich.»

Unterstützung: Die Lernaufgabe mit einem aufsteigenden Mondknoten in Haus 2 ist es, zu eigenen Wertvorstellungen und einem soliden Selbstwert zu finden, unabhängig von den Vorstellungen anderer. So ist es auch die beste Hilfe für das Kind, ihm den Eigenwert und den Wert der ihm gehörenden Dinge zu vermitteln. Dies geschieht besser durch Fragen als durch Behauptungen. Die Frage «Was gefällt dir an dir besonders gut?» oder «Wie hast du das deiner Meinung nach gemacht?» ist besser als die Behauptung «Du bist schön» oder «Das hast du toll gemacht». Aus den Fragen ergibt sich nämlich ein Gespräch, in dem die Eltern dann gut auch ihre Sichtweise vermitteln können. Sollte das Kind sehr viel wegschenken, vor allem auch Dinge, die es liebt oder noch braucht, sind Fragen nach dem Grund dieses Verhaltens sehr viel angebrachter, als es auszuschimpfen. Sehr wichtig ist auch Offenheit für alle Fragen des Kindes, auch über Themen des 8. Hauses. Es ist durchaus möglich, diese Themen von sich aus anzusprechen und dabei mit Feingefühl herauszufinden, ob das Kind sich schon dafür interessiert. Selbstverständlich ist eine wahrheitsgetreue Aufklärung, je nach Alter des Kindes, gemäß seinen Fragen.

Absteigender Mondknoten in Skorpion: Das Kind lebt den Bereich des absteigenden Mondknotens intensiv, instinktsicher, «draufgängerisch». Es ist emotional sehr fordernd, versucht, andere in Abhängigkeiten zu verstricken, bohrend. Lässt es auf Machtkämpfe ankommen.

Absteigender Mondknoten in Haus 9

Vom altklugen Besserwisser zum interessierten Schüler. Das Kind tritt häufig altklug und besserwisserisch auf, was für andere sehr befremdend, ja teilweise komisch wirken kann. Es redet klug daher und hat eine ausgeprägte (nicht immer richtige) eigene Meinung. Dadurch kann es früh – schon im Kindergarten – und leicht zum Außenseiter werden, worunter es dann sehr leidet. Ältere Kinder werden durch ihre gnadenlose Schulmeisterei und Besserwisserei häufig zum Schreckgespenst der Schulkameraden. Jüngere Kinder petzen gern. Das Kind ist sehr interessiert an religiösen Themen, dadurch später eventuell anfällig für Sekten und Gurus.

Bei Schwierigkeiten ist Flucht möglich in Besserwisserei, Angeberei, Scheinheiligkeit, Petzen.

Unterstützung: Die größte Hilfe besteht darin, mit dem Kind früh über die Wirkung seines Verhaltens auf andere Menschen, vor allem auf andere Kinder, zu sprechen. Ihm zu vermitteln, dass sein Wissen, seine Meinung nicht besser ist als die von anderen Kindern, sondern nur anders. Eine schwierige Übung für Eltern ist es, nicht stolz zu sein auf das «gescheite Kind», denn es ist ein Kind, kein kleiner Erwachsener. Je nach familiärer Weltanschauung ist es hilfreich, ihm eine auf Religion basierende Stütze anzubieten.

Absteigender Mondknoten in Schütze: Das Kind lebt den Bereich des absteigenden Mondknotens begeistert und begeisternd, grenzenlos, wissbegierig, zum Teil aber auch als Aufschneider, kleiner Scheinheiliger, Besserwisser. Es ist sehr kritikempfindlich, kritisiert aber andere sehr gern.

Absteigender Mondknoten in Haus 10

Von Autoritätsgläubigkeit zu Verwurzelung und Gefühl. Ein Kind mit dieser Konstellation ist sehr leistungsorientiert und daher anfällig für Versagensängste. Ein ausgeprägter Geltungsdrang, der Wunsch, anerkannt zu werden, leitet das Kind. Es ist ihm sehr wichtig, was andere sagen und denken. Es ordnet sich Autoritäten unter und akzeptiert Normen und Regeln, ohne sie zu hinterfragen. Oder genau andersherum: Das Kind hat ausgesprochene Schwierigkeiten, Autoritäten, die ihm «vorgesetzt» werden (z.B. Lehrer), anzuerkennen. Die gesellschaftliche Stellung der Familie oder des Vaters ist ihm wichtig, es bezieht daraus große Teile seines Selbstwertes. Es wirkt altklug und wenig kindlich. Wahrscheinlich mag es Polizisten, Militär, Lehrer und strebt ihnen nach.

Bei Schwierigkeiten ist Flucht möglich in eine ausgeprägte Vernunfthaltung, es benimmt sich dann wie ein Erwachsener.

Unterstützung: Das Kind will lernen, in seinem Inneren für sich selbst ein Nest zu bauen, in dem es unabhängig der Haltung anderer zu sich und seinen Gefühlen finden kann. Daher ist die primäre Aufgabe der Eltern, ihm zu helfen, Zugang zu seinen Gefühlen zu finden. Häufig wird das Kind argumentieren: «Die anderen haben gesagt» oder «Was denken die dann von mir, von uns?». Dies sind ausgezeichnete Gelegenheiten zu fragen: «Was denkst du denn darüber?» oder «Was meinst du, was die über dich denken? Wie geht es dir dabei, wenn du das hörst?». Alles Fragen, die das Kind auf sich selbst hinweisen, darauf, dem eigenen Urteil zu vertrauen. Dabei ist dem Kind zu zeigen, dass es auch wichtig ist, wenn es von außen keine Anerkennung gibt, dass ein Versagen nicht so schlimm ist, sich bei schlechten Noten die Welt weiter dreht.

Absteigender Mondknoten in Steinbock: Das Kind lebt den Bereich des absteigenden Mondknotens auf ernste, schon früh verantwortungsbewusste Weise. Fleißig, zuverlässig, aber auch verschlossen, unzugänglich, unfair, dickköpfig und uneinsichtig.

Absteigender Mondknoten in Haus 11

Von der Sicherheit der Gruppe zur Vereinzelung. Die Gemeinschaft in einer Gruppe und Freundschaften sind sehr wichtig für das Kind. Trotzdem macht es gerade in Gruppen häufig enttäuschende Erfahrungen. Trotz seiner Bemühungen – oder gerade deshalb – fällt es immer wieder irgendwie aus der Gemeinschaft. Es ist sehr interessiert an technischen und elektronischen Geräten.

Bei Schwierigkeiten ist Flucht möglich in die Rolle des Gruppenschrecks.

Unterstützung: Die Eltern sollten das Kind liebevoll begleiten, aus der einengenden Gruppengemeinschaft zur Individualität zu kommen. Wichtig ist, darauf zu achten, dass es nicht dem Gruppendruck nachgibt und Verhaltensweisen übernimmt oder sich zu Taten verleiten lässt, die es eigentlich ablehnt. Darüber sollte ausführlich, geduldig und liebevoll mit dem Kind gesprochen werden. Ältere Kinder sollten darin bestärkt werden, nicht in der Gruppe unterzutauchen, sondern sich eine eigene, durchaus auch von der Gruppe abweichende Meinung zu bilden. Ratsam ist es, zu kontrollieren, mit was für Gruppen sich das Kind umgibt. Dafür ist es am besten, die Freunde nach Hause einzuladen oder mit ihnen das Gespräch zu suchen, wenn man das Kind abholt. Auch mit dem Kind sollten die Eltern darüber sprechen, wie wichtig es ist, wählerisch zu sein bei Freundschaften und gleichgesinnten Gruppen. Auch gut: sich immer wieder erzählen lassen oder nachfragen, wie es dem Kind in der Gruppe ergeht.

Absteigender Mondknoten in Wassermann: Das Kind lebt den Bereich des absteigenden Mondknotens lebendig, aber unverbindlich. Fair, aber «anders als die anderen». Es muss etwas Besonderes sein, ist dabei fast zwanghaft. Es ist rebellisch, will sich nicht einlassen und tut alles nur freiwillig.

Absteigender Mondknoten in Haus 12

Vom Traum zur Wirklichkeit. Im Kind ist eine ihm nicht bewusste Sehnsucht nach der heilen Welt vorhanden. Deshalb flüchtet es sich häufig in Träume und Fantasien. Es möchte eigentlich mit den konkreten Dingen nichts zu tun haben. So kann es hier auch zu Schwierigkeiten in der Schule kommen. Zum einen, weil es sich, wenn ihm der Unterricht nicht zusagt, einfach in seine Traumwelt «wegbeamt», zum anderen, weil Ordnung und Struktur ihm meist fremd und wenig erstrebenswert erscheinen. Teilweise hat es auch eine «ganz eigene» Ordnung.

Ich selbst, die ich einen absteigenden Mondknoten in Haus 12 habe, hatte, durch meine Mutter stark zur Ordnung angehalten, in meinem Zimmer äußerlich eine tadellose Ordnung. Schon allein deshalb, weil sie mich dann in Ruhe ließ und ich in meine Fantasiewelten einsteigen konnte. Wenn ich aber meinen Schrank mit den Schulsachen öffnen wollte, musste ich mit der einen Hand schnell dagegenhalten, dass mir nicht alles sofort entgegenrutschte. Ich hatte es einfach wild durcheinander hineingedrückt und die Tür verschlossen.

Möglicherweise erzählt das Kind fantastische Geschichten, die es selbst glaubt. Es ist falsch, dieses Kind der Lüge zu bezichtigen, doch sollte darüber gesprochen werden, dass andere Menschen diese Geschichten möglicherweise als Lüge ansehen werden. Das Kind ist einfühlsam und kann schwer Nein sagen.

Da es sich um das 12. Haus handelt, besteht eine Sucht*tendenz.* Das Kind *kann* (muss nicht!) süchtig werden nach allem Möglichen: Fernsehen, Essen, Spielen, Süßigkeiten, Lesen, später Alkohol, Zigaretten. Immer wieder findet sich eine symbiotische Beziehung zwischen Mutter und Kind. Die Abnabelung auf der inneren Ebene hat nicht stattgefunden.

Bei Schwierigkeiten ist Flucht möglich in die freiwillige Isolation, in eine Fantasiewelt, in Drogen.

Unterstützung: Die wichtigste Hilfe für das Kind ist, ihm immer wieder liebevoll und geduldig klarzumachen, dass der Alltag Forderungen stellt, die zu erfüllen sind. Ihm beizubringen, Nein zu sagen, ist elementar. Bei älteren Kindern kann mit der Mutter über ihre Beziehung zum Kind gesprochen werden und über ihre möglichen Schwierigkeiten, es loszulassen. In allem sollte das richtige Maß gesetzt werden, da das Kind dazu neigt, «uferlos» zu sein. Sich Träume und Fantasien erzählen lassen.

Absteigender Mondknoten in Fische: Das Kind lebt den Bereich des absteigenden Mondknotens auf eine feine, liebevolle, zugewandte, fantasievolle, vielleicht musische Art und Weise. Es ist sehr sensibel, leicht verletzbar und schnell beleidigt. Es versucht, durch Tränen zu manipulieren.

Planeten am absteigenden Mondknoten

Unter psychologischen Astrologen wird allgemein davon ausgegangen, dass der absteigende Mondknoten einen karmischen Bezug hat und Planeten, die an dieser Stelle zu finden sind, «unerledigte, mitgebrachte Aufgaben» anzeigen. Das mag so sein oder auch nicht. Auf jeden Fall ist Karma und alles, was damit in Zusammenhang gebracht wird, ein äußerst persönliches Thema, das ausschließlich den Menschen – in diesem Fall das Kind – etwas angeht, dessen Horoskop gerade gedeutet oder besprochen wird. So hart das klingen mag: Es geht auch die Eltern nichts an. Wie dargelegt, ist es notwendig, dass wir Berater und Beraterinnen uns als Anwalt des Kindes sehen, und in Bezug auf den karmischen Gedanken ist diese Anwaltschaft dringend gefordert. Auch wenn die Astrologin oder der Astrologe noch so gern über ein schicksalsschweres Karma sprechen würde: Wer sind wir, dass wir über vergangene Inkarnationen und Lebensaufgaben eines Menschen sprechen können, ohne sicher zu wissen, ob die Grundannahme der Reinkarnation überhaupt richtig ist? Ohne zu wissen, ob dieser Mensch, der jetzt noch Kind ist, die Energie des Planeten am absteigenden Knoten konstruktiv oder destruktiv gelebt hat? Ohne zu wissen, was er sich mit dieser Planetenenergie vorgenommen hat?

Ich erkläre den Eltern die Planeten am absteigenden Knoten als Themen, mit denen sich der *erwachsene* Mensch intensiv beschäftigen möchte, vielleicht auch auf eine übergeordnete, geistige Weise, dass aber das Kind diesen Themen beinahe ausgeliefert ist, weil es diesen Energien (dem Alter entsprechend) in einer unreifen Form begegnet, meist in der Form der Übertreibung, der Maßlosigkeit.

Planeten am absteigenden Mondknoten sind «wie ein Fass ohne Boden» (Brigitte Theler-Banzhaf), wir können von ihrer Energie eigentlich nicht genug bekommen, erleben dort also häufig ein Gefühl des Mangels, des Hungers. Wenn wir aber «haben wollen», um das Hungergefühl zu stillen, übertreiben wir meist. Ob wir tatsächlich zu viel essen, bis wir uns unwohl fühlen, oder ob wir uns statt einem Paar Schuhe gleich drei Paar kaufen, das Grundmotiv ist stets der Wunsch, den Mangel zu beheben. So auch mit den Planeten am absteigenden Knoten: Im Kindesalter wirkt sich das fast immer in der Zerrform aus – bei vielen Erwachsenen leider auch.

Zu beachten ist auch, dass sowohl das Kind als auch der Erwachsene ein Gefühl des Mangels in sich spürt, das mit der Realität nicht unbedingt übereinstimmen muss.

Zur Erinnerung: Spannungsaspekte auf der Mondknotenachse werden dem absteigenden, harmonische Aspekte dem aufsteigenden Mondknoten zugerechnet.

Sonne am absteigenden Mondknoten

Das Gefühl des Mangels wird vom Kind am Ich, an der eigenen Person, erlebt. Es hat das Gefühl, nicht genug gesehen oder beachtet zu werden, sein So-Sein nicht genügend zum Ausdruck bringen zu können. Das ältere Kind fühlt den Mangel vielleicht darin, dass es ihm nicht möglich ist, seine eigenen Ziele umzusetzen. Häufig liegen diese Ziele im Bereich des Hauses, in dem die Sonne und/oder der absteigende Knoten stehen. Steht die Sonne im Quadrat zum absteigenden Mondknoten, ist es häufig der Fall, dass beide Häuser zum Schauplatz des Mangelgefühls werden.

Ein Beispiel: Ich erinnere mich an ein Kind mit Sonne Konjunktion absteigender Mondknoten in Haus 12. Es hatte schon früh das Ziel, sein Ich zu zeigen, indem es seine Träume und Fantasien durch Musik ausdrücken wollte. Es bat die Eltern immer wieder eindringlich, ihm eine Querflöte zu schenken. Doch die Antwort war stets: «Die Lehrer sagen, du bist ein Wirrkopf, du hältst sowieso nichts durch, deshalb ist so ein Instrument zu teuer für dich.» Das Kind bekam stattdessen eine Blockflöte. Natürlich hielt es den Blockflötenunterricht nicht durch. Da es auf diese Weise aber seine Sonne, sein Ich, nicht ausdrücken konnte, verlegte es seinen Geltungsdrang auf fantasievolle Geschichten und erzählte erfundene Geschichten als Wahrheiten (auch 12. Haus), in denen sein Ich eine ganz große Rolle spielte. Es fiel dadurch extrem unangenehm auf und machte sich bei Freunden und Mitschülern unbeliebt.

Das Kind hat einen starken Geltungsdrang, bezieht meist alles – Lob wie Tadel – in seiner Umgebung auf sich und leidet darunter, nicht im Mittelpunkt zu stehen. Ältere Kinder können Autoritätskonflikte haben, oft in Form von heftigen Auseinandersetzungen mit dem Vater. Bei Problemen flüchtet es sich wahrscheinlich in die Rolle dessen, der niemanden braucht und allein zurechtkommt.

Unterstützung: Hilfreich ist es, wenn die Eltern ein gutes Mittelmaß finden, das Kind einerseits in seiner gesamten Person, vielleicht auch mit dem, was es besonders gut kann, zur Geltung kommen zu lassen, es andererseits immer wieder in die Familie einzugliedern.

Mond am absteigenden Mondknoten

Das Gefühl des Mangels wird vom Kind vor allem im emotionalen, versorgenden Bereich erlebt. Es kann nie genug bekommen von Mütterlichkeit, Fürsorge, Geborgenheit und davon, umsorgt und gepflegt zu werden. Häufig will es nicht erwachsen werden, sondern seinen Kleinkindstatus erhalten, weshalb es sich auch als älteres Kind naiv, hilflos und kindisch benimmt. Es ist sehr emotional, angepasst, sensibel und teilweise ängstlich. Bei Problemen flüchtet es sich wahrscheinlich in Hilflosigkeit oder Krankheiten. Diese sind dann nicht gespielt, sondern tatsächlich echt.

Unterstützung: Hier ist frühzeitig damit zu beginnen, das Kind auf eine sehr liebevolle und vorsichtige Weise Stückchen für Stückchen in die Selbstständigkeit zu bringen. Trost sollte immer gefühlsbetont sein, doch wenn die Tränen getrocknet sind, ist es wichtig, das Kind aus seiner hilfsbedürftigen Haltung in eine Art Selbsthilfe zu bringen. Ist das Kind krank, sollten die Eltern *vorsichtig* nach Kummer, Ängsten oder Streitigkeiten fragen.

Merkur am absteigenden Mondknoten

Das Gefühl des Mangels wird vom Kind vor allem im verbalen Kontakt erlebt, aber auch im Bereich des Wissens oder der Information. Es hat das Gefühl, alle wissen etwas, nur ich nicht, oder alle sind informiert, nur ich nicht.

Das Kind besitzt ausgeprägte Kommunikationslust, es redet nur um des Redens willen, fragt, nur um Kontakt zu halten. Denken, Lernen und Wissen wird überbewertet, teils liest es fast zwanghaft, alles, was ihm in die Hände gerät. In der Schule zu schweigen, ist eine der größten Übungen. Das Kind wird wohl zwischendurch immer schwätzen, um in Kontakt zu bleiben mit der Nachbarin oder dem Nachbarn. Es ist zum Teil besserwisserisch. Bei Problemen flüchtet sich das Kind wahrscheinlich ins Denken oder Reden, sucht «Ausflüchte».

Unterstützung: Das Kind frühzeitig als Gesprächspartner ernst zu nehmen, seinen Wissensdurst, so weit es möglich ist, zu stillen, hilft dem Kind. Gleichzeitig sollte ihm aber zu erkennen gegeben werden, dass es nicht weniger geliebt wird, wenn einmal geschwiegen wird, wenn es Fehler macht oder wenn es weniger weiß als andere. Weiterhin sollte es lernen können, dass es zum Leben gehört, dass andere Menschen, wie Mitschüler, Geschwister oder Eltern, Informationen haben, die ihm selbst nicht zugänglich sind, und dass es deshalb nicht aus der Gemeinschaft ausgeschlossen ist.

Venus am absteigenden Mondknoten

Das Gefühl des Mangels wird vom Kind vor allem in Bezug auf Besitz erlebt. Es hat das Gefühl, nicht genug zu haben, an Materiellem oder auch an Ideellem. Nicht-Haben bezieht sich vor allem auf Freundschaften und andere Beziehungen oder auf den Selbstwert: «Ich habe keinen Wert.» Daher erhöht die «Anhäufung» von Freundschaften oder Besitztümern vermeintlich den Eigenwert. Dem Kind sind harmonische Beziehungen und Freundschaften das Wichtigste. Um sie zu erhalten, lebt es teils viel zu angepasst und versucht jeglichen Streit zu vermeiden oder sofort zu schlichten. Besitz ist beruhigend und wird angestrebt. Es umgibt sich gern mit schönen, auch unnützen Dingen (nur um zu haben) und legt meist sehr viel (manchmal viel zu viel) Wert auf Kleidung,

Aussehen und Äußerlichkeiten. Wenn ihm etwas schmeckt, kann es weit über seinen Hunger hinaus essen. Sein Selbstwert kann übertrieben stark oder gar nicht vorhanden sein. Es kann sehr eifersüchtig und besitzergreifend sein. Bei Problemen flüchtet sich das Kind wahrscheinlich in Beziehungen, die ihm guttun (zum Beispiel zu den Großeltern), oder, wenn es schon Taschengeld bekommt, kauft es sich etwas gegen den Frust oder die Angst.

Unterstützung: Hilfreich ist es, das Kind im Lauf der Jahre darin zu stärken, seinen Selbstwert aus sich selbst, aus seinen Talenten und Fähigkeiten zu ziehen, damit es nicht so sehr auf die Zuneigung und Bewunderung von außen angewiesen ist.

Mars am absteigenden Mondknoten

Das Gefühl des Mangels wird vom Kind vor allem in Bezug auf sein Durchsetzungsvermögen erlebt. Daher will es im Übermaß versuchen, sich durchzusetzen. Dieser starke Wunsch kann zwei unterschiedliche Verhaltensweisen zur Folge haben: Möglicherweise zeigt das Kind, auch wenn es eigentlich aus dem Trotzalter heraus ist, starke, teils lang anhaltende Trotzreaktionen. Dabei geht es dann nicht mehr um den eigentlichen Anlass, sondern nur darum, seinen Willen durchzusetzen. Von den Eltern häufig gefürchtet sind seine impulsiven Wutausbrüche, die ohne zwingenden Grund aus ihm herausbrechen. Es lebt eigenwillig, streitbar und egoistisch. Die andere Möglichkeit ist, dass das Kind große Schwierigkeiten hat, sich durchzusetzen, deshalb über eine längere Zeit die Marsenergie eher in der Opferrolle erlebt, um dann immer wieder einmal bei der geringsten Gelegenheit wie ein Dampfkessel zu explodieren.

Unterstützung: Im ersten Fall ist es hilfreich, dem Kind wirklich Gelegenheit zu geben, sich auf unschädliche Weise abzureagieren oder auszutoben. Es will ja lernen, mit den impulsiven Energien, die in ihm aufsteigen, umzugehen, sie in den Griff zu bekommen. Dies ist nur möglich, wenn ihm klar aufgezeigt wird, wo es sich austoben darf und wo nicht. Sport, laute Musik selbst zu machen oder zu hören (dafür am besten einen Kopfhörer besorgen), Wettkampfsituationen jeder Art sind Möglichkeiten, die Marsenergie zu kanalisieren und trotzdem auszuleben. Sehr hilfreich ist natürlich wenigstens ein Elternteil, der sich darauf einlassen kann, mit dem Kind auf spielerische Weise seine Kräfte zu messen. Das Kind will lernen, die starken Energien in ihm sinnvoll und angemessen einzusetzen. Bei Problemen flüchtet sich das Kind wahrscheinlich in Wutausbrüche, Jähzorn oder auch stumme, lang anhaltende, dumpfe Wut.

Jupiter am absteigenden Mondknoten

Innerlich lebt das Kind in einem ständigen Gefühl des Mangels. Alles ist nie genug. Es wird von dem Gefühl angetrieben, dass ihm alles zusteht, sich aber niemand danach richtet. Mitunter ist es wirklich unersättlich und neigt daher zu fortwährenden Grenzüberschreitungen, sei es räumlich, emotional, freiheitlich, körperlich, beim Essen, in Beziehungen. Es ist manchmal sehr bequem bis faul. Sein Bedürfnis, sich mit Moral- und Gerechtigkeitsfragen auseinanderzusetzen, ist groß und es meint, dass seine persönlichen Vorstellungen, wie die Welt zu sein hat, der absoluten Wahrheit entsprechen. Dadurch verwickelt es Eltern, Mitschüler oder Lehrer auf sehr intolerante und besserwisserische Weise in Diskussionen. Das Kind neigt dazu, sich Vorbilder, Idole, Gurus zu suchen.

Unterstützung: Obwohl die Diskussionen und Gespräche mit dem Kind für die Eltern nervend und unergiebig sein können, ist es eine große Hilfe, sie trotzdem geduldig zu führen. Denn um sich wirklich eine eigene Meinung bilden zu können (und das ist das eigentliche Anliegen eines Kindes mit dieser Konstellation) und an Toleranz und Offenheit für andere Meinungen zu gewinnen, sind diese Gespräche notwendig.

Schließt sich das Kind wirklich an ein Idol oder Vorbild an, so ist es wichtig, darauf zu achten, wer das ist, auch, wenn es ein Schauspieler oder Popstar ist. Bitte die Wahl des Kindes nicht belächeln oder zu verhindern suchen, sondern mit ihm über seine Motivation zu dieser Wahl im Gespräch bleiben. Was möchte es nachahmen? Was findet es an dieser Person liebenswert, was nicht so gut? Wie könnte es auf seine eigene Weise ihm ähnlich werden? Was hat diese Person, was das Kind seiner Meinung nach nicht hat? Alles Fragen, die für das Kind klärend sein können. Bei Problemen flüchtet sich das Kind wahrscheinlich in selbstgerechtes, besserwisserisches Verhalten.

Saturn am absteigenden Mondknoten

Das Gefühl des Mangels wird vom Kind vor allem im Bereich der Sicherheit und des Könnens erlebt. Es hat einerseits das Gefühl, dass nur feste Regeln oder unbedingte innere Disziplin vor den Unwägbarkeiten des Lebens schützen, andererseits erlebt es sich als Versager. So neigt das Kind dazu, sich in Regeln zu verlieren, in selbst erstellte Gebote und Vorsätze, die es in seinem Verhalten von sich selbst teils gnadenlos einfordert. Daher ist es häufig sein größter Kritiker: «Ich kann es nicht, ich darf es nicht» sind unter Umständen Glaubenssätze, die fest bei ihm verankert sind.

Es bewundert Autoritäten und strebt ihnen nach, denn es spürt in sich ein tiefes Bedürfnis, selbst zur Autorität zu werden. Das Kind erkennt eine Autorität nur an, wenn der Mensch wirklich eine Autorität *ist*, nicht, wenn er sie kraft seines Amtes innehat. Den Unterschied spürt es sofort. Das kann schwere Autoritätskonflikte mit Lehrern nach sich ziehen, die oft ja nur Autorität haben, weil sie Lehrpersonen sind, nicht aber von sich aus. Bei Problemen flüchtet sich das Kind entweder in herbe Selbstkritik und Strenge sich selbst und anderen gegenüber oder es urteilt und richtet über andere.

Unterstützung: Alles ist hilfreich, was dem Kind erlaubt, gnädiger und weniger kritisch mit sich umzugehen. Alles, was seinen Alltag spielerischer und fröhlicher, unbeschwerter macht, nützt. Tauchen Autoritätskonflikte auf, dann sind altersgemäße Gespräche mit dem Kind die größte Hilfe, denn dadurch kann es lernen, dass es im Leben immer zwei Arten von Autoritäten begegnen wird: Dem Menschen, dem eine natürliche Autorität innewohnt, der eine Autorität *ist,* und dem Menschen, der nur wegen seines Amtes oder seiner beruflichen Stellung Autorität *hat.* Ersterem wird das Kind nachstreben wollen, bei zweiterem muss es erst lernen, hinter der Autorität dem Menschen zu begegnen und dann diesem Respekt zu zollen.

Uranus am absteigenden Mondknoten

Uranus am absteigenden Mondknoten war ein Generationenaspekt der Geburtsjahrgänge 1983 bis 1984, 1987 und zuletzt 1991. Diese Generation ist mittlerweile erwachsen. Erst 2018 läuft der Mondknoten wieder in einen Aspekt zu Uranus.

Das Gefühl des Mangels wird vom Kind vor allem in Bezug auf seine Besonderheit und das Thema Freiwilligkeit erlebt. Es hat das Gefühl, ständig beweisen zu müssen, dass es anders ist als andere und dass sein Handeln nur auf Freiwilligkeit beruht. Das Kind zeigt sich sehr unruhig, zappelig, hektisch, von großer innerer Nervosität und Umtriebigkeit und ist teilweise sehr unzuverlässig. Es lässt sich kaum mit Regeln oder Normen vertraut machen, sondern kreiert seine eigenen Spielregeln, die es auch je nach Situation immer wieder abändert. Um seine Besonderheit und seine Freiheit zu leben, überschreitet es innere und äußere Grenzen und Verbote und bringt sich dabei unter Umständen auch in Gefahr.

Bei Problemen flüchtet sich das Kind wahrscheinlich in Clownerien, versucht, die Dinge ins Lächerliche zu ziehen, und zieht sich in einen Elfenbeinturm zurück.

Ein Junge mit dieser Konstellation hatte sich immer, wenn die anderen Kinder ihr Spiel schon bis an eine Grenze getrieben hatten, noch eine extra verrückte Idee einfallen lassen, um seine Besonderheit unter Beweis zu stellen. So versuchte er beispielsweise, als die anderen Kinder bei Anbruch der Dunkelheit schon nach Hause gingen, von einer aus Schnee gebauten Sprungschanze rückwärts mit dem Snowboard zu springen, und brach sich dabei den Oberarm.

Weil alle anderen Kinder ihres Alters schon Fahrrad fahren konnten, versuchte ein Mädchen mit dieser Konstellation zu zeigen, wie gut es als einzige freihändig fahren konnte, und zog sich dabei schlimme Schürfwunden zu.

Unterstützung: Die einzige auf Dauer wirksame Unterstützung ist wohl, dem Kind Raum zu geben, seine Besonderheit zu zeigen, am besten in dem Bereich, in dem der absteigende Knoten und/oder Uranus stehen. Steht einer von beiden oder beide zum Beispiel im 4. Haus, so ist der Rahmen für die Besonderheit die Familie, im 5. Haus der Sportplatz oder die Theatergruppe, im 3. Haus vielleicht die Schule oder unter Geschwistern. Immer aber sollte mit dem Kind besprochen werden, dass Übertreibungen gefährlich sein können, und diese Risiken sollten dann auch, wenn möglich, konkret benannt werden.

Neptun am absteigenden Mondknoten

Neptun am absteigenden Mondknoten ist ein Generationenaspekt der Geburtsjahrgänge 1983, 1995 und 1999, der nächste Aspekt wird 2016 gebildet.

Das Gefühl des Mangels wird vom Kind vor allem im Bereich des All-Eins-Seins erlebt. Das Kind spürt den Mangel hier nur diffus und kann, auch wenn es älter ist, seine Sehnsucht nicht verbalisieren (auch der erwachsene Mensch mit dieser Konstellation kann es selten). Doch diese Sehnsucht begleitet das Kind und verhindert eine klare Abgrenzung zwischen Ich und Du. Es lebt angepasst an die Wünsche und Erwartungen der Umgebung, spürt seismografisch die Befindlichkeiten seiner Mitmenschen und kommt so nicht zu sich und seinen eigenen Bedürfnissen. Dass sich das in einer Verwirrtheit und Unklarheit ausdrückt, wundert nicht und häufig flüchtet das Kind in seine Träume und Fantasien. Nicht selten wird es über Jahre von einem Fantasiefreund oder einem Fantasietier begleitet. Oft fühlt sich das Kind auch unverstanden.

Wenn bei einem Menschen die Sehnsucht nach der eigentlichen Heimat, nach einer heilen Welt sehr mächtig ist, kann es sein, dass er einen Ausweg in einer Sucht zu finden hofft. Damit meine ich nicht nur Drogen, sondern Suchtverhalten in fast jeder Hinsicht. Das Kind zeigt möglicherweise eine Neigung (zum Beispiel allzu gern fernzusehen), doch mehr als eine Neigung lässt sich aus dieser Konstellation astrologisch nicht ablesen. Denn um wirklich den Weg in die Sucht zu wählen, sind noch mehrere andere Faktoren notwendig, die alle im sozial-psychologischen Bereich liegen. Die Aussagegrenze der Astrologie ist hier erreicht.

Bei Problemen flüchtet sich das Kind möglicherweise in eine Scheinwirklichkeit.

Unterstützung: Hilfreich ist hier die Klarheit und Struktur der Eltern, wobei sie niemals das träumerische, fantasievolle Wesen des Kindes abwerten sollten. Um Missverständnissen vorzubeugen, ist es gut, sich in wichtigen Gesprächen rückzuversichern, ob die Eltern einerseits das Anliegen des Kindes richtig verstanden haben und andererseits das Kind die Eltern verstanden hat. Des Weiteren sei verwiesen auf die Ausführungen zu Neptun beim Kleinkind auf Seite 121 sowie Neptun beim Schulkind Seite 235.

Pluto am absteigenden Mondknoten

Pluto am absteigenden Mondknoten ist ein Generationenaspekt der Geburtsjahrgänge 1985 und 1986 sowie 2010 und 2014.

Das Kind mit dieser Konstellation will lernen, seine außerordentlich starken persönlichen Kräfte zum eigenen und zum Wohle anderer einzusetzen. Deshalb gerät es sozusagen zur Übung immer wieder in Situationen, ja, sucht sie zum Teil unbewusst, in denen es den Gegensatz von mächtig und ohnmächtig, von machtvoll und machtlos spüren und erleben kann. Es ist unglaublich provokativ, oft, ohne es sein zu wollen. Sein Leben teilt sich in Schwarz oder Weiß, Grautöne kennt es nicht. Es kann sehr dramatisch und emotional, ja sogar hoch manipulativ sein. Bei Problemen flüchtet sich das Kind entweder in einen Machtkampf oder zieht sich deprimiert zurück.

Unterstützung: Hier sei verwiesen auf die Ausführungen zu Pluto beim Kleinkind auf Seite 122 sowie Pluto beim Schulkind Seite 236.

Das Kind von 6 bis 12 Jahren – vom Schuleintritt bis zur Pubertät

Das Elternbild

Die Sonne und ihre Aspekte werden im Horoskop des Kindes als Symbol für den Vater gedeutet. Der Mond und seine Aspekte als Symbol für die Mutter.

Ein persönlicher Planet im Spannungsaspekt mit Saturn oder den drei geistigen Planeten deutet im Horoskop meist auf eine besondere Herausforderung, eine wichtige Lernaufgabe für den betreffenden Menschen hin. Findet sich in einem Erwachsenenhoroskop solch eine Konstellation in Verbindung mit Sonne oder Mond, dann wird in den meisten Fällen nach dem Vater- beziehungsweise Mutterbild gefragt, das der Klient in sich trägt, zusammen mit seinen Kindheitserlebnissen. Und fast immer wird man dahingehend «fündig», dass Vater oder Mutter saturnisch, uranisch, neptunisch oder plutonisch erlebt wurden und – da es sich um Spannungsaspekte handelt – nicht immer in der verträglichsten Art und Weise.

Ich habe lange darüber nachgedacht, welche Aussagekraft so ein Aspekt im Kinderhoroskop hat, wenn zum Beispiel Mond im Spannungsaspekt zu Saturn steht. Das ist zum einen eine sehr persönliche Aussage über das Kind, zum anderen ein Hinweis auf das Mutterbild, das es in sich trägt, allerdings kann der Aspekt keine Aussage darüber machen, wie die Mutter wirklich *ist*. Das wiederum würde nur im Horoskop der Mutter zu finden sein. Wird aber ein Erwachsener mit Mond im Spannungsaspekt zu Saturn gefragt, wie er seine Mutter *erlebt* hat, dann bekommen wir oft die Antwort: distanziert, streng, unnahbar, kühl, vielleicht krank.

Sollen wir als Beraterinnen nun eine Mutter, bei deren Säugling sich eine solche Konstellation im Horoskop findet, darauf aufmerksam machen, nur ja nicht zu distanziert, ja nicht zu streng zu sein? Oder einen Vater, dessen Tochter einen Spannungsaspekt von Sonne/Pluto im Horoskop hat, nur ja nicht zu mächtig, zu intensiv aufzutreten und sein Kind nicht in eine Abhängigkeit zu bringen? Wir können davon ausgehen, dass Eltern, die in eine astrologische Beratung kommen, interessiert sind am Wohlergehen ihres Kindes und ihm keinesfalls schaden oder es verletzen wollen. Wenn sie also solche Ermahnungen zu hören bekämen, wäre sehr wahrscheinlich ein verkrampftes, unnatürliches Verhalten dem Kind gegenüber die Folge und das ist auch nicht wünschenswert. Was aber tun?

Gehen wir in Gedanken zurück zum Horoskop des Kindes, in dem der Mond im Spannungsaspekt zu Saturn steht. Was bedeutet das auf der tiefsten Ebene? Es heißt zunächst, dass hier ein Mensch angetreten ist, der von sich aus schwer Zugang zu seiner mondhaften Seite hat. Der im Laufe seines Lebens lernen will, auf sich, seine Gefühle und Bedürfnisse zu achten und sich diese selbst – ohne die Hilfe eines anderen – zu erfüllen. Der lernen will, sich zu erlauben, nachgiebig seinen Bedürfnissen gegenüber zu sein und seinen Gefühlen Ausdruck zu verleihen.

Denken wir weiter an die drei Reifungsphasen des Saturns, der meist zuerst in Blockade, Angst, Hemmung gelebt wird, dann in der Kompensation oder dem zwanghaften «Andersmachen» und schließlich erst in seiner erlösten Form. Wie wir wissen, stellt die Bearbeitung der Saturn-Thematik meist ein lebenslanges Programm dar.

Das zeigt uns, dass wir auf der ersten Ebene eines jeden Radixhoroskops in den Planeten und ihren Konstellationen – hier sind es Sonne und Mond – den ganz *persönlichen «Plan»* der Seele oder des inkarnierten Menschen vorfinden.

Auf der zweiten Ebene deuten wir Sonne, Mond und ihre Aspekte als Symbole für den Vater bzw. für die Mutter und bezeichnen sie als *inneres Vater-* bzw. *inneres Mutterbild* oder als *inneres Elternbild*.

Auf der dritten Ebene versuchen wir dann, das innere Vater- oder Mutterbild mit den realen *Erfahrungen,* die das Kind mit Vater und Mutter macht, gleichzusetzen und zu deuten.

Diese drei Ebenen müssen meiner Meinung nach bei der Deutung des Elternbildes in einem Kinderhoroskop immer einfließen:

1. Was hat der Mensch sich durch die Konstellation Sonne oder Mond im Spannungsaspekt zu Saturn, Uranus, Neptun oder Pluto vorgenommen? Auf welche Themen will er dadurch wahrscheinlich in seinem Leben ein besonderes Augenmerk richten?
2. Mit welchem inneren Eltern*bild* kommt der Mensch auf die Welt?

Dieses Bild (in der Bedeutung von Imago, von Vorstellung) muss mit dem tatsächlichen Verhalten der Eltern nicht übereinstimmen. Beinahe ebenso häufig, wie das innere Elternbild mit dem tatsächlichen Verhalten der Eltern übereinstimmt, ist dies nicht der Fall.

3. Welche Erfahrungen will das Kind machen, um seine besonderen Lernthemen kennenzulernen? Zuletzt die Frage an «erwachsene Kinder», also ab der Pubertät: Welche Erfahrungen haben sie mit ihren Eltern gemacht?

Nehmen wir zur Veranschaulichung der drei Ebenen noch einmal das oben angeführte Beispiel mit Mond in Spannung zu Saturn:

Auf der ersten Ebene ist es meiner Meinung nach hilfreich, die Eltern auf die Konstellation im Horoskop ihres Kindes aufmerksam zu machen. Sie bedeutet zunächst ein Verbot, eine Hemmung oder auch Angst, seine Gefühle und seine Bedürfnisse zu leben. Die Frage an die Eltern sollte daher lauten, ob dem Kind genügend Raum gegeben wird, seine Gefühle zum Ausdruck zu bringen. Ob sie genügend Verständnis aufbringen sowohl für die Gefühle als auch für die Bedürfnisse des Kindes. Dies ist kein Vorwurf an die Eltern. Ein Elternteil mit Mond in Steinbock muss nicht unbedingt Verständnis haben für die heißen, heftigen, erwartungsvollen Gefühle eines Widdermondkindes und dieses wiederum erlebt den Elternteil wohl sehr zurückgenommen, distanziert und vielleicht kühl. Es geht in der Beratung auf dieser Ebene darum, den Eltern einerseits die Mondqualität des Kindes nahezubringen und ihnen andererseits zu erklären, dass es für ihr Kind schwierig ist, diese Qualitäten unbesorgt auszuleben. Dass es sich vorgenommen hat, auf einem langen, sehr persönlichen Weg seine Gefühle und Bedürfnisse langsam kennenzulernen, sie sich zu erarbeiten, um später als besonnener, verantwortungsbereiter, zuverlässiger Mensch mit großem Durchhaltevermögen ein wertvoller Teil der Gesellschaft zu sein.

Auf der zweiten Ebene, die das Elternbild aufzeigt, wäre bei Mond in Spannung mit Saturn zu erläutern, dass das Kind mit einem innerem Mutterbild, mit einer inneren Vorstellung von einer distanzierten, klar strukturierten, kühl sachlichen und vielleicht strengen Mutter ausgestattet ist. Das heißt übersetzt, dass sein «inneres Empfangsgerät» auf diese mütterlich-saturnischen Sendefrequenzen eingestellt ist.

Die dritte Ebene ist die sensibelste und bedarf daher einer äußerst einfühlsamen Gesprächsführung. Die Frage, welche Erfahrungen das

Kind machen will, um seine besonderen Lernthemen kennenzulernen, ist insofern brisant, als es sich bei Saturn sowohl um Distanz, Klarheit, Struktur, Verantwortungsbereitschaft, Zuverlässigkeit als auch um Unerbittlichkeit, kühle Strenge, Ablehnung, hohe Kritikbereitschaft und autoritäres Verhalten handeln kann. Bevor wir weiterdenken, müssen wir uns in Erinnerung rufen, dass Saturn, wie auch die drei geistigen Planeten, nicht vom Kind selbst gelebt werden können, sondern es muss an diese Energien von außen durch Erziehungspersonen herangeführt werden. Die Eltern fungieren demnach als «Erfahrungsträger» für das Kind.

Als Folge dieser Überlegungen ist es hilfreich für die Eltern, in unserem Beispiel für die Mutter, zusammen mit der Astrologin oder dem Astrologen zu reflektieren, ob sie die Saturn-Erfahrungen für ihr Kind in einer rüden, unreifen Form oder stützend, mäßigend, besonnen und begrenzend ausleben. Da es sich hier ja um einen Spannungsaspekt handelt, ist es durchaus möglich, dass das Kind die Mutter eher von der herben Saturnseite her erlebt, auch wenn die Mutter nach bestem Wissen versucht, ihr Kind liebevoll zu erziehen.

Ich kenne ein Kind mit Mond in Konjunktion zu Saturn, das eine Mutter mit Mond in Opposition zu Saturn hat. Die Mutter, die wiederum eine Mutter mit unaspektiertem Saturn in Haus 1 erlebt hatte, war extrem darauf bedacht, nicht so wie ihre Mutter zu werden. Sie versuchte, weniger streng zu sein, hat ihr Kind nie geschlagen und ihm immer wieder signalisiert, dass es willkommen ist und von ihr geliebt wird. Dennoch wirkte ihre Strenge zu sich selbst, ihre Zurückgezogenheit und ihr distanzierter Ausdruck von Gefühlen auf das Kind manchmal beängstigend oder sogar ablehnend.

Dieses Beispiel ist wiederum ein Hinweis darauf, warum es unerlässlich ist, die Elternhoroskope mit in die Beratung einzubeziehen. Denn die Eltern bringen ja ihre eigene Geschichte mit in die Beziehung zu ihrem Kind und je nachdem, wie reif oder unreif sie die Energien von Saturn oder anderen Planeten leben, werden sie auf das Kind konstruktiv oder destruktiv einwirken.

Ich habe als Beispiel den Mond im Spannungsaspekt zu Saturn gewählt. Diese Überlegungen gelten natürlich auch für alle anderen Planeten im Aspekt zum Mond als Symbol für die Mutter und zur Sonne als Symbol für den Vater.

Zusammenfassend ist zu sagen, dass bei der Besprechung des Elternbildes im Kinderhoroskop alle drei oben angeführten Ebenen den Eltern nahegebracht werden sollten, jedoch mit Feingefühl, denn ihre eigene Kindheitsgeschichte wird dadurch angerührt. Als hilfreich hat sich immer wieder erwiesen, zugleich das Elternbild der *Eltern* anzusprechen, um sowohl Verständnis für sie selbst als auch für ihr Kind zu wecken.

Ein liebevoller und kultivierter Vater von vier Kindern beklagte sich am Ende einer Beratung eher nebenbei und schon beim Hinausgehen, dass der sechsjährige Sohn, der ein Sonne/Pluto-Quadrat hat, ihn durch sein flegelhaftes, ungezogenes Benehmen häufig «bis zur Weißglut bringe». Er hatte den Eindruck, dass das Kind ihn dadurch geradezu provozieren wollte, und er sagte, dass er sich ziemlich ohnmächtig dabei fühle. Ich sagte nur einen einzigen Satz dazu, nämlich dass der Sohn ihn aber wahrscheinlich als sehr mächtig wahrnehme. Als die Eltern zwei Jahre später wieder einmal zur Beratung kamen, erzählte mir der Vater, in dessen Horoskop Pluto an der Spitze des 4. Hauses steht, dass er seit dieser Aussage von mir sehr viel über sein Verhältnis zu Macht sowohl in Bezug auf die eigene Kindheit als auch auf die seiner Kinder nachgedacht hätte. Dadurch sei sein Verhältnis gerade zu diesem Sohn gut und sehr intensiv geworden.

Deutungshilfe Elternbilder

In aller Regel werden symbolisiert:
- der Vater durch die Sonne
- die Mutter durch den Mond
- der Vater durch Planeten im 4. Haus
- die Mutter durch Planeten im 10. Haus

Hierbei ist zunächst herauszufinden, *wem* von den beiden welches Haus wirklich zugeordnet wird. Dies ist nur in einem Gespräch mit dem Klienten möglich.

Die große Ausnahme ist die Umkehrung, nämlich dass die Mutter durch die Sonne oder der Vater durch den Mond symbolisiert wird. Das ist z.B. möglich, wenn der jeweilige Elternteil alleinerziehend ist.

Deutungsschritte:

1. Sonne und Mond im Aspekt zueinander: Wie passen die Eltern aus der Sicht des Kindes zusammen? Stehen Sonne und Mond in Konjunktion, Trigon oder Sextil, harmonieren die Eltern aus Sicht des Kindes gut. Manchmal kann die Konjunktion für das Kind jedoch auch problematisch sein, da es die Eltern als Einheit wahrnimmt und sich selbst abseits erlebt. Stehen Sonne und Mond in Opposition zueinander, werden die Eltern zwar als polar wahrgenommen, aber durchaus als zueinander passend. Stehen Sonne und Mond im Quadrat, erlebt das Kind die Eltern meist als nicht zueinander passend.
2. Die Aspekte von Sonne und Mond zu den Planeten sind sehr bedeutsam. Harmonische Aspekte werden meist als förderlich, Spannungsaspekte als schwierig erlebt.

Deutung:

Merkur im Aspekt zu Sonne oder Mond
Der intelligente, gesprächige, scharfsinnige, bewanderte Elternteil
Der gerissene, mit Worten nicht zu schlagende Elternteil

Venus im Aspekt zu Sonne oder Mond
Der liebenswerte, friedliche, wohltuende Elternteil
Der konkurrierende, (ab)wertende Elternteil

Mars im Aspekt zu Sonne oder Mond
Der vitale, starke, dynamische, durchsetzungsfähige Elternteil
Der bedrohliche, gewalttätige, cholerische, streitbare Elternteil

Jupiter im Aspekt zu Sonne oder Mond
Der unterstützende, vorbildliche, edle, großzügige Elternteil
Der Elternteil, der zu viel des Guten tut, der zu hohe Erwartungen hat; der idealisierte Elternteil

Jeder der folgenden Planeten kann auch Hinweis auf das Fehlen des jeweiligen Elternteils sein:

Saturn im Aspekt zu Sonne oder Mond
Der zuverlässige, verantwortungsvolle, berechenbare, Sicherheit verkörpernde Elternteil
Der harte, verschlossene, unerreichbare, autoritäre, bedrückte, kritisierende, kranke Elternteil

Uranus im Aspekt zu Sonne oder Mond
Der originelle, moderne, aufgeschlossene Elternteil
Der schrullige, unberechenbare, verrückte, unzuverlässige, distanzierte Elternteil

Neptun im Aspekt zu Sonne oder Mond
Der einfühlsame, hilfsbereite, liebevolle, zärtliche Elternteil
Der verschwommene, berauschte, unfassbare, kranke Elternteil, der selbst Opfer ist

Pluto im Aspekt zu Sonne oder Mond
Der mächtige, faszinierende, intensive Elternteil
Der übermächtige, dunkle, unterdrückende, manipulative, in Abhängigkeit haltende und zu Übergriffen neigende Elternteil

Die Zeichenstellung von Sonne und Mond ist nur Grundfärbung, ist nicht markant, da sie nur anzeigt, auf welche Weise das Kind seine Sonne und seinen Mond leben und ausdrücken möchte.

Das Imum coeli (IC) in der Schulzeit

Die Grundüberlegungen zum Imum coeli wurden bereits im Abschnitt über das Kleinkind dargelegt. Hier nun die weitere Entwicklung während der Schulzeit.

Nach Brigitte Hamann finden wir am IC den «Ruf des Kosmos», unsere ureigene Sehnsucht, etwas ganz zu begreifen, ganz zu leben, um es in unserer weiteren Entwicklung dann mit dem MC vereinen zu können.

Auch beim älteren Kind bleibt die Thematik des Zeichens am IC erhalten, sie gibt ihm Geborgenheit für seine Entwicklung. Doch braucht es jetzt dem Alter entsprechende Impulse und Unterstützung, um weiterhin im zu ihm passenden Familienklima aufblühen zu können. Ein Augenmerk ist jetzt speziell auf eventuell vorhandene Planeten am IC (Orbis 3°) zu richten, denn je älter das Kind wird, desto deutlicher verspürt es eine tiefe Sehnsucht nach dieser Planetenenergie.

Ich erinnere mich an ein zwölfjähriges Mädchen mit Uranus am IC in Jungfrau, das immer wieder aus der Regelmäßigkeit und Berechenbarkeit des Familienklimas ausbrach und von den entsetzten Eltern an bekannten Treffpunkten der Punkerszene aufgelesen wurde. Fasziniert saß es zwischen den Jugendlichen und beguckte etwas neidisch und gleichzeitig ängstlich die bunten Haare, die zerlumpten Kleider und die Sicherheitsnadeln in den Wangen.

Umso wichtiger ist die Unterstützung durch die Eltern, dass es diese Energie in ihrer vollen Kraft – aber seinem Alter gemäß – leben darf. Dabei ist jeglicher Druck in die Richtung des Planetenthemas falsch, ja geradezu kontraproduktiv. Eher ist es wichtig, das Kind vor eventuellen eigenen Übertreibungen zu schützen.

Deutung und Unterstützung

IC in Widder

Geborgenheit findet das Kind in einer munteren, aufgeweckten Familienatmosphäre, da, «wo etwas los ist». Es darf auch ruhig mal etwas laut sein. Bewegung und Beschäftigung gibt ihm Geborgenheit.

Unterstützung: Das Kind unterstützen in seinem Mut und seiner Lust, etwas Neues zu beginnen. Es zu fördern in seiner Lust, sich durchzusetzen und seinen eigenen Standpunkt zu vertreten. Mit ihm zusammen das Abenteuer Welt und Leben entdecken.

IC in Stier

Geborgenheit findet das Kind in einer ruhigen, gleichmäßigen, beständigen Familienatmosphäre, in der Veränderungen lange vorher geplant werden.

Unterstützung: Dem Kind Gelegenheiten bieten, durch Gebrauch seiner fünf Sinne eine ihm eigene Sinnlichkeit zu entwickeln, genießen zu lernen. Seinen Sinn für Schönheit und für die Natur fördern. Ihm zeigen, dass Be-Sinnlichkeit eine Stärke und Beständigkeit eine Tugend ist. Ein eigenes Revier und die Möglichkeit, «kleine Schätze» anzusammeln, geben ein Gefühl der Sicherheit.

IC in Zwillinge

Geborgenheit findet das Kind in einer lebendigen, kommunikativen, vielseitig interessierten Familienatmosphäre. Gespräche über «Gott und die Welt» sind notwendig.

Unterstützung: Dem Lerneifer und der natürlichen Neugier des Kindes Raum geben. Seine Kontaktfreudigkeit unterstützen, denn es fühlt sich wohl, wenn es von anderen Menschen umgeben ist, mit denen es sich austauschen kann. Dabei informiert es sich und lernt Neues kennen. Bei Leseratten für genügend Futter sorgen (Leihbibliotheken können Eltern vor dem finanziellen Ruin bewahren).

IC in Krebs

Geborgenheit findet das Kind in einer liebevollen Familienatmosphäre, in der jeder für den anderen «da» ist. Familienfeste, gemeinsame Unternehmungen geben Sicherheit.

Unterstützung: Der Fantasie des Kindes und seinen Gefühlen Platz geben. Wenn seine Unternehmungen sich in einem immer größer werdenden Radius ausdehnen, sollte die Familie der Ankerplatz sein, wo es immer wieder andocken und sich emotional aufladen kann.

IC in Löwe

Geborgenheit findet das Kind in einer lebhaften, warmherzigen Familienatmosphäre, in der es die Möglichkeit hat, seine Kreativität zu entfalten.

Unterstützung: Hilfreich ist es, das Kind und seine Angelegenheiten ernst zu nehmen. Das muss nicht heißen, dass es permanent im Mittelpunkt steht, doch es sollte sich wahrgenommen fühlen. Sein geheimer Wunsch ist ein wenig «Luxus» in seinem Zimmer oder bei seiner Garderobe. Wobei bei einer finanziell weniger gut ausgestatteten Familie «Luxus» schon ein besonderer Bettbezug oder eine besondere Mütze sein kann.

IC in Jungfrau

Geborgenheit findet das Kind in der Regelmäßigkeit. Die Familienatmosphäre sollte reinlich, wenig spontan und gut überschaubar sein.

Unterstützung: Das Kind braucht das Gefühl, ein «brauchbares Rädchen im Familiengetriebe» zu sein. Kleine Aufgaben sind dabei unterstützend.

IC in Waage

Geborgenheit findet das Kind in einer harmonischen, feinsinnigen Familienatmosphäre, in der ein lebhafter Austausch stattfindet. Es liebt Schönheit und Ästhetik.

Unterstützung: Die Möglichkeit, sich und seine Umgebung «schön zu machen», ist hilfreich, auch wenn der Geschmack des Kindes vielleicht gewöhnungsbedürftig ist. Eine leichte, lockere Atmosphäre gibt ihm die notwendige Luft zum Atmen.

IC in Skorpion

Geborgenheit findet das Kind in einer intensiven, emotionalen Familienatmosphäre nach dem Motto: «Wir halten zusammen wie Pech und Schwefel.»

Unterstützung: Der Wunsch des Kindes nach einem Familienpakt birgt die Gefahr in sich, Abhängigkeiten und Verstrickungen zu schaffen. Hilfreich ist es, wenn sich die Eltern dessen bewusst sind und sich der Gratwanderung zwischen Intensität und Loslassen stellen.

IC in Schütze

Geborgenheit findet das Kind in einer interessanten, abwechslungsreichen Familienatmosphäre, in der es viel zu lernen gibt. Es fühlt sich aber möglicherweise auch wohl in einer Familie, die fest im Glauben eingebunden ist.

Unterstützung: Das Kind braucht ein Angebot an Möglichkeiten, seinen Horizont zu erweitern, seine Wissbegier zu befriedigen. Sein tiefer Wunsch, anderen sein Wissen mitzuteilen, sollte respektiert werden.

IC in Steinbock

Geborgenheit findet das Kind in einer klar strukturierten, zuverlässigen Familienatmosphäre.

Unterstützung: Innerhalb der Familie ist dem Kind unbedingt eine Möglichkeit des Rückzugs zu gewähren. Klare Regeln, die von allen eingehalten werden, sind hilfreich.

IC in Wassermann

Geborgenheit findet das Kind in einer etwas flippigen, ungewöhnlichen, nicht zu engen Familienatmosphäre.

Unterstützung: Spontaneität und Abwechslung sowie ein großes Maß an Freiheit und Freiwilligkeit innerhalb der Familie sind dem Kind sehr angenehm.

IC in Fische

Geborgenheit findet das Kind in einer ruhigen, einfühlsamen, kongruenten, sehr liebevollen Familienatmosphäre.

Unterstützung: Hilfreich ist eine Familie, in der das Kind weiß, dass seine Gefühle willkommen sind, dass es angenommen wird, auch wenn es etwas «gefühlsverwirrt» nach Hause kommt. Unterstützend wirkt es, wenn seine Fantasie und seine Hilfsbereitschaft liebevoll angenommen werden.

Planeten am IC

Diese sind *zusätzlich* zu den Zeichen am IC zu deuten. So bedeutet beispielsweise ein IC in Fische die Sehnsucht nach einem einfühlsamen, liebevollen Familienzusammenhalt. Mit Uranus am IC möchte das Kind trotzdem *zusätzlich* die Freiheit, anders «ticken» zu dürfen als die übrigen Familienmitglieder. Mit eben demselben Fische-IC und Mars in Konjunktion dazu will das Kind, trotz seiner Sehnsucht nach Einssein mit den anderen, lernen, sich durchzusetzen und eine Art «Streitkultur» in der Familie zu entwickeln. Zusätzlich wird beim älteren Kind schon jene Sehnsucht wach, die einen ersten Hinweis auf Handlungsmotive in der Pubertät gibt.

Sonne am IC

Das Kind will in der Geborgenheit des IC-Zeichens seine Eigen-Art, sein eigenes Wesen und sein Ich, also sein Ego, entwickeln. Es hat eine tiefe Sehnsucht nach Selbstverwirklichung und danach, andere Menschen zu führen, ihnen den Weg zu zeigen.

Mond am IC

Das Kind will in der Geborgenheit des IC-Zeichens seine ihm eigenen Bedürfnisse, seine Emotionen und Gefühle, seine Empfindsamkeit entwickeln. Es hat eine tiefe Sehnsucht, sich selbst in seiner Gefühlswelt kennenzulernen und aus dieser Erfahrung heraus für andere liebevoll zu sorgen.

Merkur am IC

Das Kind will in der Geborgenheit des IC-Zeichens seine Kommunikationsfähigkeit, seine Lernfähigkeit, sein ihm eigenes Interesse am Leben entwickeln. Es hat eine tiefe Sehnsucht nach immer neuen Informationen und danach, dieses erworbene Wissen anderen mitzuteilen.

Venus am IC

Das Kind will in der Geborgenheit des IC-Zeichens seine zu ihm gehörende Art entwickeln, in Beziehungen zu gehen, in Beziehungen zu agieren, seinen eigenen Geschmack zu entdecken. Es hat eine tiefe Sehnsucht nach lebendigen Beziehungen und danach, aus dieser Quelle heraus Freude, Schönheit und Harmonie in die Welt zu bringen

Mars am IC

Das Kind will in der Geborgenheit des IC-Zeichens seine ihm eigene Handlungsweise, sein Durchsetzungsvermögen, eine Streitkultur entwickeln. Es hat eine tiefe Sehnsucht, etwas Selbstgeschaffenes (auch Geistiges, nicht nur Materielles) in die Welt zu bringen.

Jupiter am IC

Das Kind will in der Geborgenheit des IC-Zeichens Großzügigkeit und eine eigene Weltsicht entwickeln. Es hat eine tiefe Sehnsucht nach Größe, Wissen, Sinn und danach, andere Menschen daran teilhaben zu lassen.

Saturn am IC

Das Kind will in der Geborgenheit des IC-Zeichens Klarheit, Struktur, Durchhaltevermögen und Verantwortungsbereitschaft entwickeln. Es hat eine tiefe Sehnsucht, etwas bewirken zu können und zur Autorität zu werden.

Uranus am IC

Das Kind will in der Geborgenheit des IC-Zeichens seine Identität, seine Andersartigkeit entwickeln. Es hat eine tiefe Sehnsucht nach innerer und äußerer Freiheit, nach Freiheit und Unabhängigkeit im emotionalen Bereich.

Neptun am IC

Das Kind will in der Geborgenheit des IC-Zeichens sein Mitgefühl, seine Fantasie entwickeln. Es hat eine tiefe Sehnsucht nach einer heilen Welt und danach, anderen durch Mitgefühl eine heile Welt nahezubringen.

Pluto am IC

Das Kind will in der Geborgenheit des IC-Zeichens seine Intensität sowie seine Fähigkeit, zu binden und zu lösen, entwickeln. Es hat eine tiefe Sehnsucht, machtvoll Einfluss zu nehmen.

Die astrologischen Qualitäten im Schulalter

Wie aus der Deutung eines Erwachsenenhoroskops bekannt, werden die zwölf Tierkreiszeichen nicht nur den vier Elementen Feuer, Erde, Luft und Wasser zugeordnet, sondern auch den drei Qualitäten kardinal, fix und veränderlich (auch beweglich oder fallend genannt). Auch die Qualitäten neben den Elementen zu interpretieren, kann manchmal schon bei älteren Kleinkindern, immer aber ab dem Schulalter aufschlussreich sein. Denn je nachdem, ob das Horoskop des Kindes kardinal, fix oder veränderlich betont ist, ist das Verhalten des Kindes unterschiedlich

- in seiner Motivation
- in seiner Art der Problemlösung
- in seinem Umgang mit seiner Eigenenergie

Die Interpretation der Qualitäten liefert häufig eine Erklärung dafür, warum ein Kind in Alltagssituationen ein bestimmtes Verhalten an den Tag legt oder wie es mit Problemsituationen umgeht. Ebenso kann die Interpretation der betonten Qualität im Horoskop der *Eltern* Hinweise geben auf *deren* Art und Weise, mit Problemen umzugehen. Darüber hinaus lassen sich die unterschiedlichen Möglichkeiten aufzeigen, wie die Familienmitglieder motiviert sind, ihre alltäglichen Aufgaben anzupacken. Wenn in einer Beratung den Eltern sowohl ihre Muster als auch die des Kindes nahegebracht werden, können sie sich selbst und auch das Kind besser verstehen und so möglicherweise alltäglichen Konfliktsituationen ausweichen. Ganz sicher aber können sie ihr Kind unterstützen.

Ein zwölfjähriger, fix betonter Junge hatte Kummer mit dem Turnlehrer, er fühlte sich immer wieder ungerecht behandelt und erzählte es nach einiger Zeit seiner veränderlich betonten Mutter. Diese hörte sich seine Geschichte an, fand aber kein Problem darin. Der Junge erklärte es ihr sehr ausführlich und meinte, er wolle mit dem Vertrauenslehrer der Schule reden, den er sehr mochte. Damit war für die Mutter das für sie ohnehin nicht wirklich sichtbare Problem erledigt. Am selben Abend setzte sich der kardinal betonte Vater des Jungen an dessen Bett und im Gespräch erzählte der Junge die Geschichte auch ihm. Der Vater regte sich sehr über das Verhalten des Turnlehrers auf und ging am nächsten Tag in die Sprechstunde, woraufhin der Turnlehrer in der Pause den

Jungen ansprach. Dieser fühlte sich völlig überrumpelt. Es war ihm sehr unangenehm, dass sein Vater die Angelegenheit für ihn übernommen hatte, und er schämte sich für sich und seinen Vater. Zu Hause entstand ein heftiger Familienkonflikt, denn keiner der drei Beteiligten verstand den anderen. Der Sohn weinte, er fühlte sich übergangen und «wie ein Kind» behandelt, der Vater war zornig und beleidigt, weil seine gut gemeinte Intervention nicht gewürdigt wurde, und die Mutter fragte sich, wo überhaupt das Problem lag.

Deutungshilfe und Unterstützung

Die Faktoren, die ich zur Deutung der Qualitäten im Kinderhoroskop heranziehe, sind dieselben wie im Erwachsenenhoroskop, nämlich die persönlichen Planeten, Jupiter, AC, absteigender Mondknoten. Saturn berechne ich bei den Qualitäten nicht, da er sich zunächst in der Energie eines Zeichens «nicht wohlfühlt», dann zu Überreaktion neigt und schlussendlich erst in der Reife die Qualität des Zeichens wahrnehmen kann. Die geistigen Planeten Uranus, Neptun und Pluto werden im persönlichen Horoskop nicht im Zeichen gedeutet, fallen also ebenfalls aus der Deutung heraus. Lilith und Chiron sind keine Planeten. Die Energie des Zeichens, in dem das MC steht, wird erst im Laufe des Lebens immer wichtiger und bekannter, muss also erst «erarbeitet» werden und ist daher bei der Deutung der Qualitäten eher verwässernd.

Das kardinal betonte Kind

Das kardinal betonte Kind oder das Kind mit einem kardinalen AC ist initiativ, zupackend, spontan und mutig, vielleicht sogar etwas vorschnell. Wenn ihm das Verhalten oder das Tun eines anderen Kindes gefällt oder imponiert, versucht es, dieses beinahe sofort nachzuahmen. Schnell ist es bereit, sich auf immer wieder Neues einzulassen, wobei das Alte meist nicht vollendet wird. Rückschläge sind eher ein Ansporn, es noch einmal zu versuchen, als entmutigend. Nach dem Aufstehen ist es meist hellwach, schnell mit der Morgentoilette und dem Frühstück fertig und motiviert, in den neuen Tag zu starten.

Die Art der Problemlösung beim älteren kardinal betonten Schulkind ist häufig, dass es nicht über sein Problem spricht, sondern sich in den gewohnten Alltag zurückzieht. Durch den üblichen Ablauf des Tages und durch sein Verhalten versucht es, eine Normalität herzustellen, die das Problem scheinbar kleiner werden lässt. Gleichzeitig versucht es aber doch, eine Lösung zu finden, aktiv zu werden, um das Problem zu beseitigen. So erleben die Eltern häufig ein verändertes, fahriges Verhalten bei dem gleichzeitigen Versuch, «völlig normal» zu erscheinen. Wenn die Eltern eines kardinal betonten Kindes dieses Verhalten bemerken, ist es wichtig, dass sie bei Problemen dem Kind einen angemessenen Zeitraum für den Rückzug lassen, dann jedoch nachfragen oder, wenn bekannt, das Problem, den Streit oder das Ereignis noch einmal ansprechen.

Ein Beispiel: Ein elfjähriger Junge mit kardinaler Prägung wurde von Mitschülern immer wieder gehänselt, weil er zur Pause täglich ein Wurstbrot mitbrachte, statt, wie die anderen Kinder, Geld, um sich am Schulkiosk etwas zu kaufen. Da er seine Mutter aber nicht enttäuschen wollte, wie er mir sagte, hatte er mit der Zeit ein echtes Problem. Er versuchte es zu lösen, indem er täglich sein Pausenbrot mitnahm, es mit schlechtem Gewissen in den Abfallkorb warf und den Mitschülern sagte, er hätte so viel zum Frühstück gegessen, dass er keinen Hunger hätte. Was die Mitschüler natürlich nicht gnädiger machte. So versuchte er, der Mutter kleinste Geldbeträge zu entwenden, um sich am Kiosk wenigstens einen Lutscher kaufen zu können.

Das fix betonte Kind

Das fix betonte Kind oder das Kind mit einem fixen AC ergreift, im Gegensatz zu einem kardinal betonten Kind, nicht sofort die Initiative. Es geht ernster und bedächtiger auf Neues zu. Doch hat es erst einmal eine gewisse Sicherheit gewonnen, lässt es sich ganz darauf ein. Es beobachtet lange und gründlich, bevor es sich zu Nachahmung entschließt. Im Grunde genommen muss es sich jeden Morgen erst wieder an die Welt gewöhnen. Zur Eingewöhnung bedarf es eines Rituals, zum Beispiel täglich auf die gleiche Weise geweckt zu werden, jeden Morgen den gleichen Ablauf des Frühstücks, des Waschens und Ankleidens. Für dieses Kind ist es wichtig, dass es sich täglich mindestens einmal in seine «fixe Energie, in seine fixen Zeichen» zurückziehen kann, dann fällt es ihm leichter, seine Aufgaben zu meistern. Mit «Rückzug in seine fixen Zeichen» meine ich, dass beispielsweise ein stierbetontes Kind Zeit haben sollte, sich in seinem Revier zu erholen oder etwas richtig zu genießen. Ein Kind mit Betonung in Löwe sollte Gelegenheit haben, so richtig gelobt zu werden für etwas, was es gut gemacht hat, und damit kurzfristig im Mittelpunkt zu stehen. Für ein Kind mit einer Skorpionbetonung kann es erholend sein, einmal am Tag in seinen doch sehr dramatischen Gefühlsbereich einzusteigen, vielleicht durch das Lesen oder Hören von Detektiv-, Vampir- oder Kriminalgeschichten für Kinder. Ein wassermannbetontes Kind findet am ehesten zu sich und seinen Energien, wenn es Gelegenheit hat, etwas wirklich freiwillig zu tun – auch wenn es die Freiheit ist, nichts zu tun, sondern «nur» seinen Einfällen und Erfindungen nachzugehen.

Das fix betonte Kind brütet häufig über einem Problem. Es braucht Zeit, um darüber nachzudenken, Zeit, sich und andere zu beobachten. Erst dann ist es fähig, auf das Problem zu reagieren. Doch auch wenn das Problem nach Meinung der Umgebung schon gelöst wurde, ist das Kind oft immer noch in Gedanken und Gefühlen bei dem Ereignis. Deshalb ist es hilfreich, wenn auch hier die Eltern Vergangenes noch einmal thematisieren, um herauszufinden, in welcher Phase der Verarbeitung sich das Kind befindet, ob etwas «hängen geblieben» ist und ob eine emotionale Verletzung möglicherweise noch eitert.

Ein Mädchen aus der 4. Klasse erzählte mir, dass die Lehrerin sie in eine andere Bank versetzt hatte, weil sie mit der Nachbarin so viel geschwätzt hatte. Das Kind war tief verletzt, denn eigentlich hatte die Nachbarin immer mit dem Schwätzen begonnen, sie aber durfte ihren Platz behalten. Es erzählte den Eltern tagelang nicht von dem Ereignis, konnte aber schlecht einschlafen und lief mit blassem Gesicht herum. Auf Nachfragen der Eltern erzählte es von seinem Kummer und die Eltern einigten sich mit dem Kind und der Lehrerin darauf, das Mädchen wieder an seinen alten Platz zu setzen. Doch noch viele Tage später musste es immer wieder «im Kreis denken», wie es sich ausdrückte, warum es von der Lehrerin so ungerecht behandelt worden war.

Das veränderlich betonte Kind

Ein veränderlich betontes Kind oder ein Kind mit einem veränderlichen AC geht mit einer gewissen Unbekümmertheit und Leichtigkeit auf die Welt zu, offen für das, was ihm begegnet. Möglicherweise wirkt es etwas unkonzentriert und fahrig, denn es ist immer auf der Suche nach etwas Neuem. Das Alte bleibt dann unvollendet, weil es schon langweilig geworden ist. Morgens vor der Schule denkt es schon an die Zeit nach der Schule und vergisst, ein Heft oder ein Buch in den Schulranzen zu packen.

Das Kind sieht ein Problem häufig nicht, auch wenn es schon mitten drin steckt. Es kann eine Situation erst im Nachhinein richtig beurteilen. So ist es möglich, dass es sehr uneinsichtig ist und sein Fehlverhalten nicht einsehen kann. Umso wichtiger ist es für die Eltern zu wissen, dass das Kind nicht bockig ist oder provozieren will, sondern dass es in der Situation selbst nicht erkennen kann, was es tut oder wie es auf andere wirkt. Auch hier ist eine Nachbearbeitung des Ereignisses durch ein Gespräch notwendig. Hilfreich kann es hier wirken, wenn die Eltern ihre Sicht der Dinge klarstellen und ebenso klar die Sichtweise des Kindes wissen wollen. Nur so kann das Kind lernen, dass es problematische Situationen gibt und dass diese besprochen und bearbeitet werden können und müssen.

Ein veränderlich betonter Junge hatte gesehen, dass der Schlüsselbund einer Nachbarin am Briefkasten steckte, ihn herausgezogen und versteckt. Er wollte, wie er später versicherte, sich nur einen Spaß erlauben und hatte sich nichts weiter dabei gedacht. Schon nach kurzer Zeit konzentrierte sich der Verdacht auf seine Person, die Mutter stellte ihn zur Rede und verlangte, den Schlüssel herauszugeben, wenn er wüsste, wo er sei. Doch der Junge leugnete. Erst am nächsten Tag, als der zehn Jahre ältere Bruder ihm noch einmal eindringlich ins Gewissen redete, rückte er mit der Wahrheit heraus. In dem danach folgenden Gespräch wurde klar, dass er sich weder des Ernstes der Situation noch der Wirkung, die sein Verhalten auf die Nachbarin hatte, bewusst war.

Der Mond in der Schulzeit

Mond in Widder

Bedürfnis nach Herausforderung, Bewegung, Wettbewerb. Das Kind sieht jetzt seine ganze Welt als Abenteuerspielplatz, als Herausforderung an seinen Ehrgeiz. Es lebt in einem beinahe ständigen Wettbewerb. Ungeduldig und unstrategisch drängt seine Lebendigkeit nach außen. Fühlt das Kind sich als Einzelkämpfer, so besteht die Gefahr, dass es einen ausgeprägten Egoismus und starke Rivalität zeigt. Das Kind neigt zu heftigen, «leiden-schaftlichen» Gefühlen, die ihm auch echtes Leiden schaffen können. Durch wütendes Streiten und Schreien kann es sich sehr unbeliebt machen, worunter es dann leidet. Auch seine spontanen Gefühle von Sympathie werden nicht immer erwidert, was schmerzhaft für das Kind sein kann.

Ein neunjähriges Mädchen mit Mond in Widder schwärmte heftig für seinen Reitlehrer, der, als er dies erkannte, sich vermehrt den anderen Kindern zuwandte und sich der kleinen «Verehrerin» gegenüber betont zurückhaltend verhielt. So glühend (Feuermond), wie sie ihn verehrte, so heiß war auch ihr Schmerz, als sie dies bemerkte.

Das Bedürfnis des Kindes ist es, bemerkt zu werden, der Erste, die Beste zu sein, zu toben. Es sehnt sich nach Geräuschen, lauter Musik, nach Fernsehsendungen, in denen «etwas los» ist. Die «Helden» und Idole sind Cowboys, Indianer, Ritter, Piraten, später dann Rebellen, Abenteurer, Eroberer, Rennfahrer, Abfahrtsskiläufer. Es kann sehr risikofreudig sein.

Es sind die Jungen mit Widdermond, die zum Beispiel am Vorderrad ihres Fahrrades ein Plastikplättchen so befestigen, dass es beim Fahren ein schnarrendes «Motorgeräusch» gibt. Später werden Skateboard, Inlineskates oder Mofa schnell zu Objekten der Begierde.

Unterstützung: Wie beim Kleinkind ist eindeutige Grenzsetzung besonders wichtig, denn das Kind neigt dazu, über seine körperlichen (und auch geistigen) Grenzen hinaus zu agieren. Da es emotional sehr herausfordernd sein kann, ist ein klares «Nein» vonseiten der Eltern des Öfteren angebracht, um endlose und fruchtlose Diskussionen zu vermeiden. Die Kinder haben eine Art inneren Motor, der sie antreibt. Daher sind Ruhepausen enorm wichtig, weil sie sonst Gefahr laufen, hyperaktiv zu werden. Auch gilt: Nicht zu viel anbieten, auch wenn die Kinder über Langeweile klagen.

Wie oben schon erwähnt, sind die Schattenseiten des Widdermondkindes Egoismus und Rivalität. Dagegen helfen Gemeinschaftsspiele, Mannschaftsspiele, gemeinsame Familienunternehmungen, bei denen Rücksicht aufeinander genommen werden muss.

Dem älteren Kind muss vermittelt werden, dass das Leben nicht nur aus Kampf besteht, sondern dass auch Kompromisse eingegangen werden müssen. Dabei ist Geduld nötig, denn ein Kompromiss ist für ein

Widdermondkind eine «gefühlte Niederlage». Es sollte an der langen Leine geführt werden, mit viel Freiheit, doch klaren Grenzen, auch für körperliche Energien.

Mond in Stier

Bedürfnis nach materiellem und geistigem Eigentum. Das Besitzenwollen von Dingen, aber auch von Menschen, die das Kind sehr schnell als Eigentum ansieht, ist ein hervorstechendes Merkmal des Kindes. Eifersüchtig wacht es nicht nur über seine Spielsachen, sein Zimmer, sein Revier, sondern auch über die Zuneigung der Eltern.

Manchmal sind die Kinder ausgesprochene Sammler. Wie schon das Kleinkind ist auch das Schulkind leicht überfordert von zu vielen Eindrücken oder zu vielen Erfahrungen. Dies kann im Schulalltag dazu führen, dass zu viele Ereignisse, zu viel Lernstoff es überfluten. Da es die angenehmen Seiten des Lebens liebt und gern der Bequemlichkeit nachgibt, kann es sein, dass es daraufhin das Lernen weitgehend einstellt. Von Erziehungspersonen wird es dann als faul angesehen. Das Kind ist nicht besonders unternehmungslustig, es hält sich lieber zu Hause im vertrauten Umfeld auf. So liebt es auch keine Ferienreisen, bei denen jeden Tag woanders übernachtet wird. Es zieht die Gemütlichkeit des Zuhauses vor.

Ein elfjähriges Stiermondmädchen, das mit seinen Eltern auf einer Bed-and-Breakfast-Tour in Schottland unterwegs war, packte jeden Abend, wenn ein Quartier gefunden war, alle seine Sachen aus, ordnete sie rund um ihr Bett und fragte, wie lange sie an diesem Ort bleiben würden. Es musste sich buchstäblich jeden Tag aufs Neue an den neuen Ort, an sein neues Revier gewöhnen. Nach einigen Tagen fragte es die Eltern, wann sie endlich wieder nach Hause fahren würden.

Im Gegensatz zum Widdermondkind ist das Stiermondkind wenig bewegungsfreudig, hat wenig Sinn für Sport und läuft Gefahr, phlegmatisch zu werden. Da sein Habenwollen sich stark auf Materielles bezieht, kann es zur finanziellen Belastung werden.

Unterstützung: Da das Kind Grenzüberschreitungen hasst, sollte man darauf achten, seine Grenzen zu respektieren, und keinesfalls darüber lächeln. Es ist sein Zimmer, sein Bett und das sollte sowohl von den Eltern als auch von den Geschwistern respektiert werden. Es ist sehr erleichternd für das ältere Kind, wenn vor Betreten des Zimmers geklopft wird. Selbst bei engen Wohnverhältnissen sollte das Kind seine Ecke haben und sei sie noch so klein. Sollte das Kind gern sammeln, ist es eine absolute Grenzüberschreitung, sein «Sammelgut» wegzuwerfen, auch wenn es den Eltern wertlos erscheinen mag.

Unterstützend für das Kind ist auch, es immer wieder anzuspornen, etwas zu versuchen, noch nicht aufzugeben, es noch einmal zu probieren. Mit ihm Sport machen, wandern, Fahrrad fahren, denn das Kind liebt die Natur. Kleine Belohnungen reizen zu mehr körperlicher und geistiger Bewegung. Oft entzieht es sich den Herausforderungen des (Schul-)Alltags. Entweder aus einem Gefühl der Überforderung heraus oder aus Bequemlichkeit. Die Eltern müssen sich in das zugrunde liegende Motiv einfühlen, lange mit dem Kind darüber sprechen und geduldig bleiben, auch wenn Ärger hochkocht. Eine Ohrfeige oder abwertende Bemerkungen verletzen das Kind zutiefst. Es erscheint nämlich härter im Nehmen, als es tatsächlich ist.

In Auseinandersetzungen reagiert es meist stur und lange beleidigt. Deshalb ist es Aufgabe der Eltern, dafür zu sorgen, dass das Kind aus seiner Sturheit und aus seinem Brüten herausfindet. Ärger und Verstimmungen dürfen nicht mit ins Bett genommen werden. Die Eltern sollten dem Kind ein positives Beispiel geben, wie man in Konflikten miteinander umgehen kann. Zeigen, dass man sich auch entschuldigen kann. Ist der heftigste Ärger vorbei, sollte der Streit besprochen und beigelegt werden. Dies kann das Stiermondkind nicht von sich aus, es muss am Beispiel lernen.

Mond in Zwillinge

Bedürfnis nach Kommunikation, Informationen, Neuheiten. Das Kind freut sich am Lernen, doch muss dies in seinen Augen nicht allzu gründlich erfolgen. Es ist interessiert an Neuigkeiten und Informationen jeder Art und reist daher auch ausgesprochen gern. Ratespiele, Memory, Scrabble, Bücher, Comic-Heftchen, Zeitschriften, alles, was das Denken anregt, ist beliebt. Fernsehen, Computerspiele und vor allem das Internet sind fast magische Anziehungspunkte. Vorsicht vor Überangebot!

Das Kind geht meist auch gern zur Schule, weil dort vielfache Kontakte zu anderen Kindern hergestellt werden können. Dabei empfindet es das Kontaktangebot als eine Art Basar, es geht jedoch keine intensiven, gefühlsbetonten Kontakte ein. Durch dauerhafte, tiefergehende Beziehungen fühlt es sich schnell eingeengt. Dazu kommt, dass es sich schwer entscheiden kann. Es möchte am liebsten neutral bleiben, sich keiner Seite ganz zuneigen, könnte es doch dabei auf der anderen Seite etwas verpassen. So möchte es sich auch nicht ganz zu einer einzigen Freundschaft entschließen, es gibt doch so viele interessante andere Kinder. Das Kind erlebt eine überfürsorgliche, körperbetonte Mutter als lästig.

Unterstützung: Durch die Fülle von Interessen und die mangelnde Entscheidungskraft besteht die Gefahr des Verzettelns. Die Schwierigkeit besteht häufig darin, dass sich das Kind mit einem Gebiet zu wenig beschäftigt. Besonders in der Schule kommt das dann zum Tragen. In dem Gefühl, alles schon irgendwie zu wissen, bleiben seine Lernbemühungen an der Oberfläche. Deshalb sollten bei den kleinen Siebengescheiten nicht voller Stolz ihr Können und ihre Intellektualität herausgestrichen werden, sondern lieber Sonderlob erteilt werden für eine begonnene und ernsthaft zu Ende geführte Aufgabe oder Arbeit.

Intellektuell ausgerichtete Familien freuen sich über die geistige Regsamkeit ihres Kindes, allerdings sollten die Eltern darauf achten, dass die Emotionalität dabei nicht auf der Strecke bleibt.

Wie schon oben angesprochen, mag das Kind keine Entscheidungen, weil es dadurch eingebunden wird. So ist es wichtig, es täglich an Entscheidungen teilhaben zu lassen: Was ziehe ich an? Was will ich spielen? Soll ich die eine oder die andere Freundin einladen? Welche Geschichte will ich hören, wohin machen wir einen Ausflug? Meist sagt ein Zwillingsmondkind: Ist mir egal. Das sollte man nicht durchgehen lassen.

Mond in Krebs

Bedürfnis nach Geborgenheit, Zuwendung, Rückzug. Das Kind ist weich, einfühlsam, schüchtern und sehr hilfsbereit. Es ist ein ausgesprochenes Familienkind und sorgt sich schon früh um das Wohlergehen der einzelnen Familienmitglieder. Es sucht den Schutz der Familie und bleibt deshalb gern klein und ein wenig hilflos, um die Geborgenheit möglichst lange zu genießen. Ein Krebsmondkind hält gern an der Vergangenheit (in diesem Fall am Kleinkindalter) fest und hat Scheu vor Neuem. Daher ist es häufig auch ein ausgesprochener Nesthocker, sofern es das übrige Horoskop zulässt. Zu beachten ist, dass es nicht nur stark seinen eigenen Stimmungen unterworfen ist, sondern auch den Stimmungen seiner Umgebung.

Ein Siebenjähriger, der eigentlich sehr gern zur Schule ging, wollte morgens immer dann nicht aufstehen, wenn am Tag vorher Missstimmung in der Klasse geherrscht hatte. Eine Zehnjährige wollte plötzlich nicht mehr zur Freundin zum Spielen gehen. Auf Nachforschung der Mutter teilte es mit, dass in der Familie der Freundin seit Wochen die Großmutter wohnte und die Stimmung seitdem unterschwellig aggressiv war.

Unterstützung: Erziehung zur Selbstständigkeit in jeder Hinsicht ist die größte Unterstützung. Die Gefahr ist groß, besonders bei Eltern, die selbst ein wasserbetontes Horoskop haben, ein Sensibelchen großzuziehen. Vorsichtige Abhärtung ist günstig, zum Beispiel, indem man das Kind bei Freunden übernachten lässt. Die Eltern sollten früh versuchen, das Kind in eine Gruppe zu integrieren. Auch gemäßigter Sport, zum Beispiel Ballspiele, sind eine Abhärtungsmaßnahme. Ältere Kinder ins Schullandheim mitfahren lassen. All das wird kaum ohne sanften Druck möglich sein, dabei sollte aber nie gegen den ausgesprochenen Willen des Kindes gehandelt werden, dennoch muss man immer wieder versuchen, es zu motivieren, sich auf Unbekanntes außerhalb der Familie einzulassen.

Wenn das Kind plötzlich nicht mehr zur Freundin, Oma, Nachbarin, Schule gehen möchte, ist es wichtig, nach der Ursache zu fragen. Oft kann schon eine leichte Verstimmung der Grund sein, die sich das Kind nicht erklären kann und auf sich selbst bezieht.

Hierbei ist zu berücksichtigen, dass ein Kind eigentlich sowieso nicht anders kann, als alle nicht klar definierten Gefühle aus seiner Umgebung auf sich selbst zu beziehen. Wasserkinder spüren diese Emotionen sehr deutlich und entwickeln häufig vage Schuldgefühle, die sie aber nicht mitteilen können. Dies bezieht sich bei älteren Kindern nicht nur auf die Familie, sondern auch auf die Schule, die Lehrerin, die Mitschüler, das allgemeine Klima in der Schule.

Eine junge Frau erzählte mir, dass sie bis zum Abitur dreimal das Gymnasium wechseln musste, weil sie die Atmosphäre an der Schule, die Stimmung, die dort herrschte, nicht ertragen konnte.

Ein Wassermondkind erspürt die Stimmung in der Umgebung und leidet zum Teil so massiv darunter, dass Schulschwierigkeiten entstehen können.

Mond in Löwe

Bedürfnis nach Spiel, Selbstdarstellung, Selbstständigkeit, Beim älteren Kind ist auffallend, dass es sich einfach gut findet. Es ist nun mal das Größte, Beste, Schönste – und dies so selbstverständlich, dass ihm niemand böse sein kann. Dabei ist es sehr kritikempfindlich und bei Zweifeln an seiner Person oder seinem Können schnell beleidigt. Für das Kind ist die Welt ein Theater, in dem es die Hauptrolle spielt.

Dabei kann es sich ausgesprochen egoistisch verhalten. Es hält sich gern unter Menschen auf, liebt es, gesehen zu werden, und dankt die ihm zuteil gewordene Aufmerksamkeit mit viel Lebensfreude, Fröhlichkeit und Unbekümmertheit. Oft ist es ausgesprochen kreativ und liebt schon früh «Luxus» wie Lacktäschchen oder Glitzer-Shirts oder als Junge einen Gürtel mit einer besonderen Schnalle oder einen besonders tollen Roller. Es ist anfällig für Designerkleidung.

Unterstützung: Die Vorbereitung eines Löwemondkindes auf die Schule sollte schon im Vorschulalter erfolgt sein: Es muss nicht nur gelernt, sondern wirklich begriffen haben, dass es nicht immer im Mittelpunkt stehen kann. Genauso wichtig ist es aber, ihm beizubringen, Kritik zu ertragen, ohne dass deshalb die Welt untergeht. Das zugrunde liegende Motiv für seine Empfindlichkeit ist darin zu finden, dass es Kritik mit Liebesverlust gleichsetzt. Es meint, aus der Liebe, aus der Zuneigung des Kritikers zu fallen, wenn es kritisiert wird. Deshalb müssen Eltern immer wieder mit dem Kind besprechen, dass Kritik und Liebe nichts miteinander zu tun haben, dass auch ein kritisierender Lehrer das Kind trotzdem mag. (Bei sehr saturnisch ausgerichteten, betont kritisierenden Lehrpersonen ist vielleicht ein Gespräch am Elternabend notwendig).

Am günstigsten ist es, wenn Eltern oder Lehrer mit Lob und Anerkennung, also in die Stärke des Kindes hinein, arbeiten.

Mond in Jungfrau

Bedürfnis nach Ordnung und Überschaubarkeit. Das Kind bemüht sich stets, ein kleiner Erwachsener zu sein. Es will vernünftig sein, auch wenn es nicht weiß, was das ist. Manchmal scheint es, als würde das Kind nach dem Motto leben: «Ich bin nicht nur hier, um Spaß zu haben.» Mit seinem ausgeprägten Ordnungssinn versucht es, seinen Alltag unter Kontrolle zu bringen. Die tieferliegende Motivation für sein Verhalten findet sich in einem starken Sicherheitsbedürfnis. Es möchte perfekt sein und ist selbst sein größter Kritiker. In der Schule möchte es eher nicht auffallen, zeigt sich oft sehr angepasst und versucht, es dem Lehrer und den Mitschülern recht zu machen. So kann es auch zum Mobbingopfer werden. Es ist schon früh gesundheitsbewusst und kann Ängste entwickeln, krank zu werden.

Unterstützung: Eine Gefahr sollte im Auge behalten werden: Das Kind bietet sich förmlich an, ausgenutzt zu werden, zum Beispiel als frühe Haushaltshilfe oder als Aufpasser für kleinere Geschwister. Auch Geschwister nutzen die Dienste eines Jungfraumondkindes gern aus. Da es gern erwachsen sein möchte (weil die Erwachsenen vermeintlich alles unter Kontrolle und keine Angst haben), versucht es, jede ihm gestellte Aufgabe perfekt zu erledigen. Hilfreich für das Kind ist es, wenn ihm gezeigt wird, dass nicht alles perfekt sein muss, dass man aus Fehlern lernen kann. Das gilt auch, wenn im Zeugnis mal eine etwas schlechtere Note zu finden ist.

Der bekannte Astrologe Hajo Banzhaf sagte immer, dass ein Fehler zeigt, dass etwas fehlt. Wenn zum Beispiel ein Schreibfehler gemacht wird, fehlt das Wissen, wie das Wort richtig geschrieben wird. Verhält sich das Kind im Streit mit einem anderen Kind falsch, macht es dabei Fehler, dann fehlt ihm das Wissen, wie es sich in dieser Situation verhalten soll. Unterstützend ist es, wenn die Eltern in diesem Sinne mit dem Kind über seine Fehler, über sein Nichtperfektsein sprechen und ihm erklären, dass ein Fehler eine Chance sein kann, es in Zukunft richtig zu machen. Das gibt ihm dann die Erlaubnis, weniger kritisch mit sich zu sein.

Mond in Waage

Bedürfnis nach Harmonie, Ausgleich, Geborgenheit. Hier ist noch einmal zu betonen, dass das Waagemondkind Streit und Disharmonie kaum ertragen kann. Unbewusst ist es immer am Schlichten, auch wenn es gar nichts mit dem jeweiligen Konflikt zu tun hat. Das bezieht sich sowohl auf die Familie als auch auf Schulkameraden und Freunde. Es ist ein kopfgesteuertes Kind, das nicht unbedingt Kontakt zu seinen Gefühlen und seiner Befindlichkeit hat. Insofern lebt es angepasst, um das Gleichgewicht, die Ausgeglichenheit in der jeweiligen Beziehung nicht zu gefährden. Vor allem will es immer «liebes Kind» bei den Eltern sein. Unter Geschwistern ist es sicher sehr bemüht, das «pflegeleichteste» Kind zu sein. Daher ist die Gefahr wirklich groß, dass es sich genau in die Richtung verbiegt, in die die anderen es haben wollen. Anfangs ist es sicher ein problemloses Kind, da es sich ganz den Eltern anpasst. Später kann es dadurch zum Ja-Sager werden. Es liebt vielfältige, doch eher oberflächliche Kontakte. Da es konfliktscheu ist, neigt es eventuell dazu, Lügen oder Ausflüchte zu benutzen.

Unterstützung: Das Kind versucht, nicht mit Willen, sondern mit Charme durchs Leben zu kommen. Es versucht, zu verführen, um nicht durch klare Willensäußerung Disharmonie herzustellen. Deshalb sollte nicht seinem Charme nachgegeben werden, sondern man sollte ihm Widerstand entgegensetzen, damit es lernt, seine eigenen Ansichten und seine eigenen Willen zu spüren. Zugleich muss aber vermittelt werden, dass es geliebt wird, auch wenn es anderer Meinung ist, dass Schimpfen keinen Liebesverlust nach sich zieht. Kein «Ist mir egal» durchgehen lassen!

Mond in Skorpion

Bedürfnis nach Intensität und Tiefe. Das Kind zeigt ein tiefes Gespür für Wahrheit und Unwahrheit sowie ein instinktives Gefühl für Macht. Tabus, Geheimnisse, schaurige Geschichten, überhaupt das «geheime Leben der Erwachsenen» faszinieren und beschäftigen es. Es will alles wissen und ist sehr kontrollierend, zeigt aber selbst wenig von seinem Innenleben. Wird dort nachgebohrt, geht es meist in heftigen Widerstand. Es ist gefühlsintensiv bis theatralisch. Teilweise lebt es mit einer tiefen Angst, nicht liebenswert zu sein. Die Astrologin Anita Cortesi schreibt, dass das Kind manchmal deutlich, manchmal vage die Schattenseiten des Skorpions in sich spürt und fürchtet, deshalb nicht geliebt zu werden.

Beziehungen zu anderen Kindern können sich schwierig gestalten, da es häufig misstrauisch oder manipulativ ist. Ein offener Wettstreit mit anderen ist uninteressant, es liebt eher subtile Machtausübung. Stößt das Kind auf Widerstand, der subtil oder manipulativ nicht zu brechen ist, kann es äußerst destruktiv reagieren. Jegliche Unwahrheit wird als Vertrauensbruch empfunden und fördert sein Misstrauen, wobei es sich selbst nicht immer so sehr an die Wahrheit hält.

Unterstützung: Es ist mir hier nochmals wichtig, darauf hinzuweisen, dass die größte Unterstützung für das Kind ist, ihm bedingungslose Liebe entgegenzubringen. Wenn das den Eltern manchmal schwerfällt, weil es sehr (heraus-)fordernd sein kann, ist es hilfreich zu wissen, dass es einen großen Reichtum an innerer Tiefe und innerer Schönheit besitzt. Schon das Kleinkind stellt häufig Fragen, die den Eltern peinlich oder zu intim sind. Aber genau an diesen Dingen ist es sehr interessiert. Fragen, seien sie noch so anstrengend, sollten ernst und gewissenhaft beantwortet werden. Wenn das Kind durch die Reaktion der Eltern spürt, dass sein Interesse an Geheimnissen, Tabus, Sexualität, Intimität oder auch Geld andere peinlich berührt, hört es wahrscheinlich auf zu fragen, doch nicht, darüber nachzudenken. So kann es passieren, dass diese Themen ins Unterbewusste abgedrängt werden und dort ein gefährliches Eigenleben führen. Die Gefahr ist auch groß, dass andere Personen die Fragen genauer beantworten, als den Eltern lieb ist.

Im Umgang mit anderen Kindern ist es immer wieder hilfreich, das Verhalten des Kindes zu beobachten, zu loben, was es gut macht, und mit ihm eingehend zu besprechen, wenn sein Verhalten das andere Kind verletzt hat. Andererseits ist es selbst leicht verletzbar, deshalb sollte darauf geachtet werden, dass schwierige Ereignisse des Tages vor dem Schlafengehen zur Sprache kommen können. Jedoch, wie oben erwähnt, nicht nachbohren, wenn das Kind auf liebevolle Nachfrage nicht antworten will – es fühlt sich sonst in seiner Intimsphäre verletzt.

Mond in Schütze

Bedürfnis nach Gerechtigkeit, Wissen und Sinnfindung. Das Schulkind hat hohe Erwartungen an das Leben und ein starkes Gefühl seiner eigenen Besonderheit. Es denkt in seinem Optimismus, dass ihm alles in den Schoß fällt, dass das Leben jeden Tag nur Wunderbares bereithält. So ist die Enttäuschung groß – und sie beginnt häufig mit der Schulzeit –, wenn das Kind bemerkt, dass es sich um etwas bemühen muss. Es geht im Allgemeinen gern zur Schule, solange sie keine Mühe bereitet. Etwas zu erarbeiten, macht ihm keinen Spaß und es verliert schnell die Lust. Da das Kind ein starkes Gerechtigkeitsempfinden hat, nicht nur für sich selbst, sondern auch für andere, setzt es sich meist für die Gerechtigkeit ein. Dies kann zu Schwierigkeiten mit Kindern oder auch Erwachsenen führen, die sich angegriffen fühlen.

Ein elfjähriges Schützemondmädchen führte regelmäßig regelrechte Streitgespräche mit der Lehrerin, wenn diese Mitschülerinnen nach Meinung des Mädchens ungerecht behandelt hatte. Die Eltern mussten immer wieder als Vermittler zwischen Lehrerin und Kind gehen, denn das Mädchen empfand manchmal eine heftige Abneigung gegen die Lehrkraft.

Meist ist ein Schützemondkind sehr tierlieb, sodass es auch Unrecht Tieren gegenüber fast nicht ertragen kann.

Sehr interessiert ist das Kind an fremden Ländern, fremden Völkern. Bücher darüber, Atlanten, Fernsehsendungen in dieser Richtung gefallen ihm sehr. Es ist besonders reiselustig.

Schon früh gehen seine Fragen in Richtung «Sinn», was überfordernd für Eltern sein kann, wenn sie selbst nicht über Sinnhaftigkeit nachdenken.

Unterstützung: Es ist keine leichte Aufgabe für die Eltern, das Kind an die Enttäuschungen heranzuführen, die die Realität des Lebens bereithält. Dazu gehört unbedingt, ihm zu vermitteln, dass auch Aufgaben verrichtet werden müssen, die ihm nicht leichtfallen. Dass es sich auch mühsam etwas erarbeiten muss. Dass etwas getan werden oder unterbleiben muss, auch wenn es den Sinn dahinter nicht versteht.

Wenn sich das Kind in Ungerechtigkeiten «verbissen» hat, reagiert es zunächst mit Unverständnis, später mit Widerstand. Es ist ihm daher frühzeitig zu vermitteln, dass es Ungerechtigkeit gibt und es sich nicht zum Anwalt aller ungerecht Behandelten machen muss.

Mond in Steinbock

Bedürfnis nach Klarheit, Regeln, Verantwortung. Das ernste und verantwortungsbewusste Steinbockmondkind meint häufig, dass es sich Liebe und Zuwendung erst verdienen muss, dass es nicht wert ist, um seiner selbst willen geliebt zu werden. Es neigt viel zu früh dazu, Verantwortung zu übernehmen, vor allem, wenn ein Elternteil krank ist oder versagt. So bietet es in schwierigen Situationen – auch in der Schule oder unter Mitschülern – seine Hilfe an und überfordert sich häufig selbst. Auch Mitschülern gegenüber ist es häufig buchstäblich der Packesel und wird daher öfters ausgenutzt. Es liebt Pünktlichkeit und ist selbst sehr pünktlich.

Unterstützung: Das Kind hat ein ausgeprägtes Bedürfnis danach, immer wieder mal allein zu sein, und das sollte von den Eltern und den Geschwistern auch respektiert werden. Wenn es allein in seinem Zimmer sein möchte, sollte ihm das erlaubt sein und die Geschwister sollten angehalten werden, nicht zu stören.

Das Kind hat einen sehr hohen Anspruch an sich selbst und strebt nach Höherem. Dadurch setzt es sich sehr schnell unter Leistungsdruck. Durch zusätzlichen Druck von außen entsteht Überforderung. So ist es hilfreich, den selbst gesetzten Druck eher wegzunehmen als zu forcieren. Das Kind ist sehr gewissenhaft, deshalb sollte zwischen Schule und Hausaufgaben beispielsweise eine Spielpause eingeschoben werden. Da es sehr ernsthaft durchs Leben geht, sollten ihm die freudigen, leichten, oberflächlichen Seiten des Lebens nahegebracht werden.

Mond in Wassermann

Bedürfnis nach Besonderheit, Freiheit, Freiwilligkeit. Schon das Schulkind kann ein Nestflüchtling sein. Es will sich nicht bemuttern lassen und strebt nach Selbstständigkeit. Sein Wunsch, etwas Besonderes zu sein, ist manchmal so groß, dass es sich oft auf etwas nicht einlässt, aus Angst, dadurch seine Besonderheit zu verlieren. Es liebt den eher oberflächlichen Gesprächskontakt und öffnet sich nur tiefer, wenn und wann es will. Auch freundschaftliche Kontakte sind sehr erwünscht, doch dürfen sie nicht allzu eng werden.

Sport und viel Bewegung gehören nicht zu seinen Lieblingsbeschäftigungen. Dafür aber geistige Bewegung und geistiger Wettstreit. Das Kind liebt technische Spiele, vor allem Computerspiele, Chemiebaukästen, alles, was knallt. Es ist ein kleiner Entdecker, ein kleiner Forscher. Spiele, in denen es etwas zu entdecken gibt, begeistern.

Unterstützung: Wie oben erwähnt, öffnet das Kind sein Innerstes nicht leicht und nur, wenn es freiwillig ist. Wenn das Kind über ein Problem sprechen möchte, sollten sich die Eltern möglichst sofort Zeit nehmen oder einen späteren Zeitpunkt für das Gespräch versprechen, der aber unbedingt einzuhalten ist. Ist der Grund der Verschiebung für das Kind einsehbar, wird es sich auch später öffnen.

Der Mittelweg zwischen der Anpassung an die Realität und seinem Drang nach Individualität und Freiheit ist nicht einfach zu finden, doch sollte ihm möglichst ein weiter Raum zur Verfügung gestellt werden. Bei zu heftigem Drang nach Besonderheit und Freiheit ist aber eine Grenzsetzung notwendig, wobei das Kind sachlichen Argumenten zugänglich ist. Wichtig ist immer wieder die Frage, wer seine Freunde sind und in welchen Gruppen es sich bewegt, damit keine Überheblichkeit und kein Abheben in eine Art Gruppendünkel entstehen.

Mond in Fische

Bedürfnis nach Geborgenheit in einem wohltuenden Familienkreis. Das Schulkind ist «dünnhäutig» und dadurch leicht verletzbar. Es hat eine «Künstlerseele», die weit offen alles aufnimmt, was in seiner Umgebung stattfindet. Daher kann es unter ruppigen Schulkameraden leiden, selbst wenn es gar nicht betroffen ist, denn es leidet mit dem anderen mit. Es ist eher ängstlich, zurückhaltend und verträumt. Wie schon das Kleinkind nimmt auch das Schulkind unvermindert die Stimmungen seines Umfeldes auf. Es ist sehr kreativ. Vielleicht möchte es ein Instrument spielen (aber ohne Druck, ohne elterlichen Ehrgeiz). Es lebt in einer sehr intensiven Gefühlswelt und über das Instrument kann es seine Gefühle ausdrücken.

Unterstützung: Wirklich hilfreich ist es, keine Unstimmigkeiten unter den Teppich zu kehren. Das Kind spürt das und leidet unter der Unklarheit. Konflikte, schlechte Stimmungen sollten angesprochen werden. Das Kind muss wissen, dass es nicht dafür verantwortlich ist. Wenn ihm etwas nicht gefällt, taucht es ab und baut sich eine Wunschwelt auf. Deshalb ist es unterstützend, wenn es zu regelmäßigen Aufgaben im Alltag herangezogen wird. Dabei ist wiederum darauf zu achten, dass es nicht ins Träumen gerät. Hausaufgaben sollten hintereinander gemacht werden, ohne Traumphasen dazwischen. Kleine Belohnungen, wenn es im Alltag besteht, helfen sehr. Da das Kind schwer Nein sagen kann, sollte immer wieder spielerisch geübt werden, den eigenen Standpunkt zu vertreten.

Die persönlichen Planeten beim Schulkind

Schon kurz vor dem Schuleintritt ist zu beobachten, dass im Gegensatz zum Kleinkind nun auch Merkur und Mars eine deutliche Zeichenfärbung annehmen und es daher sinnvoll wird, sie nicht mehr nur im

Element, sondern in den Zeichen zu deuten. Interessant ist, dass schon bei Kindern häufig ein «männlich» oder «weiblich» geprägtes Denken zu bemerken ist. Mit männlich meine ich ein analysierendes, in einzelne Fakten zerlegendes Denken, ein Interesse an schnellen Lösungen, das häufig bei Merkur in Feuer- oder Luftzeichen zu finden ist. Als weiblich bezeichne ich ein integrierendes, an Zusammenhängen interessiertes Denken, das eher beobachtend als lösungsorientiert ist. Es findet sich hauptsächlich bei Merkurstellungen in Erd- oder Wasserzeichen.

Merkur

Merkur in Widder

Sein Ich steht im Mittelpunkt der Welt, das Kind denkt sehr subjektiv, der Schritt in die Objektivität fällt schwer. Logisches und kausales Denken mag es nicht so gern. Es diskutiert gern und lautstark und äußert spontan und direkt seine Meinung. Es denkt schnell, doch häufig nicht zu Ende. Es kann vorlaut, frech und streitlustig sein und fängt dabei schnell an zu schreien. Interesse zeigt das Kind für Sportsendungen und alles, was sich bewegt und Lärm erzeugt, wie Autos, Motorräder, Flugzeuge, Lkw, Bagger.

Bevorzugtes Lernverhalten: Das Kind lernt nur richtig gut, wenn es selbst will, wenn es freiwillig ist, bei Zwang wird es eher störrisch. Es hat wenig Geduld beim Zuhören und beim Lernen, deshalb weiß es auch oft nur halbe Sachen.

Merkur in Stier

Hier hat das Kind eher Zugang zum objektiven Weltbild. Es denkt logisch, kausal, langsam und gründlich. Die Stärke des Kindes ist seine praktische Intelligenz und die Umsetzung seiner Gedanken in die Tat. Dabei denkt und handelt es in vertrauten Bahnen und benötigt Zeit, um sich an neue Gedanken zu gewöhnen. Das Kind kann eigensinnig, stur und wenig flexibel sein. Das Kind interessiert sich für Pflanzen und Tiere, für den Garten, Malen, Basteln, später vielleicht für Kochen. Etwas zu sammeln, kann sehr befriedigend sein.

Bevorzugtes Lernverhalten: Das Kind lernt nur richtig gut, wenn «es etwas bringt», zum Beispiel vor einer Prüfung. Sonst ist es eher träge bei Lernen und Hausaufgaben.

Merkur in Zwillinge

Merkur ist hier in seiner absoluten Stärke, das Kind lernt leicht und gern, aber häufig nicht gründlich genug. Schon früh zeigt sich seine Vielseitigkeit im mündlichen und schriftlichen Ausdruck. Durch seine weit gestreuten Interessen läuft es Gefahr, Dinge oberflächlich zu bearbeiten. In der Schule kann es durch Schwätzen oder Zerstreutheit auffallen. Sein Interesse liegt eindeutig in der Kommunikation: telefonieren, lesen, reden, fernsehen, in Kontakt mit vielen Menschen sein.

Bevorzugtes Lernverhalten: Das Kind lernt meist gut, gern und freiwillig, aber häufig nicht gründlich genug.

Merkur in Krebs

Das Kind hat Schwierigkeiten, ein objektives und kausales Weltbild zu finden. Es erfühlt oder erspürt die Dinge zuerst, bevor es sie intellektuell begreift. Es ist sehr fantasievoll, seine Sprache besteht oft aus Bildern und Gleichnissen. Es beobachtet gut und erkennt Zusammenhänge. Auffallend ist, dass es schon früh beginnt, für andere mitzudenken. Dies kann sich zum Beispiel in der Schule in Einsagen oder Vorsagen zeigen, wenn ein Mitschüler nicht weiterweiß.

Bei so viel Fantasie verschwimmen ihm manchmal die Grenzen zwischen «Dichtung und Wahrheit». Es ist leicht zu beeinflussen. Interessant findet das Kind, seine eigenen und die Gefühle anderer wahrzunehmen, darüber zu fantasieren und Geschichten daraus zu machen. Lieder, Songs, Musik, selbst produziert oder aus der Konserve, sowie Filme von Prinzessinnen und Prinzen, von fantastischen Geschichten ziehen es an.

Bevorzugtes Lernverhalten: Das Umfeld muss stimmig sein, dann lernt es gern und gut. Doch häufig träumt es sich weg.

Merkur in Löwe

Das Kind denkt in eher großzügigen Kategorien und hat nicht viel Lust, sich mit Einzelheiten zu beschäftigen. In der Schule ist dies nicht immer von Vorteil, denn Genauigkeit im Denken und Sprechen findet es fast unter seiner Würde. Als Motor und Motivator ist es aber bei Mitschülern und Lehrern beliebt. Das Kind hat Organisationstalent, seine Ideen werden häufig anerkannt und (von anderen) umgesetzt. Wenn allerdings sein manchmal arg großspuriges Denken oder Reden überhandnimmt, wird es möglicherweise von anderen gemieden. Es kann überhaupt keine Kritik vertragen, teilt aber gern aus. Sein Interessengebiet liegt schon früh auf der «Luxusschiene» (etwas haben, was andere nicht haben). Es freut sich an allem, was seine Kreativität anregt oder wo es sich zeigen kann, zum Beispiel Theater, sowohl als Zuschauer als auch als Darsteller (wenn es nicht gerade mit einer Jungfrausonne ausgestattet ist). Alles Abwechslungsreiche liebt es.

Bevorzugtes Lernverhalten: Das Kind ist interessiert daran, immer Neues zu lernen, doch muss es spannend und abwechslungsreich sein. Bei Gleichförmigkeit, wie Vokabeln lernen, verliert es schnell die Lust.

Merkur in Jungfrau

Hier ist ein unbestechlicher, realistischer Merkur am Werk, der klar unterscheidet, was nützlich ist, was nicht und was gebraucht wird oder nicht. Für seine Besonnenheit kann das Kind von seinen Mitschülern geachtet werden, geht aber sehr kritisch mit sich und anderen um (auch mit Lehrern). Im Gegensatz zu Merkur in Löwe hat dieses Kind große Freude am Detail und viel Geduld, etwas zu Ende zu denken. Es versucht, sich präzise auszudrücken. Möglich ist aber auch, dass es sich in Einzelheiten verliert. Dass es beispielsweise in einer Schulaufgabe oder einem Test an der ersten Frage hängen bleibt und dadurch keine Zeit mehr hat, die anderen zu beantworten. Es kann sehr neidisch und unzufrieden sein. Das Kind interessiert sich manchmal schon früh für gesundheitliche oder medizinische Fragen. Auch handwerkliche oder analytische Tätigkeiten gefallen ihm. Spiele wie «Der kleine Handwerker» oder «Der kleine Chemiker» findet es sicher gut.

Bevorzugtes Lernverhalten: Das Kind lernt, wenn es das Gelernte anwenden, brauchen kann. Wenn das Wissen seiner Meinung nach unnütz ist, ist es nicht motiviert.

Ein hochbegabter Junge mit Sonne und Merkur in Jungfrau, der aber wie viele Hochbegabte in der Schule sehr schlecht war, fragte mich einmal allen Ernstes, ob ich wüsste, warum er Erdkunde lernen sollte, wo doch jeder Ort der Welt durch geeignete Straßenkarten auffindbar sei.

Merkur in Waage

Da das Kind ganz auf Harmonie ausgerichtet ist, kann es sich schwer entscheiden. Ist es dann zu einer Entscheidung gekommen, denkt es sicherlich bald danach wieder um («Es könnte ja auch ganz anders sein.») und der Denkprozess beginnt von Neuem. Dies ist bei Hausaufgaben, Tests oder Schulaufgaben häufig hinderlich, da es nicht bis zum Ende «durchkommt» oder schon (auch richtig) Geschriebenes wieder durchstreicht. Es legt Wert auf einen gepflegten Sprach- und Schreibstil, Kraftausdrücke sind ihm eher fremd. Es will niemanden durch Worte verletzen. Durch seine Scheu vor Konflikten passt es sich schnell anderen Meinungen an. Im Streit ist es eher defensiv. Teils geschwätzig. Sein Interesse liegt sicher im Austausch und Spiel mit anderen, in Freundschaften. Schöne Dinge gefallen ihm.

Bevorzugtes Lernverhalten: Alles, was theoretisch ist und nicht unmittelbar angewendet werden muss, wird gern gelernt. Muss in den Lernstoff tiefer eingestiegen werden, um etwas wirklich zu begreifen, verliert das Kind schnell die Lust. Es lernt in Gesprächen und durch Gespräche.

Merkur in Skorpion

Meist hat das Kind einen scharfen Verstand, den es bohrend und entschlossen einsetzt. Es will den Dingen und Situationen auf den Grund gehen und schießt dabei manchmal über das Ziel hinaus. Ältere Kinder können sich buchstäblich in eine Gedankenfolge verbeißen und vergessen dabei das Eigentliche. Dies kann zum Beispiel zu Themaverfehlungen in Schulaufgaben führen. Oft findet sich eine sehr direkte, mitunter konfrontative Wortwahl und Sprache, mit der das Kind sich unbeliebt machen kann bei Mitschülern wie bei Lehrern. Es ist sehr undiplomatisch. Im ungünstigsten Fall kann es versuchen, geradezu fanatisch seine Vorstellungen durchzusetzen. Möglicherweise versucht es, durch Manipulation sein Ziel zu erreichen. Interessiert ist das Kind an allem, was geheimnisvoll ist oder scheint, an Tabus, zum Beispiel die finanziellen Verhältnisse der Eltern, oder an sexuellen Themen und eigentlich an allem, was verboten ist. Sein Interesse an Verbotenem wird vor dem Hintergrund der Herausforderung verständlich. Halloween, Kinderkrimis, Detektivgeschichten, die Erforschung von «unheimlichen Orten» zusammen mit seiner «Bande» gefallen ihm.

Bitte beachten, sehr wichtig: Es kann aber auch sein, dass das Kind sich zwar für alles oben Angeführte sehr interessiert, sich aber auch sehr davor ängstigt.

Bevorzugtes Lernverhalten: Herausforderungen, also etwas, was es nicht weiß, spornen das Kind an. Dabei kann es extremes Verhalten an den Tag legen, einmal lernt es verbissen und ein andermal gar nicht. Es muss dazu in der Stimmung sein.

Merkur in Schütze

Das Kind zeigt sich vielseitig interessiert und aufgeschlossen allem neuen Wissen gegenüber. Es ist sprachbegabt und lernt leicht. Teilweise sucht es schon früh nach dem Sinn hinter den Dingen. Durch seinen Optimismus denkt es oft, es wird schon irgendwie gehen, und schafft es auch, sich durchzumogeln. Die Gefahr in der Schule ist, dass es dadurch den Moment verpasst, an dem es etwas nicht mehr weiß und wirklich mit dem Lernen beginnen muss. Es kann sehr besserwisserisch und sehr überzeugt von sich und seinem Wissen sein. Das Kind ist beinahe an allem interessiert, was die weite Welt, das Reisen, andere Völker betrifft. Häufig findet sich auch ein ausgeprägtes Interesse für religiöse Themen.

Bevorzugtes Lernverhalten: Das Kind lernt begeistert und vertraut darauf, auch alles zu verstehen. Es verliert aber schnell die Lust, wenn es wirklich anstrengend wird.

Merkur in Steinbock

Hier sind konsequentes Denken und gute Konzentration mit hoher Fähigkeit zur Selbstkritik zu finden. Die Gefahr ist, dass sich das Kind in einen Gedanken buchstäblich verbohrt und dabei in eine ernste, trübsinnige Stimmung gerät. Auch mit komplexeren Gedankengängen, die es geradlinig verfolgt, kann es gut umgehen. Es versucht, sich so präzise auszudrücken, dass es dabei manchmal etwas umständlich wirkt. Es interessiert sich sehr für die Funktionsweise von Dingen. So kann es sein, dass ihm zum Beispiel ein Kinderlexikon gefällt, das ihm die Funktionsweise von Apparaten erklärt, oder dass es sich freut, den Dingen praktisch, also durch Auseinandernehmen, auf den Grund zu gehen.

Ein etwas älterer Junge mit Merkur in Steinbock war fasziniert von alten Radios, alten Fotoapparaten oder alten Uhren, die er sorgfältig zerlegte, um ihr Innenleben und ihre Funktionsweise zu erforschen.

Bevorzugtes Lernverhalten: Geduldig und beharrlich verfolgt das Kind sein Lernziel, nie ganz zufrieden mit seinem Erfolg. Es kann sich in Einzelheiten verlieren.

Merkur in Wassermann

Das Kind zeigt sich allem Neuen gegenüber aufgeschlossen. Wissbegierig nimmt es jede Anregung in sich auf und versucht, sie auf seine eigene Weise «weiterzuspinnen».

Es zeigt große Lust am Denken an sich und nutzt dabei auch seine intuitiven Fähigkeiten. Schon früh zeigt sich seine tolerante Einstellung. Manchmal bleibt es zu sehr in der Theorie verhaftet und vergisst dabei zu prüfen, ob eine Umsetzung möglich ist. Bei entsprechender Umgebung entsteht ein ausgeprägt elitäres Denken. Früh findet man bei diesem Kind ein Interesse an futuristischen Themen, Flugobjekten, Zukunftsromanen oder Büchern wie «In 80 Tagen um die Welt» oder «20 000 Meilen unter dem Meer» von Jules Verne. Außerdem interessiert es sich für alles Elektronische, wie Computer und Internet.

Bevorzugtes Lernverhalten: Das Kind lernt nur freiwillig und nach eigener Methode. Vielfach ist das Kind zerstreut und unwillig, sich in den Lernstoff zu vertiefen.

Merkur in Fische

Theoretisches, abstraktes Denken fällt dem fantasiebegabten, sehr einfühlsamen Kind schwer. Deshalb ist die Gefahr groß, dass es, wenn es etwas nicht sofort begreift, sich einfach wegträumt in eine heile Welt. Sachzwänge, wie Hausaufgaben oder Schulranzen packen, sind ihm schwer zugänglich und sollten immer wieder geübt werden. Es denkt in Bildern und kann sich ausgezeichnet über Malen oder Musik ausdrücken. Manchmal schwindelt das Kind, um sich aus zu engen Situationen zu befreien, und glaubt diesen Schwindel meist selbst.

Bitte beachten, sehr wichtig: Das Kind ist weder dumm noch unwillig, es kommuniziert nur mit anderen Mitteln. Lernen ist aber meist Kommunikation von theoretischen Themen und auch die will erst gelernt werden.

Das Kind ist interessiert an Film, Fernsehen, Kindersendungen im Radio, alles, was zum Träumen einlädt, entsprechende Bücher, Märchen, fantastische Geschichten, vielleicht auch daran, selbst zu malen oder ein Instrument zu spielen.

Bevorzugtes Lernverhalten: Langsam, da das Kind zwischendurch immer wieder in Träumereien abgleitet. Es ist sehr aufgeschlossen für Analogien oder praktische Beispiele, denn sie erleichtern sein Verständnis für die Theorie.

Ein Kind mit Merkur in Fische konnte die Theorie der Multiplikation, 3 x 4 = 12, erst richtig begreifen, als ihm gezeigt wurde, dass ein Rechteck im Rechenheft mit drei Kästchen Länge und vier Kästchen Breite das gleiche Ergebnis liefert. Hier konnte es das Ergebnis, zwölf Kästchen, ganz praktisch abzählen.

Rückläufiger Merkur

Der rückläufige Merkur wirkt sich meist schwierig in der Schulzeit aus, denn das Kind scheint auf einer logisch nicht erfassbaren, wohl intuitiven Ebene zu denken. Das Kind neigt dazu, sich für dumm zu halten, da es Kommunikation als etwas sehr Anspruchsvolles erlebt, denn häufig sind andere (deren Merkur nicht rückläufig ist) im Denken und Sprechen schneller und gewandter.

Unterstützung: Hilfreich ist es, immer wieder mit dem Kind zu üben, es aufzufordern, schwierige Dinge zu erklären, seine Meinung zu äußern, Geschichten zu erfinden oder nachzuerzählen. Vielfach lernt es mit viel zu hohem Einsatz und Ehrgeiz, deshalb sollte sein Lernverhalten von den Eltern gut beobachtet und im Bedarfsfall in vernünftige Bahnen gelenkt werden.

Venus

Je älter ein Kind wird, desto klarer tritt Venus sowohl in ihrer Symbolik als Beziehungsplanet als auch in ihrer Symbolik als «Wellnessplanet» hervor. Mit dem Wort «Wellnessplanet» möchte ich auf die Eigenschaft von Venus hinweisen, uns anzuzeigen, was das Kind braucht, um sich wohlzufühlen. Sie steht für alles, was nicht unbedingt notwendig ist, was aber das Leben des Kindes sicher bereichert und ihm Freude bringt, vor allem auch im Schulalltag.

Venus symbolisiert unser musikalisches Vermögen und unsere Lust am Musizieren. Gleichgültig, ob das Kind musikalisch begabt ist oder nicht, alle Kinder hören gern Musik und machen vor allem auch selbst gern Musik. Dazu ist nicht unbedingt ein Instrument notwendig, denn wir alle tragen immer ein Instrument bei uns – unsere Stimme. Singen ist kostenlos und jede Mutter, jeder Vater kann singen (es muss ja nicht bühnenreif sein). Einfache Rhythmusinstrumente sind preiswert und vermitteln dem Kind Sicherheit in der Körperbeherrschung. Deshalb hier meine Aufforderung an alle Eltern, in ihrem Kind die musikalische Seite zu wecken, ohne Erwartungen, dass ein neuer Mozart oder eine neue Tina Turner heranwächst, sondern ausschließlich zum Vergnügen des Kindes.

Zur Beschreibung von Venus im Säuglings- und Kleinkindalter möchte ich hier Deutungsvorschläge speziell für die beiden Bereiche Beziehung und Wohlfühlen anfügen. Musik führe ich dabei nicht eigens auf, denn sie wird, wie gesagt, von allen Kindern geliebt.

Venus in Widder

In Beziehungen: Das Kind geht mutig Beziehungen ein und wagt es dabei auch, die Initiative zu ergreifen. Heftige Gefühle der Zuneigung oder Ablehnung können spontan zum Ausdruck kommen. Das Kind entscheidet dabei häufig auch endgültig, wen es mag und wen nicht. Dies kann einerseits zu einer Anhängerschar, andererseits aber auch zu Unbeliebtheit führen. Hat es sich für jemanden entschieden, so ist es bereit, für diese Freundschaft zu kämpfen und der Freundin oder dem Freund beizustehen.

Ein Mädchen mit einer Venus in Widder ging schon in der 2. Klasse spontan und offen auf neue Mitschüler zu und erleichterte ihnen damit den Einstieg in die Klasse. Dieses Verhalten behielt sie bei und wurde später, nicht zuletzt wegen dieser Eigenschaft, zuerst zur Klassen- und dann zur Schulsprecherin gewählt.

Doch kann das Kind auch die Bereitschaft zeigen, anderen den Freund, die Freundin auszuspannen oder eine Beziehung abrupt abzubrechen.

Unterstützung: Schwierig wird es, wenn das Kind spontan Lehrerinnen oder Lehrer ablehnt oder wenn es versucht, in Beziehungen rücksichtslos und egoistisch seine Vorstellungen durchzusetzen. Selbst die Eltern sind dem Wechselbad der Gefühle ihres Kindes ausgesetzt. Doch eines ist dabei besonders wichtig: Auch wenn das Kind im Streit und in hilfloser Wut schreit: «Ich hasse dich, ich mag dich nicht mehr», dann ist dies als eine spontane, auf den augenblicklichen Gemütszustand bezogene Aussage zu werten. Die Eltern sollten darauf der Situation angemessen reagieren und nicht aus ihrer Verletzung heraus überreagieren.

Gleichgültig, ob das Kind sich in einen anderen Menschen (das können auch Mutter oder Vater sein) heftig verliebt oder ihn heftig ablehnt, es bedarf vieler geduldiger Gespräche, um dem Kind Gelegenheit zu geben zu lernen, wie aus einer ersten, impulsiven Aussage über eine Beziehung eine überlegtere Aussage werden kann. In Beziehungen ist es dem Kind wichtig, etwas miteinander zu erleben.

Was es liebt: Da das Kind sich in seinem Verhalten etwas burschikos zeigt, liebt es auch Abenteuer. Wanderungen, auf denen es etwas erleben kann. Nachtwanderungen. Alles, was seine Aktivitäten fordert. Zeltlager. Ausstellungen, in denen es viele Knöpfe drücken kann, in der Musik mag es eher Schlagzeug als Flöte, beim Tanz eher Modern Jazz als klassisches Ballett. Beim Sport reizt der Wettbewerb.

Venus in Stier

In Beziehungen: Das Kind hält fest an Gewohntem in allem, auch in Beziehungen. Dadurch entsteht ein hoher Treueanspruch an den anderen und häufig ein völliges Unverständnis, wenn in einen Zweierbund noch ein Dritter aufgenommen werden soll. Es «richtet sich ein» in der Beziehung, es «wohnt» in ihr.

Unterstützung: Aus oben angeführtem Grund ist fast jede Veränderung in Freundschaften schwierig für das Kind, wobei besonders darauf zu achten ist, dass es darüber nicht ins Brüten gerät, sondern den Kummer ausspricht. In Beziehungen ist es dem Kind wichtig, etwas miteinander zu tun.

Was es liebt: Gemütlichkeit, Genuss. Alles, was mit Natur zu tun hat, Tiere, Pflanzen, ein eigenes Beet, einen eigenen Blumenstock. Ferien auf dem Bauernhof, es liebt die Berge eher als das Meer. Etwas, was es mit den Händen fertigen kann, Töpfern, Schnitzen, Kochen. Sport ist nicht gerade seine Passion. Teilweise ist es schon früh an Kunst interessiert.

Venus in Zwillinge

In Beziehungen: Freundschaften und Beziehungen sind dem Kind sehr wichtig, wobei es sich nur dann wirklich gut fühlt, wenn die Beziehung nicht zu eng ist. Dadurch kann der Eindruck von Kühle entstehen. Es ist beliebt durch seine Offenheit und Kontaktfreude, je mehr Freundinnen und Freunde, desto angesehener fühlt sich das Kind. Dabei kann die Freundin oder der Freund auch ruhig weiter entfernt wohnen, Hauptsache, es besteht verbaler Kontakt. In Beziehungen ist es dem Kind wichtig, miteinander zu reden.

Unterstützung: Hilfreich, wenn finanziell möglich, ist es sicher, wenn das Kind frühzeitig einen separaten Telefonanschluss bekommt, damit es den Eltern mit seinen Dauergesprächen nicht den letzten Nerv raubt. Ist das finanziell nicht machbar, sollten zur Erhaltung des häuslichen Friedens feste Telefonzeiten eingeführt werden, in denen das Kind angerufen werden darf oder selbst anrufen kann. Es besteht die Gefahr, dass das Kind seine Gefühle verdrängt oder bei emotionalem Kummer verkopfte Lösungen sucht. So sollte es von seinen Freundschaften erzählen dürfen, wobei die Eltern aufmerksam zuhören und immer wieder nachfragen sollten, wie es dem Kind in diesen Beziehungen geht, wie es sich fühlt, ob es sich und seine Gefühle spüren kann.

Was es liebt: Soziale Kontakte, in denen man sich austauscht, lesen, fernsehen. Neues, Neuigkeiten, Abwechslung. Sich nicht festlegen zu müssen. Cafébesuche, Jugendtreffs, Freizeitheime (für Kinder). Ferien in der Stadt, dort, wo was los ist.

Venus in Krebs

In Beziehungen: Dieses Kind zeigt sich geradezu ängstlich, sich auf Beziehungen außerhalb der Familie einzulassen. Es spürt wohl instinktiv seine starke Verletzlichkeit, da es sich so sehr nach Harmonie sehnt und sich die wunderbarste Freundschaft erträumt. Es hat sehr romantische Vorstellungen von Beziehungen. So ist es gegen Enttäuschungen nicht gefeit. Ist es dann eine Beziehung eingegangen, geht es sehr liebevoll und opferbereit und häufig zu sehr angepasst damit um. In Beziehungen ist es dem Kind wichtig, Gefühle miteinander zu teilen.

Unterstützung: Den Eltern ist zu empfehlen, die Freunde oder Freundinnen immer wieder einmal nach Hause einzuladen, um den Umgang der Kinder untereinander beobachten zu können. Der Kummer um zerbrochene Freundschaften sitzt tief und hält lange. Viel Verständnis für das Herzeleid des Kindes sollte dann aufgebracht werden.

Was es liebt: Häuslichkeit, bemuttert werden, Nestwärme, Vater-Mutter-Kind-Spiele, mit Puppen spielen. Häufig ist es schon früh begeistert von Musik und Konzerten. Musik- und Hör-CDs. Familienfeiern, Besuche innerhalb der Familie. Ferien am Wasser, Schwimmen, romantische Situationen, gefühlvolle Filme. Zelten mit der Familie.

Venus in Löwe

In Beziehungen: Ein Kind mit Venus in Löwe wählt meist Beziehungen, in denen es das Sagen hat, und will gern im Mittelpunkt stehen. Es ist deshalb manchmal nicht so beliebt bei Mitschülern, weil es sich auch bei Lehrern gern in den Vordergrund spielt. Als Freundin oder Freund ist es aber warmherzig und großzügig. Es wählt gern Freunde, auf die es stolz sein kann, und mag Menschen, von denen es gelobt wird. Zugleich lehnt es Leute, die es kritisieren, ab, weil es der Meinung ist, dass es von den Kritikern nicht gemocht wird. In Beziehungen ist es dem Kind wichtig, das Theatralische, die Selbstinszenierung miteinander zu teilen.

Unterstützung: Es ist sinnvoll für die Eltern, einer Aussage à la «Der Lehrer mag mich nicht» nachzugehen und den Lehrer beim Elternsprechtag persönlich kennenzulernen. Geht eine Beziehung zu Ende, zeigt das Kind seinen Kummer meist sehr theatralisch, doch ist er echt und muss ernst genommen werden.

Was es liebt: Alles, was einen Touch von Luxus hat, ein wenig extravagant ist, gleichgültig, ob Kleidung, Hobby, Ferienziel oder Fahrrad. Meist hat das Kind eine kreative Ader und liebt alles, worin es seine Kreativität ausdrücken und zeigen kann, Theaterspiel, Tanz, vielleicht hat es auch kunsthandwerkliches Geschick. Aber es geht auch gern ins Theater.

Venus in Jungfrau

In Beziehungen: Das Kind geht vorsichtig und abwartend auf Beziehungen zu, sehnt sich aber danach. Es geht Beziehungen zunächst meist von der praktischen Seite her an und will nützlich sein für die gewünschte Freundin oder den Freund. Manchmal kann es auch sehr gut abwägen, wann es eine Freundschaft für sich selbst nutzen kann. So lässt sich das Kind auch in Beziehungen von Vernunftgründen leiten. Anderen gegenüber ist es sehr hilfsbereit und zuverlässig, teilweise zu angepasst. Es leidet sehr, wenn eine Beziehung zerbricht, und hält lange daran fest.

Ein Junge mit Venus in Jungfrau hatte über mehrere Schuljahre einen «besten Freund», der sich seiner immer dann bediente, wenn es ihm genehm war. So ließ der Junge den Freund meist die Hausaufgaben abschreiben, er fuhr dessen Turnsack auf dem Rad nach Hause und bat seine Mutter häufig, dass der Freund bei ihnen zu Mittag essen und anschließend Hausaufgaben machen durfte. Als sich der Freund von dem Jungen ab- und einem anderen zuwandte, trat der Junge nach außen hin klaglos in die zweite Reihe. Der Freund verbrachte seine freie Zeit jetzt mit dem anderen, ließ sich aber immer noch von dem Jungen bedienen. Dieser meinte, solange er nützlich sei für den Freund, wäre er immer noch der Wichtigere, auch wenn es nach außen hin anders aussah. Er litt sehr unter der Situation, bis er sie endlich aufgeben konnte.

In Beziehungen ist es dem Kind wichtig, gemeinsam etwas Praktisches, etwas Vernünftiges zu tun.

Zwei Freundinnen, beide mit einer Venus in Jungfrau, erzählten mir, dass sie es als Kinder geliebt hätten, sich nach dem Mittagessen immer vor die eine oder andere Mutter hinzustellen und im Chor zu sagen: «Jetzt fegen wir die Stube aus» oder «Jetzt holen wir das Holz herauf».

Unterstützung: Hier ist darauf zu achten, dass das Kind seine Beziehungen nicht zu sehr der Vernunft unterordnet, sondern dass Spaß und Freude die Basis der Freundschaft bilden. Bemerken die Eltern, dass die Freundschaft nur aus falsch verstandener Treue und mit Opferbereitschaft aufrechterhalten wird, sind einfühlsame Gespräche notwendig, damit sich das Kind den Abbruch der Beziehung selbst erlauben darf.

Was es liebt: Schule spielen, Vater-Mutter-Kind-Spiele, Arzt-und-Patient-Spiele. Der Mutter im Haushalt, dem Vater beim Heimwerken zu helfen. Das Kind mag alles, was ordentlich und überschaubar ist. Es liebt es, perfekt zu sein, und bemüht sich sehr darum. Alles, was sauber, frisch und gesund ist.

Venus in Waage

In Beziehungen: Ähnlich wie bei Venus in Zwillinge will das Kind hier viele harmonische, liebevolle, aber distanzierte Beziehungen. Sein Anspruch dabei ist es, dass unter der Quantität nicht die Qualität der Freundschaft leiden darf. Daher kommt es dem anderen stark entgegen, meist, indem es ihm die Entscheidungen überlässt. So entstehen leicht schiefe Freundschaften, die sich relativ bald wieder auflösen. Die Lernaufgabe in Beziehungen besteht darin, Eigenes zu entwickeln und dazu zu stehen. In Beziehungen ist es dem Kind wichtig, das Schöne, auch das Schönmachen und die gegenseitige Zuwendung miteinander zu teilen.

Unterstützung: Hilfreich sind immer wieder Gespräche über das Thema: «Wie geht es mir in dieser Beziehung?», damit das Kind lernt, Nein zu sagen, auch zu Menschen, deren Zuneigung es nicht verlieren möchte.

Was es liebt: Alles, was ästhetisch und schön ist. Also auch früh schon, sich selbst schön zu machen, sich zu stylen. Das lieben die Jungen ebenso wie die Mädchen. Außerdem sind viele Kontakte erwünscht. Es kann sich schon früh eine Liebe zu Kunst und Kultur zeigen.

Venus in Skorpion

In Beziehungen: Das Kind braucht und liebt intensive Beziehungen, stark emotionale Freundschaften und ist bereit, zum absoluten Freund fürs Leben zu werden, der den anderen auch in größten Schwierigkeiten begleitet. Aber wie schon beim Kleinkind beschrieben, geht es auch beim älteren Kind meist um ausschließliche Beziehungen, treu nach Plutos Motto: Alles oder nichts. Gleichzeitig ist jede Beziehung sehr gefühlsgeprägt, entweder durch starke Zuneigung oder starke Ablehnung. Auf diese Weise fühlt sich das Kind den Beziehungen und seinen eigenen Gefühlen, vor allem wenn sie nicht erwidert werden, manchmal ohnmächtig ausgeliefert. Diese intensiven Gefühle des Ausgeliefertseins projiziert es dann häufig auf das Gegenüber und sinnt mitunter auf Rache.

Unterstützung: Wenn die Eltern bemerken, dass das Kind Schwierigkeiten mit Mitschülern hat oder nur schwer einen Freund, eine Freundin findet oder halten kann, dann ist es dringend notwendig, vorsichtig mit dem Kind darüber zu sprechen. Vorsichtig deshalb, weil das Kind nicht bedrängt werden mag und sich leicht verschließt, gleichzeitig leidet es aber sehr. Langsam will das Kind lernen, dass auch oberflächlichere, leichtere Beziehungen erfüllend und dauerhaft sein können und dass es eher eine Freundschaft behält, wenn es dieser Freiraum lässt. In Beziehungen ist es dem Kind wichtig, Ausschließlichkeit und Dramatik miteinander zu teilen.

Was es liebt: Es findet alles schön, was durch dramatische, gefühlsintensive Stimmung beeinflusst ist. Geheimnisvolles. Fahrten ins Bergwerk, Berichte oder Bücher über extreme Situationen, in denen «alles» gefordert wurde. Abenteuer, in denen es sich im Schutz der Eltern ein wenig gruseln kann.

Sehr wichtig: Mädchen, die sich zu früh erotisierend kleiden oder schminken möchten, sind in beinahe allen Fällen trotzdem *nicht* an Sexualität interessiert. Es ist sehr klar mit dem Mädchen zu besprechen, dass es Männer gibt, die ein solches Auftreten missverstehen oder missverstehen wollen. Thema muss dabei sein, ob es unbedingt zum Glück des Kindes notwendig ist, sich so zu kleiden oder zu schminken, und wenn ja, wie sich das Kind vor diesen Männern schützen und durchsetzen kann. Ein Verbot wird bei etwas älteren Kindern nicht so viel bewirken, da eine Venus in Skorpion dadurch eher herausgefordert wird.

Venus in Schütze

In Beziehungen: Das Kind ist gern in Beziehung, vor allem, wenn sie etwas außergewöhnlich ist. Stets wird es sich offen für ausländische oder etwas exotische Freundschaften zeigen, allerdings unter der Voraussetzung, dass ein gewisser Bildungsstand eingehalten wird. Solange es in Freundschaften Anerkennung, Beachtung und keine Kritik findet, bleibt es auch beständig. Es kann durch Rechthaberei anecken, setzt sich aber gleichzeitig stark für ungerecht behandelte Mitschüler oder Freunde ein. In Beziehungen ist es dem Kind wichtig, das Wissen und die Begeisterung miteinander zu teilen.

Unterstützung: Es gilt zu beobachten, ob das Kind sich rechthaberisch, selbstgefällig in Beziehungen verhält oder zu offen Fremden gegenüber ist. Sollte Ersteres der Fall sein, dann bitte einfühlsam das Kind auf die Konsequenzen seines Verhaltens Mitschülern oder Freunden gegenüber aufmerksam machen. Es ist sehr schnell stark gekränkt. Im zweiten Fall ist der Mittelweg zu wählen, damit das Kind nicht Angst vor Fremden bekommt, sich aber zurückhaltender verhält.

Was es liebt: Ferien in fremden Ländern, geistige und sportliche Herausforderungen, Situationen, in denen es seine Begeisterung ausleben kann. Bewegung. Es fühlt sich auch wohl, wenn seine Meinung gefragt ist und es seine Vorstellungen erzählen kann. Häufig liebt es religiöse Orte.

Venus in Steinbock

In Beziehungen: Das Kind erweist sich als sehr beständig und zuverlässig, wohl aus diesem Grund lässt es sich instinktiv lange Zeit, bis es eine Freundschaft eingeht. Sein gesamtes soziales Verhalten ist eher zurückhaltend, abwartend und beobachtend. Es ist eigentlich lieber allein als mit jemandem zusammen, den es nicht wirklich schätzt. Hier gibt keine «Notlösung» in Bezug auf Freundschaft. Dadurch besteht manchmal die Gefahr, dass es mehr allein ist, als ihm guttut. Das Kind geht überaus verantwortlich mit Freundschaften um und bezieht, wenn sich die Freundschaft auflöst, auch die Konsequenzen für den anderen mit ein. Dadurch bleibt es häufig in Beziehungen, die die andere Seite noch wünscht, hinter denen es selbst aber nicht mehr steht. In Beziehungen ist es dem Kind wichtig, Kameradschaft und Treue miteinander zu teilen.

Unterstützung: Bei dieser Konstellation ist es hilfreich, das Kind in Richtung Eigenverantwortung zu unterstützen. Verantwortung für das Wohlergehen der Freundin oder des Freundes zu übernehmen, ist ihm selbstverständlich, Verantwortung für das eigene Wohlergehen will es erst noch lernen.

Was es liebt: Es liebt Orte der Ruhe, der Stille und der Klarheit und mag die Natur, vor allem Berge. Das Kind liebt es auch, Verantwortung – in seinen Grenzen und Fähigkeiten – übertragen zu bekommen. Geschenke sollen möglichst praktisch und von Dauer sein. Uhren gefallen ihm besonders. Es mag auch als erwachsen und «für voll genommen» werden.

Venus in Wassermann

In Beziehungen: Dem Kind ist in Beziehungen seine persönliche Freiheit sehr wichtig. Es wünscht sich ebenbürtige Freunde, die genauso verrückt «ticken» wie es selbst. Es möchte lernen, in den Beziehungen zu seinen Mitschülern seinen ganz eigenen Stil zu leben und dafür anerkannt zu werden. Es liebt elitäre Beziehungen und wird wegen seiner etwas abgehobenen Art häufig für arrogant oder «spinnig» gehalten. Teilweise ist es unzuverlässig und sprunghaft. In Beziehungen ist es dem Kind wichtig, Verrücktheiten, Spleens, Besonderheiten und Ausgefallenes miteinander zu teilen.

Unterstützung: Die Gefahr, dass sich das Kind mit seiner eigenen Gefühlswelt in einen Elfenbeinturm zurückzieht, ist groß. Deshalb ist es unterstützend, ihm immer wieder das Sowohl-als-auch, das Sich-Einlassen in eine Freundschaft und zu gleich das Bewahren seiner Freiheit und Einzigartigkeit nahezubringen und möglich zu machen.

Was es liebt: Es mag immer Abwechslung, Verrücktes, alles, was nicht normal ist. Bunte, schräge Kleidung und Zubehör. Alles, was seine Freiheit nicht einschränkt. Es liebt rebellische Gedanken, Experimente und Situationen, in denen es herzhaft lachen kann. Spaß, Spiel und alles, was nicht ernst ist, sollten zu seinem Leben gehören. Elektrische und elektronische Geräte aller Art gefallen ihm und vor allem benimmt es sich gern immer wieder so, dass die anderen kurzzeitig geschockt sind.

Venus in Fische

In Beziehungen: Das Kind besitzt eine schier grenzenlose Hingabe- und Opferbereitschaft, wenn es einmal eine Freundschaft geschlossen hat. Dadurch ist die Gefahr groß, von anderen Kindern ausgenutzt zu werden. Auffallend ist auch, dass es sich sehr schlecht abgrenzen kann von den Erwartungen anderer und dadurch auch nicht richtig weiß, was ihm selbst wohltut. Es sorgt sich teilweise zu sehr um die Freundin, um die geliebte Lehrerin. Manchmal träumt es sich auch den idealen, liebevollen Freund herbei und spricht mit ihm, als wäre er real. In Beziehungen ist es dem Kind wichtig, Träume, Fantasien und Gefühle miteinander zu teilen.

Unterstützung: Viele Gespräche über die Bedeutung von Freundschaft und darüber, wie sehr es dabei auch auf sich achten darf, wo seine Grenzen dabei sind oder wie es in der Trennung bestehen kann, helfen ihm, mehr (Selbst-)Sicherheit zu entwickeln und nicht mehr so leicht verletzbar zu sein.

Was es liebt: Es hat eine große Liebe zum fantasievoll-künstlerischen Ausdruck, vielleicht durch Malen, Musik oder Geschichtenerzählen. Romantische, verspielte Situationen, Filme, Fernsehsendungen. Puppen, Kuscheltiere, auch noch, wenn es schon älter ist. Wasser, besonders das Meer, Bootfahren, am Fluss spielen. Für Väter, die gern angeln: Das Kind liebt zwar das Wasser, es liebt aber auch Tiere und nicht immer ist Angeln (auch wenn der Fisch wieder ins Wasser zurückgeworfen wird) das, was ihm guttut. Es leidet wahrscheinlich mit dem Fisch.

Rückläufige Venus

Die Erfahrungen in diesem Lebensabschnitt sind ähnlich dem Alter von 0 bis 6 Jahren (vgl. S. 101).

Es ist, als hätte das Kind eine vage Erinnerung, wie Beziehungen sein könnten oder sein sollten. Deshalb verhält es sich manchmal nicht angemessen zur augenblicklichen Situation. Manchmal mag es Nähe und ist zutraulich, manchmal ist es sehr zurückgezogen. Zuwendung, gleichgültig ob das Kind sie gibt oder erhält, scheint plötzlich zu viel zu sein. Wird es dann dazu genötigt, kann es sehr abweisend sein.

Unterstützung: Eltern dürfen dem Kind in solchen Situationen keinesfalls die Zuneigung entziehen, doch ist es empfehlenswert, dem Kind mitzuteilen, was sie bei so einem Rückzug empfinden. Da das Kind einen sehr eigenwilligen und eigenartigen Geschmack aufweisen kann, sollte es sich seinen eigenen Stil in Kleidung und Zimmer suchen dürfen. Es mag sein, dass dies den Eltern als ein etwas fremder, altmodischer Geschmack erscheint.

Eine Frau mit rückläufiger Venus erzählte mir, dass in den 80er-Jahren, als die gerüschten Laura-Ashley-Kleider so modern waren, ihr als

Kind «das Herz aufgegangen war», als die Mutter auf ihren Geschmack einging und ihr solche Garderobe kaufte.

Im Bezug auf Besitz reagiert das Kind mit rückläufiger Venus sehr unterschiedlich: Einmal will es etwas unbedingt haben und für sich allein behalten, dann verschenkt es dasselbe wieder großzügig.

Venus am absteigenden Mondknoten

Die Erfahrungen in diesem Lebensabschnitt sind ähnlich dem Alter von 0 bis 6 Jahren (vgl. S. 143).

Das Gefühl des Mangels wird vom Kind vor allem in Bezug auf Besitz erlebt. Es hat das Gefühl, nicht genug zu haben, an Materiellem oder auch an Ideellem. Nicht-Haben bezieht sich vor allem auf Freundschaften und andere Beziehungen oder auf den Selbstwert: «Ich habe keinen Wert.» Daher erhöht die «Anhäufung» von Freundschaften oder Besitztümern vermeintlich den Eigenwert. Dem Kind sind harmonische Beziehungen und Freundschaften das Wichtigste. Um sie zu erhalten, lebt es teils viel zu angepasst und versucht jeglichen Streit zu vermeiden oder sofort zu schlichten. Besitz ist beruhigend und wird angestrebt. Es umgibt sich gern mit schönen, auch unnützen Dingen (nur um zu haben) und legt meist sehr viel (manchmal viel zu viel) Wert auf Kleidung, Aussehen und Äußerlichkeiten. Wenn ihm etwas schmeckt, kann es weit über seinen Hunger hinaus essen. Sein Selbstwert kann übertrieben stark oder gar nicht vorhanden sein. Es kann sehr eifersüchtig und besitzergreifend sein. Bei Problemen flüchtet sich das Kind wahrscheinlich in Beziehungen, die ihm guttun (zum Beispiel zu den Großeltern), oder, wenn es schon Taschengeld bekommt, kauft es sich etwas gegen den Frust oder die Angst.

Unterstützung: Hilfreich ist es, das Kind im Lauf der Jahre darin zu stärken, seinen Selbstwert aus sich selbst, aus seinen Talenten und Fähigkeiten zu ziehen, damit es nicht so sehr auf die Zuneigung und Bewunderung von außen angewiesen ist.

Mars

Die Trotzphase ist die Zeit, in der das Kleinkind seinen Willen kennenlernt und erstmals versucht, ihn auch durchzusetzen, meist gegen die Eltern oder die nächste Umgebung. Das Schulkind muss lernen, sich durchzusetzen in der erweiterten Umgebung, vor allem gegen seine Mitschüler, jedoch muss es dabei auch soziale Verträglichkeit lernen. Jedes Kind braucht Widerstand, an dem es sich stoßen und reiben kann. Ein Kind, dem alles erlaubt ist, kann seine Durchsetzungskraft, seinen Mars, nicht entwickeln. Zum einen symbolisiert daher Mars im Zeichen die Durchsetzungskraft des Schulkindes. Zum anderen steht er in diesem Alter zunehmend für die Art und Weise, wie das Kind handelt, etwas umsetzt, etwas tut. Schließlich symbolisiert Mars die Art, wie das Kind sich auseinandersetzt, streitet, kämpft. Für die Eltern ist es wichtig, wenn auch schwierig, den Streit der Kinder untereinander auszuhalten und nicht einzugreifen (außer der Streit eskaliert wirklich). Denn wenn sich die Eltern einmischen, wird den Kindern ein wichtiges Experimentierfeld genommen. So unharmonisch das klingen mag, Familie und Schule sind Kampfplätze. Jeder kämpft um Ansehen, Macht, Streicheleinheiten. Jeder kämpft um eine noch nicht besetzte Nische, in der seine Einzigartigkeit erblühen kann. Ausgezeichnete Arenen für ihre Mars-Kämpfe finden die Kinder in Sport, Wettbewerb und letztendlich auch in Arbeit. Wir finden also im Schulalter bei Mars die Art und Weise der Fähigkeit

- zur Durchsetzung
- zur Umsetzung oder Handlung
- zur Auseinandersetzung

Mars in Widder

Das Kind setzt sich schnell, impulsiv und manchmal rücksichtslos durch. Widerstände mobilisieren bei ihm immer neue Kräfte. Es handelt vorschnell, vielleicht auch unüberlegt, dabei teilweise wenig zielgerichtet. Langsameren und vorsichtigen Kindern und Erwachsenen gegenüber wird es schnell ungeduldig. Es muss zur kontinuierlichen Arbeit immer wieder neu motiviert werden, da es sich schnell langweilt. Die Wörter Vor-Sicht und Rück-Sicht sind ihm meist fremd. Es streitet gern und heftig, ist aber nicht nachtragend. Häufig meint es, mit jedem und gegen alles kämpfen zu müssen, tut dies aber durchaus lustvoll.

Unterstützung: Es besteht durchaus die Gefahr, dass das Kind sich völlig auspowert. So sollte es lernen, seine Kräfte nicht einfach zu verschleudern, sondern gezielt einzusetzen. Der beste Weg dahin führt über Sport. Vorsicht und Rücksicht (auch auf sich selbst) sollten ins Vokabular aufgenommen werden.

Mars in Stier

Das Kind setzt langsam und beharrlich seinen Willen durch. Bei Widerständen ist es bereit zu weiteren Versuchen und kann bockig sein. Es denkt meist erst nach, bevor es handelt, und muss dabei häufig erst seine Bequemlichkeit und eventuelle Ängstlichkeit überwinden. Dann aber arbeitet es ausdauernd, unauffällig, am liebsten mit den Händen. Es ist nicht streitbar oder gar aggressiv. Doch wenn die Geduld zu Ende ist und das Maß voll, dann kann es sich sehr wütend und heftig verteidigen, auch handgreiflich. Es ist sehr nachtragend.

Unterstützung: Das Kind sollte motiviert werden, seinen Ärger früher zu verbalisieren und sich mutiger auf eine (verbale) Auseinandersetzung einzulassen, anstatt zu warten, bis der Deckel des brodelnden Dampfkochtopfes nicht mehr zu halten ist. Wobei die Eltern dann auch bereit sein müssen, selbst den Streit auszuhalten und/oder mit auszutragen.

Mars in Zwillinge

Hier setzt sich das Kind durch Argumente und Diskutierfreude durch. Es versucht auch, zu überreden. Seine Experimentier- und Entdeckerfreude sowie seine Offenheit für alles Neue zeigt sich auch in seinem Handeln. Wobei es viel lieber über die Dinge nachdenkt, als sie wirklich mit den Händen zu tun, es ist mehr für Kopfarbeit als für Handarbeit. In der Auseinandersetzung zeigt es sich durchaus bereit zur Attacke, allerdings ausschließlich verbal. Es kann im Streit sehr verletzend sein und mit wenigen Worten treffen. Meistens will es das letzte Wort haben.

Unterstützung: Die Schwäche des Kindes liegt in seiner Distanziertheit, es ist nicht bereit, sich wirklich einzulassen. Weder im Gespräch noch in seinem Tun. Unterstützend kann es daher sein, darauf zu achten, dass es sich eindeutig für etwas entscheidet, sei es, eine bestimmte Meinung zu vertreten oder etwas Bestimmtes zu tun. Die Meinung sollte dann auch beibehalten und das Vorhaben vollendet werden.

Mars in Krebs

Es sollte niemand denken, dass das Kind sich nicht durchsetzen kann! Krebs ist ein kardinales Zeichen. Doch es wird seinen Willen auf indirekte, fantasievolle, emotional gesteuerte Weise behaupten. Da es stark die Befindlichkeit anderer spürt, ist es geneigt, stets Rücksicht zu nehmen. Um etwas umzusetzen und in die Handlung zu kommen, muss es in der richtigen Stimmung sein. Es ist eher bereit, etwas für andere zu tun, als für sich selbst. Wenn es sich aber entschlossen hat, dann handelt es ehrgeizig und will das Begonnene auch vollenden. Schlägt allerdings die Stimmung um, hat es keine Lust mehr dazu. Auseinandersetzungen weicht es zunächst instinktiv aus. Lieber schluckt es seine Aggression und Wut hinunter (Magen), als sich einem offenen Streit auszusetzen. Auch in einem Streit selbst piekst es eher hintenrum, als sich offen zu stellen. Teilweise legt es vorwurfsvolles Verhalten an den Tag, es ist schnell und lange beleidigt.

Unterstützung: Hilfreich ist es, wenn das Kind im vertrauten Rahmen der Familie eine Streitkultur entwickeln kann. Unter Streitkultur verstehe ich eine klare Form der Auseinandersetzung, ohne den anderen tief zu verletzen und ohne ihm das Signal zu geben: Ich mag dich nicht mehr, ich entziehe dir meine Zuneigung. Da das Kind auch in seinen Bewegungsabläufen ein wenig ängstlich ist, kann Schwimmen eine große Hilfe sein.

Mars in Löwe

Seine Durchsetzungskraft ist stark, ebenso wie sein Wille. Das Kind setzt sich dabei ohne Zögern über Verbote hinweg und kann ziemlich egoistisch und rücksichtslos sein. Bei Widerstand wird es meist schnell wütend und bringt seine Wut auch zum Ausdruck. Das Kind agiert selbstständig, ohne sich beeinflussen zu lassen. Dabei erwartet es für alles Lob und Anerkennung. Es möchte so gern durch das, was es tut, glänzen.

Wenn es jemanden mag, zeigt es sich meist sehr großzügig und auch hilfsbereit. Es kann heftig, selbstherrlich und rechthaberisch streiten. Dabei teilt es gern aus, kann aber schlecht einstecken. Das Kind legt sich auch mit Lehrkräften an.

Unterstützung: Wenn das Kind eine herrische, selbstherrliche Art an den Tag legt, hilft es sehr, ihm immer wieder die Konsequenzen seines Verhaltens aufzuzeigen. Es will nämlich beliebt und bewundert sein und versteht häufig nicht, warum es hin und wieder gemieden wird.

Mars in Jungfrau

Das Kind wirkt eher ängstlich und zurückhaltend. Hat es aber lange genug beobachtet und ist von der Nützlichkeit überzeugt, dann setzt es – immer vorsichtig – anhaltend seinen Willen durch. Die Umsetzung erfolgt Schritt für Schritt, sehr sorgfältig und immer darauf bedacht, eine Sache perfekt auszuführen. Es geht höchst kritisch mit seinen Werken um. Am liebsten handelt das Kind dann, wenn es die Notwendigkeit oder die Brauchbarkeit von etwas erkannt hat. Das kann Schwierigkeiten bei den Hausaufgaben geben. Es hilft gern. Wie bei Kindern mit Mars in Stier dauert es lange, bis es richtig wütend wird. Dann kann das Kind auch zornig schreien und mit dem Fuß stampfen – aber nur, wenn es für den Augenblick zweckmäßig erscheint.

Unterstützung: Das Kind ist immer wieder darin zu unterstützen, nicht nur alles unter dem Blickwinkel der Nützlichkeit oder Brauchbarkeit zu betrachten, sondern einfach nur zum Spaß und ohne Zweck zu spielen, etwas zu fertigen oder überhaupt zu handeln. Nach dem Motto: «Was macht mir jetzt Spaß? Dann will ich das tun! Und wenn es keinen Spaß mehr macht, höre ich auf.» Auch ist es wichtig, dem Kind nahezubringen, dass nicht jedes Werk perfekt sein muss.

Mars in Waage

Das Kind kann sich recht schwer durchsetzen, nicht weil sein Mars schwach wäre (Waage ist ein kardinales Zeichen), sondern weil es seine Entscheidung immer wieder verändert. Hat es sich entschlossen, etwas durchzusetzen, fällt ihm ein, dass es ja auch ganz anders sein könnte, und kommt deshalb wieder ins Zögern. Außerdem kann es schlecht Nein sagen, da es die Harmonie zwischen Ich und Du nicht stören möchte. Deshalb passt es sich lieber an und verzichtet auf den eigenen Willen. Es versucht, mit Charme durchzukommen. Auch in der Umsetzung seiner Pläne ist das Kind nicht sehr entschlussfreudig und lässt sich sehr leicht beeinflussen. So bleiben seine Vorhaben oft nur Absichtserklärungen. Die Harmonie und die Ästhetik in seinem Tun sind ihm sehr wichtig. Wilde, laute Spiele oder Tätigkeiten, die mit Wettbewerb zu tun haben, liebt es überhaupt nicht. Am liebsten spielt es mit den anderen, nicht gegen sie.

Es ist ein friedfertiges, konfliktscheues Kind, das jeder Auseinandersetzung ausweicht. Nachgiebig um des lieben Friedens willen.

Unterstützung: Das Kind will im Laufe seiner Schulzeit lernen, Konflikte auszuhalten und sich sowie seine Wünsche und Bedürfnisse durchzusetzen. Da seine Marsenergie sich lieber mit der Theorie als mit der Praxis beschäftigt, ist darauf zu achten, dass es seine Vorhaben auch in die Wirklichkeit bringt.

Mars in Skorpion

Das Kind besitzt einen sicheren Instinkt dafür, wann es sich durchsetzen kann und wann nicht. Es lässt sich nur schwer von seinem Vorhaben abbringen und versucht, seinen Willen kompromisslos, auch sich selbst gegenüber, durchzusetzen. Es handelt sehr ausdauernd und hat ein gutes Durchhaltevermögen, sein Prinzip ist «Alles oder Nichts». Ehrgeizig und konsequent kann es sich in Aufgaben geradezu verbeißen. Alles, was unsichtbar oder verboten ist, reizt das Kind besonders und es ist schwer, ihm etwas zu verbieten, denn ein Nein ist schon fast eine Aufforderung, es zu tun. Teils geht es rücksichtslos mit seinen eigenen Kräften um. Es handelt nicht immer offen, sondern auch verdeckt und manipulativ. In der Auseinandersetzung versucht es meist, den wunden Punkt des anderen zu finden, um ihn genau dort zielgerichtet zu treffen. Es kann sich gut verteidigen, ist aber auch mutig genug, den Streit zu eröffnen. Das Kind ist sehr nachtragend.

Unterstützung: Auch hier ist es wichtig, dem Kind die Konsequenzen seines Verhaltens zu erklären. Kompromisse erlebt es als Niederlagen, deshalb versucht es manchmal bis zum Äußersten, einen Kompromiss zu vermeiden. So hilft es, ihm in langen, geduldigen Gesprächen nahezubringen, dass bei einem Kompromiss beide Parteien nur gewinnen können. Statt ein direktes Verbot auszusprechen (keine Schokolade, keine Zigaretten, keine Filme ab 16 Jahren), führt ein Gespräch über das Warum dieses Verbotes und eine Begründung für die Notwendigkeit der Einhaltung eher zum Erfolg.

Mars in Schütze

Wenn das Kind von etwas begeistert ist, zeigt es eine hohe Einsatzbereitschaft, sein Ziel zu erreichen. Dabei kann es auch andere begeistern und sie motivieren. Wenn es seinen Willen nicht durchsetzen kann, lässt es meist relativ schnell die Absicht fallen und wendet sich Neuem zu. Bei der Umsetzung seiner Pläne handelt es spontan, schnell und selbstsicher. Daher verbucht es häufig Erfolge, was ihm das Gefühl vermittelt, einfach der Beste zu sein. Oft übertreibt es dann in seinem Tun. Misserfolge versucht es so schnell wie möglich zu vergessen. Das Kind kann sehr zornig werden, meist aus verletztem Gerechtigkeitsgefühl. Es kämpft dabei sowohl für sich als auch für andere. Im Streit ist es temperamentvoll und laut, aber nicht ungerecht.

Unterstützung: Das Kind neigt zu Übertreibungen und Maßlosigkeit und kann durchaus schon früh einen missionarischen Eifer entwickeln, seine Vorstellungen und Meinungen als einzige Wahrheit zu verkaufen. Begleitet wird sein Verhalten manchmal auch durch eine gewisse Selbstgerechtigkeit. Hilfreich ist dabei, dem Kind sein Verhalten aus dem Blickwinkel der Schulkameraden und Freunde nahezubringen. Auch ist es wichtig, ihm zu erklären, dass es sich im Leben leider immer wieder mit Ungerechtigkeiten auseinandersetzen muss.

Mars in Steinbock

Langsam, ausdauernd, stur und mit guten Argumenten setzt das Kind sich durch. Es wächst am Widerstand. Seine Umwelt erobert es mit kleinen Schritten und hat wenig Eifer, die gesetzten Grenzen zu überschreiten. Es handelt ausdauernd, zielstrebig, diszipliniert und pflichtbewusst. Wenn gegebene Regeln einsehbar und sinnvoll sind, werden sie eingehalten, ansonsten werden sie missachtet. Das gilt auch für schulische Regeln. Mit zunehmender Beharrlichkeit folgt es seinen eigenen Vorstellungen. Im Wettkampf schont es sich nicht und versucht mit aller Kraft und Ausdauer, den Gegner auszustechen. Das Kind grollt schnell, doch bis es zur Auseinandersetzung kommt, dauert es meist lange. Dann zieht es Mauern hoch, hinter denen es sich «verschanzt» und wartet, beinahe unangreifbar, bis der andere seine Deckung aufgibt. Es versucht im Streit, mit starken Argumenten zu siegen, kann aber durchaus auch handgreiflich werden und zeigt sich lange unversöhnlich.

Unterstützung: Das Kind kann an seiner Hartnäckigkeit, konsequenten Beharrlichkeit und Unversöhnlichkeit sehr leiden. Trotzdem findet es oft aus seinem selbst gewählten Exil nicht allein heraus. Hier ist sehr hilfreich, ihm immer wieder zu erklären, dass Nachgeben keinen Gesichtsverlust bedeutet und es in all seiner Bockigkeit genauso geliebt wird wie zuvor. Sollte es zu ehrgeizig seinen Zielen folgen und sich selbst zu sehr unter Druck setzen, ist auf genügend Pausen und auf genügend Möglichkeit zu Spiel und Bewegung im Freien zu achten.

Mars in Wassermann

Das Kind will seinen eigenen Weg durchsetzen und ist dabei nie um neue Ideen verlegen. Dabei kann es durchaus einzelgängerisch und rebellisch auftreten, notfalls als Klassenclown. Fast automatisch lehnt es die Vorschriften der Umgebung ab, um seine eigenen Gedanken durchzusetzen. In der Umsetzung der Gedanken versucht es, sich seinem Ziel durch Versuch und Irrtum zu nähern, nicht – wie zum Beispiel ein Mars in Steinbock –, indem es sein Tun vorab bis zum Ende durchdenkt. Dabei hat es durchaus seinen Erfolg im Auge. Ist sein Handeln nicht erfolgversprechend, lässt das Kind es sein. Die Theorie reicht ihm, die Praxis ist eher lästig. Am besten arbeitet es freiwillig, wenn seine gern auch ungewöhnliche Vorgehensweise akzeptiert wird. Wird es zu etwas gezwungen, sträubt es sich sehr. Da Mars in Wassermann eine relativ hohe Toleranzschwelle hat, ist das Kind nicht aggressiv und auch nicht schnell zu Streit bereit. Es versucht eher, eine Auseinandersetzung durch Witz oder Herumkaspern zu vermeiden. Wenn es aber kämpft, dann mit ungewöhnlichen und gut überlegten Methoden.

Unterstützung: Dem leicht rebellischen Kind sollte viel Freiheit gelassen werden, solange es seine Aufgaben erfüllt. Wird es in der Schule in eine Arbeitsweise hineingezwungen, ist ein Gespräch mit dem Lehrer sicher hilfreich. In häufigen Gesprächen sollte dem Kind Gelegenheit gegeben werden zu lernen, dass Freiheit auch darin bestehen kann, freiwillig die ihm gestellten Anforderungen zu erfüllen.

Mars in Fische

Die Durchsetzungskraft des Kindes ist zunächst nicht sehr groß. Denn durch seine Fähigkeit, sich in andere einzufühlen, muss es meist wählen zwischen seinem eigenen Willen und den Erwartungen und Wünschen anderer. Es versucht daher eher, durch Verführungskünste sein Ziel zu erreichen, was ihm leichtfällt, denn es spürt ja, wie es sich anpassen muss, um seinen Willen zu bekommen. Es ist eine eher intuitive Kraft, durch die das Kind sich leiten lässt. Deshalb ist auch Mars in Fische nicht kraftlos, sondern siegt durch scheinbare Nachgiebigkeit.

Sein Entschluss, etwas umzusetzen und zu handeln, ist stimmungsabhängig, wobei sich die Motivation erhöht, wenn es etwas für andere tun kann. Es arbeitet mit viel Fantasie und beinahe instinktiv, gerät dabei aber häufig ins Träumen.

Ein mittlerweile etwas älteres Mädchen mit Mars in Fische erzählte mir, dass sie vor Prüfungen immer das Lehrbuch durchgeblättert hatte, bis der Finger auf einem Kapitel liegen geblieben war. Das hat sie dann intensiv gelernt. Meistens wurde dieses Thema auch tatsächlich abgefragt.

Das Kind ist kaum aggressiv und sein Ärger, seine Wut dringen fast ausschließlich indirekt nach außen.

Unterstützung: Ganz klar liegt die beste Unterstützung in der Stärkung seines Willens und in der Erlaubnis, sich mit anderen auseinanderzusetzen. Streit muss gelernt werden. Das ist aber nur möglich, wenn das Kind begreift, dass ein Streit keinen Liebesverlust nach sich zieht und die dabei entstehenden Blessuren wieder heilen. Seinen Verführungskünsten sollte, auch wenn es schwerfällt, vonseiten der Eltern oder Großeltern nicht nachgegeben werden. Die Mitschüler oder Lehrer tun es auch nicht.

Rückläufiger Mars

Die Erfahrungen in diesem Lebensabschnitt sind ähnlich dem Alter von 0 bis 6 Jahren (vgl. S. 105).

Das Kind kann in seiner Durchsetzungskraft gehemmt sein, weil es «nach innen hört», bevor es handelt. Dabei kann sich die Aggressionsenergie des Mars auf zweierlei Art äußern: Das Kind fühlt sich sehr unsicher, wenn es auf etwas zugeht, etwas anpackt und – vor allem –

wenn seine Aggression gefordert ist. Es hat möglicherweise Angst vor Aggression, auch seiner eigenen, und schluckt sie hinunter. So ist es äußerlich ein angepasstes Kind, während sich innerlich seine verschluckte Wut staut. Dabei wird es mit der Zeit energielos und starr. Es wagt nicht, sich zu wehren oder etwas neu anzupacken. Das Kind kann aber auch genau andersherum reagieren: mit enormer, explodierender Wut. Es rastet bei der geringsten Kleinigkeit aus und ist in seinem Zorn schlecht zu bremsen. Kleinkinder reagieren diese Wut meist an Puppen oder Teddys ab, aber auch an Geschwistern oder dem «bösen» Tischbein.

Unterstützung: In beiden Fällen sollte mit den Eltern über deren Mars gesprochen werden, über deren Vermögen, Aggression, Durchsetzungskraft und Mut zur Tat zu leben. Denn sie sind das lebende Beispiel für das Kind, das unterschwellige, wabernde Aggressionen der Eltern häufig an deren Stelle auslebt, aber auch die unterdrückten Ängste, den mangelnden Mut der Eltern, wahrnimmt und übernimmt. Keinesfalls sollte der Wut des Kindes mit Aggression begegnet werden. Jedoch sind klare Grenzen wichtig, aber auch die Möglichkeit, die Wut auf eine sozialverträgliche Art und Weise auszuleben (Kissenschlachten, Trommeln auf einem Topf).

Mars am absteigenden Mondknoten

Die Erfahrungen in diesem Lebensabschnitt sind ähnlich dem Alter von 0 bis 6 Jahren (vgl. S. 144).

Das Gefühl des Mangels wird vom Kind vor allem in Bezug auf sein Durchsetzungsvermögen erlebt. Daher will es im Übermaß versuchen, sich durchzusetzen. Dieser starke Wunsch kann zwei unterschiedliche Verhaltensweisen zur Folge haben: Möglicherweise zeigt das Kind, auch wenn es eigentlich aus dem Trotzalter heraus ist, starke, teils lang anhaltende Trotzreaktionen. Dabei geht es dann nicht mehr um den eigentlichen Anlass, sondern nur darum, seinen Willen durchzusetzen. Von den Eltern häufig gefürchtet sind seine impulsiven Wutausbrüche, die ohne zwingenden Grund aus ihm herausbrechen. Es lebt eigenwillig, streitbar und egoistisch. Die andere Möglichkeit ist, dass das Kind große Schwierigkeiten hat, sich durchzusetzen, deshalb über eine längere Zeit die Marsenergie eher in der Opferrolle erlebt, um dann immer wieder einmal bei der geringsten Gelegenheit wie ein Dampfkessel zu explodieren.

Unterstützung: Im ersten Fall ist es hilfreich, dem Kind wirklich Gelegenheit zu geben, sich auf unschädliche Weise abzureagieren oder auszutoben. Es will ja lernen, mit den impulsiven Energien, die in ihm aufsteigen, umzugehen, sie in den Griff zu bekommen. Dies ist nur möglich, wenn ihm klar aufgezeigt wird, wo es sich austoben darf und wo nicht. Sport, laute Musik selbst zu machen oder zu hören (dafür am besten einen Kopfhörer besorgen), Wettkampfsituationen jeder Art sind Möglichkeiten, die Marsenergie zu kanalisieren und trotzdem auszuleben. Sehr hilfreich ist natürlich wenigstens ein Elternteil, der sich darauf einlassen kann, mit dem Kind auf spielerische Weise seine Kräfte zu messen. Das Kind will lernen, die starken Energien in ihm sinnvoll und angemessen einzusetzen. Bei Problemen flüchtet sich das Kind wahrscheinlich in Wutausbrüche, Jähzorn oder auch stumme, lang anhaltende, dumpfe Wut.

Die Sonne

Die Sonne im Horoskop zeigt unser Ich, das heißt, sie zeigt uns als individuelle Wesen mit einem eigenen Willen, der uns zu aktiver Lebensgestaltung treibt. Das Zeichen, in dem die Sonne steht, zeigt die Art und Weise, wie wir unser Leben gestalten, das Haus den Bereich, in den wir hineinwachsen und in dem wir uns entfalten wollen. Ein Kind ist erst in einem Alter von etwa drei bis vier Jahren fähig, wirklich aktiv und kreativ zu gestalten, sei es mit Farben, Sand, Ton, Tönen oder Bauklötzen. Dies ist die Zeit, in der es sich auch langsam als einzelnes Wesen begreift, also ein erster, zarter Individualisierungsprozess einsetzt. Jetzt ist es auch möglich, durch Mond und Aszendent hindurch das Sonnenzeichen wahrzunehmen. Die eigentliche Individualisierung hat ihren Anfang mit Beginn der Pubertät, um dann in der Pubertät den Höhepunkt zu erreichen, indem sich der Jugendliche schmerzhaft aus der Familie herauslöst, um zunächst eigene Werte und dann eigene Wege zu finden. Dann geht buchstäblich seine Sonne – sein individuelles Ich – am Horizont auf, um später in ihrer ganzen Kraft zu strahlen.

Sonne in Widder

Das Kind geht mit viel Lust an Neues heran und sucht sich geradezu die Herausforderungen: etwas zusammenbauen, etwas entdecken, Spiele ohne Spielanleitung ausprobieren, Geräte ohne Gebrauchsanweisung in Betrieb nehmen, dort Fahrrad fahren, wo keine Wege sind. Sein Bewegungsradius wird immer größer und die Eltern werden gedrängt, mit ihm etwas zu unternehmen. Ab und zu zeigt sich das Kind rücksichtslos. Hat es als Säugling oder Kleinkind beispielsweise einen angepassten Waagemond oder Krebs-AC gelebt, stellen die Eltern manchmal entsetzt fest, was für ein wilder Schmetterling aus der Raupe wird. In der Beratung kann es hilfreich sein, den Eltern das Fernziel dieses kleinen Menschen mitzuteilen, damit es leichter für sie wird.

Beginnende Pubertät: Wahrscheinlich frech, heftig, mit heißen Diskussionen, lautstarken Auseinandersetzungen und ernorm viel Bewegungsdrang. Hier ist der Begriff «sich die Hörner abstoßen» an der richtigen Stelle.

Fernziel: Ein entscheidungsfreudiger, durchsetzungsfähiger Mensch, der es wagt, sein Ich zu leben und pionierhaft Neues zu entdecken und zu erobern.

Sonne in Stier

Das Kind arbeitet und spielt ruhig, konzentriert und bedächtig und sehr gern mit den Händen. Für Neues erwärmt es sich nur zögernd, doch hat es einmal etwas begonnen, will es dies meist auch zu einem Ende führen. Es spielt und arbeitet gern mit anderen Kindern zusammen (zum Beispiel zusammen Hausaufgaben machen, zusammen einen Töpferkurs besuchen). Lebte das Kind bis jetzt einen Feuermond, kann es sein, dass die sportlichen Aktivitäten etwas in den Hintergrund treten und das genüssliche Auf-der-Couch-liegen zur Lieblingsbeschäftigung wird. Das sollte den Eltern keine Sorge bereiten, es wird sich wieder ändern. Doch Trägheit, Bequemlichkeit und Faulheit können zunächst zunehmen.

Beginnende Pubertät: Wahrscheinlich geradlinig, auch stur, ohne viele Worte und ohne den eigenen Willen aus den Augen zu verlieren. Manchmal träge, faul, muffig, brütend und lange beleidigt.

Fernziel: Ein gut verwurzelter, beharrlicher, geduldiger Mensch, der das Bewährte pflegt, Besitz wahrt und mit allen Sinnen das Leben genießen kann.

Sonne in Zwillinge

Das Kind ist offen für alles Neue. Vielleicht liest es gern, vielleicht sucht es seine Anregungen auch bei Freundinnen und Mitschülern. Es geht im Allgemeinen gern zur Schule, langweilt sich aber schnell. Reden und Dabeisein ist das Wichtigste. Ein einfühlsames Wasserkleinkind kann jetzt distanzierter und oberflächlicher werden. Es beginnt, die Gefühle in den Kopf zu verlagern, was in der Pubertät seinen Höhepunkt erreichen kann.

Beginnende Pubertät: Endlose Diskussionen über alles und jedes, endlose Telefongespräche, hohe Handykosten. Entscheidungsschwierigkeiten bis hin zur Unfähigkeit, überhaupt Entscheidungen zu treffen (das gibt sich wieder). Ständiges Unterwegssein, Unruhe, Konzentrationsschwäche. «Coolness» wird zum Hausgott.

Fernziel: Ein vielseitiger, kommunikativer, sehr flexibler Mensch, der alles, was ihm begegnet, auch immer wieder in Frage stellt und deshalb eine Meisterhaftigkeit im Aufzeigen von Unterschieden entwickelt.

Sonne in Krebs

Das Kind zeigt sich ängstlich, vorsichtig, sowohl im Spiel als auch in der Begegnung, zum Beispiel in der Schule. Erfahrungsgemäß schlägt aber die einfühlsame Krebssonne schon im Kleinkindalter durch, sodass auch ein Feuer- oder Luftmondkind eher anschmiegsam und gefühlsbetont ist. Es fühlt zusehends mehr mit anderen mit. Die Abgrenzungsfähigkeit wird weniger, je deutlicher die Sonne zum Vorschein kommt.

Beginnende Pubertät: Wahrscheinlich geschüttelt von Emotionen und Gefühlen, himmelhoch jauchzend und zu Tode betrübt. Möglicherweise verharrt der Jugendliche lange im Kindsein, versucht alles, um nicht erwachsen zu werden. Er braucht sehr viel Nestwärme in dieser Zeit und trotzdem die Bereitschaft der Eltern, ihn abzunabeln. Sein Ehrgeiz erwacht.

Fernziel: Ein gefühlvoller, familienverbundener, künstlerischer Mensch mit tiefem Zugang zu seinen Fantasien und Träumen. Er kann sich und anderen Menschen Geborgenheit und Liebe geben.

Sonne in Löwe

Das Kind will sich immer mehr in den Mittelpunkt rücken, wird vielleicht angeberisch und anspruchsvoll. Beim Spielen und in der Schule möchte es gern der Anführer sein. Es tut viel dafür, dass dies gelingt, meist über Äußerlichkeiten. Es wächst aber auch in eine natürliche Selbstsicherheit hinein. Keiner kann ihm so richtig böse sein. Sollten AC oder Mond in Jungfrau stehen, bremsen sie die Entwicklung ins Löwehafte stark.

Beginnende Pubertät: Wahrscheinlich großspurig, selbstherrlich, nichts ist gut genug. Sehr anspruchsvoll mit schwankender Selbstsicherheit. Der Jugendliche will sich nicht mit den kleinen, alltäglichen Dingen des Lebens beschäftigen und muss teilweise erst bitter erfahren, dass der große Wurf nicht von selbst gelingt. Äußerst kritikempfindlich.

Fernziel: Ein großherziger, lebensfroher, motivierender Mensch, der andere gern an seinem inneren und äußeren Reichtum teilhaben lässt.

Sonne in Jungfrau

Das Kind wächst immer mehr in die Vernunft hinein und versucht, das Erwachsenenleben in seinen Verpflichtungen nachzuahmen. Es will nützlich sein und drängt sich damit teilweise sogar auf. War das Kleinkind eher gefühlsbetont, zieht es sich jetzt mehr zurück und verdrängt Gefühle, weil es vernünftig sein will. Die Eltern sollten die Entwicklung genau beobachten und dem Kind viel Gelegenheit für Freude, Spiel und Zusammensein mit anderen Kindern anbieten.

Beginnende Pubertät: Wahrscheinlich ängstlich seine innere und äußere Veränderung beobachtend. Scheu, zurückgezogen und sehr kritisierend sich selbst und anderen gegenüber. Der Jugendliche zieht sich ganz auf Vernunftgründe zurück und verliert teilweise die Freude an allem.

Fernziel: Ein zurückhaltender, zuverlässiger, bodenständiger, realitätsbewusster, sehr hilfsbereiter Mensch, der ganz bewusst seinen Platz als Rädchen im großen Getriebe einnimmt und so Wichtiges bewirken kann.

Sonne in Waage

Das Kind passt sich immer mehr an das Du an und verliert unter Umständen an schon vorhandenem Profil. Es ist immer mehr auf sein Äußeres bedacht, möchte sich vielleicht früh schminken. Zunehmend legt es Wert auf Freundschaften, die es pflegt und für die es sich einsetzt. Möglicherweise versucht es ständig, Harmonie zu schaffen, und weicht notwendigen Auseinandersetzungen aus.

Beginnende Pubertät: Wahrscheinlich zunehmend entscheidungsschwach. Die Ich-Findung ist verlangsamt, da der Jugendliche sich stark, teilweise zu stark, nach anderen ausrichtet. Willensschwach (gibt sich wieder) und zickig. Er kann zur Betriebsnudel werden, braucht immer andere um sich herum.

Fernziel: Ein Mensch, dessen Hauptanliegen es ist, Harmonie, Schönheit, Beziehungen, Freundschaft, aber auch gute Umgangsformen und ästhetisches Äußeres zu pflegen und zu fördern, dabei aber trotzdem Eigenständigkeit und eine freundliche Distanziertheit zu wahren.

Sonne in Skorpion

Das Kind gewinnt zusehends an Tiefe und Intensität. Es wird ernster, emotionaler und beginnt vielleicht zu provozieren. Es wird zum kleinen Forscher, der keine Oberflächlichkeiten mehr duldet. Dabei neigt es zu einer pessimistischen Betrachtung der Dinge. Es lässt sich nicht von Äußerlichkeiten blenden.

Beginnende Pubertät: Wahrscheinlich ist der Jugendliche sehr anstrengend und provokant, mit extremen Ansichten. Er stellt bohrende, ja geradezu inquisitorische Fragen, ist selbst aber sehr verschlossen und nach innen gewandt. Er wird streitlustig und neigt zu Gefühlsausbrüchen. Bei manchen zeigt sich ein früh erwachendes sexuelles Interesse, aber gleichzeitig auch Angst davor. Er sucht zeitweise das Risiko, um sich ganz zu spüren.

Fernziel: Ein sehr gefühlsintensiver Mensch, ausgestattet mit mächtigen Seelenkräften, der furchtlos sich und andere durch extreme und krisenreiche Situationen führt und weiß, dass Werden und Vergehen zum Leben gehören.

Sonne in Schütze

Das Kind beginnt mit zunehmendem Alter in Superlativen zu denken und zu handeln. Sein Selbstverständnis und sein Selbstbewusstsein wachsen mit «seinen Taten», die es fast immer als großartig ansieht. Bald schon will es sein Wissen vermehren und beginnt nach dem Sinn von etwas zu suchen. Sein Gerechtigkeitsgefühl wird immer stärker und meist beginnt das ältere Kind, sich gegen Ungerechtigkeiten heftig zu wehren.

Beginnende Pubertät: Wahrscheinlich prägen den jungen Menschen ein hohes Sendungsbewusstsein und missionarischer Eifer, mit beidem schießt er meist weit über das Ziel hinaus, weiß alles besser. Frühe Reiselust drängt zu Unternehmungen mit Jugendgruppen. Es kann auch eine sehr religiöse Phase einsetzen, in der die Gefahr besteht, in sektiererischen Gruppierungen zu landen.

Fernziel: Ein weltoffener, toleranter, tief innen religiöser Mensch, der sein ganzes Leben auf der Suche nach Sinn und Horizonterweitung ist und seine Erkenntnisse auch anderen Menschen nahebringen will.

Sonne in Steinbock

Ähnlich wie das Kind mit einer erwachenden Jungfrausonne möchte auch dieses Kind so schnell wie möglich erwachsen werden und arbeitet an diesem Ziel eifrig und ausdauernd. Dabei hält es sich an Regeln, Gebote und Verbote mehr, als es dem Alter zuträglich ist. Es stellt sehr hohe Anforderungen an sich, sein Verhalten, seine Noten, sein Ansehen in der Gemeinschaft, aber auch in gleichem Maße an andere. Es sollte daher auch zu spielerischen Aktivitäten und mehr Leichtigkeit angehalten werden.

Beginnende Pubertät: Wahrscheinlich stur, zurückgezogen und ganz auf sein Ziel bedacht. Der Jugendliche kann zu Prinzipienreiterei neigen und gerät dadurch vielleicht bei Mitschülern immer mehr ins Abseits. Rechthaberisch, aber sehr kritisch sich selbst gegenüber. Teilweise asketische Anflüge.

Fernziel: Ein pflichtbewusster, beharrlicher, konsequenter, treuer Mensch, der mit Führungsqualität, großem Verantwortungsgefühl und hoher Disziplin die einmal übernommenen Aufgaben zu Ende führt.

Sonne in Wassermann

Wenn die Wassermannsonne erwacht, wird auch der Anspruch des Kindes, etwas Besonderes zu sein, geweckt. Angepasste, einfühlsame Wasserkinder beispielsweise werden zum Teil widerspenstiger und wollen mehr ihr Eigenes durchsetzen. Die Ideen des Kindes und seine Vorstellungen gehen oft weit über seine Möglichkeiten hinaus und so landet es immer wieder unsanft auf dem Boden der Realität. Hilfreich kann es sein, die abgehobenen Pläne des Kindes gemeinsam mit ihm auf Machbarkeit zu überprüfen.

Beginnende Pubertät: Hier erwacht der Anspruch auf eigene, kreative Gestaltung des Lebens. Wahrscheinlich strebt der Jugendliche mit allen Mitteln nach Unabhängigkeit und Überwindung von Begrenzungen. Einordnung in Notwendigkeiten ist verpönt und gegen jeden Zwang wird heftig rebelliert. Der junge Mensch tut alles, um anders zu sein oder anders zu denken als die anderen.

Fernziel: Ein Mensch, der als Original, nicht als Kopie lebt. Für den die Gleichwertigkeit aller Menschen nicht nur ein Schlagwort ist. Der mit seiner Fähigkeit, Nähe und Distanz zu verbinden, Dinge mit dem richtigen Abstand betrachten und mit seinem Ideen- und Erfindungsreichtum Veränderungen einleiten will und kann.

Sonne in Fische

Wenn das Kind beginnt, sich mehr zurückzuziehen, zu träumen oder sich vermehrt über «musische Tätigkeiten» ausdrücken will, kann das ein Zeichen sein, dass seine Fischesonne zum Ausdruck kommen will. Mit einhergehen können zunehmende Abgrenzungsschwierigkeiten, da sein Einfühlungsvermögen in das Du stärker wird. Vielleicht fließen die Tränen leichter, das Kind wird «sentimentaler», zum Beispiel bei anrührenden Filmen.

Beginnende Pubertät: Wahrscheinlich ist bei diesem Jugendlichen die allgemeine Verwirrtheit dieser Phase noch größer. Denn während bei anderen Sonnenzeichen das Ichbewusstsein zunimmt, nimmt bei einer Fischesonne das Gespür dafür zu, was im anderen Menschen vorgeht. Dies bedeutet gleichzeitig, dass er nicht mehr so klar unterscheiden kann zwischen sich und den anderen, zwischen seinen eigenen Gefühlen und denen anderer.

Fernziel: Ein liebevoller, fantasiebegabter, künstlerischer Mensch, der einfühlsam im sozialen Gefüge auf die Glückloseren unter den Menschen achtet und dabei sorgsam mit sich und seinen Ressourcen umgeht.

Jupiter und Saturn im Schulalter

Jupiter

Jupiter gilt nach wie vor als Glücksprinzip. Dies gilt vor allem für Jupitertransite, auf denen sehr viel Hoffnung auf Glück, Erweiterung und Wachstum ruht. Meine erste Astrologielehrerin, eine alte Dame, freute sich schon ein Jahr vorher auf den Jupitertransit durch ihr 2. Radixhaus. Immer wieder betonte sie, wie froh sie sei, dass «jetzt bald etwas mehr Geld ins Haus kommen würde». Da ich ein vorsichtiger Steinbock-Mensch bin und der Astrologie damals noch viel Skepsis entgegenbrachte, war ich sehr neugierig auf die kommende Zeit. Meine Lehrerin spielte während des Transits Lotto wie eine Weltmeisterin, doch mehr als ab und zu 3,85 DM brachte Jupiter nicht mit sich. Als Jupiter nach etwa fünfzehn Monaten in ihr 3. Haus wechselte, war sie auf dem Höhepunkt ihrer Enttäuschung angekommen. Sie hätte doch zu gern im Lotto gewonnen und die Gelegenheit käme so richtig doch erst in 12 Jahren wieder. Erst einige Zeit später realisierte sie, dass sich während des Transits ihre Mieteinnahmen aus Eigentumswohnungen dauerhaft um monatlich rund 400 DM erhöht hatten. Mit diesem Beispiel möchte ich zeigen, dass wir, wenn es sich um Jupiter handelt, häufig viel zu hohe Erwartungen an das Glück stellen, gleichgültig, ob seine Radixstellung gedeutet wird oder ein Transit.

Heutzutage ist bei uns fast alles im Überfluss, im Übermaß vorhanden, alles ist mega, XXL und die Erwartungen der Kinder sind teilweise gesteigert ins Unermessliche. Die Wünsche der Kinder werden meist sofort oder zeitnah erfüllt, das Warten auf etwas und damit die Vorfreude auf etwas gehen so verloren. Was aber ganz nebenbei ebenfalls verlorengeht und doch so ernorm wichtig ist, ist die Fähigkeit, Frustration auszuhalten. Auffallend viele Kinder haben eine sehr niedrige Frustrationsschwelle, die häufig genau die Stellen betrifft, die Jupiter im Radixhoroskop berührt. So sind das Zeichen und der von Jupiter aspektierte persönliche

Planet im Radixhoroskop oft gar nicht mehr so sehr ein Punkt des Glücks und des Wachstums, sondern der Punkt der Übertreibungen und der maßlosen Erwartungen. Ein Kind mit Jupiter in Stier wird möglicherweise seine Schätze nicht liebevoll sammeln, sondern eifersüchtig horten oder nicht nur seine freie Zeit genießen, sondern sich faul um seine Aufgaben drücken. Während ein Kind mit Sonne im Spannungsaspekt zu Jupiter vielleicht nicht mehr nur gern für sich das Beste erhofft und optimistisch darauf wartet, sondern das eben Beste für sich als selbstverständlich ansieht und auf unangenehme Weise einfordert.

Bei der Deutung von Jupiter in den Häusern konnte ich Übertreibungen nicht so sehr feststellen, während die überzogenen Erwartungen auch hier zu finden waren.

Ich habe nicht wenige Kinder mit Jupiter im 4. Haus erlebt, die nicht flügge werden wollten und wie schon flugfähige Jungvögel noch immer weit den Schnabel aufsperrten, während die Vogeleltern sie längst nicht mehr füttern wollten, um sie zur Selbstständigkeit zu erziehen. Oder Kinder, deren Jupiter im 5. Radixhaus stand, mit weit überzogenen Erwartungen an Spiel, Spaß und Freizeit und ohne jegliches Verständnis dafür, dass auch Hausaufgabenzeit im Tagesablauf enthalten sein muss.

Ab dem Schulalter sind die Lebensbereiche schon gut zu erkennen, die Jupiters Einfluss unterliegen. Man kann auch schön beobachten, wie das Kind gleichsam in das Interessengebiet des Hauses, in dem Jupiter steht, hineinwächst. Hier möchte es sich niederlassen und «erweitern», seinen Horizont erweitern.

Wie schon beim Kleinkind, werde ich auch beim Schulkind keine eigene Deutungshilfe für Jupiter anbieten, weil sie sich von der Deutung im Erwachsenenhoroskop zu wenig unterscheidet.

Saturn

Die Leiterin einer Jugendeinrichtung für sozial verwahrloste, straffällige Jugendliche antwortete auf die Frage, wie denn in ihrem Haus pädagogisch und psychologisch mit den Jugendlichen gearbeitet würde: «Wir geben strenge Regeln und klare Strukturen vor, versuchen bei den Jugendlichen ein Verantwortungsgefühl für ihr Leben zu erwecken und das dann mit ihnen im Alltag zu trainieren». Wenn jemand mit astrologischem Hintergrund so etwas hört, denkt er oder sie sofort an Saturn. Saturn symbolisiert das Fundament, die Basis, den Rückhalt im Leben

– das Rückgrat eines Menschen. Er steht für Struktur und Regeln, für Grenzen, für Angst und Sicherheit, für den inneren Kritiker und für Verantwortung. Saturn manifestiert sich im täglichen Leben in unseren gesellschaftlichen Regeln, Normen, Gesetzen. «Saturnische Figuren», die uns im Leben begegnen, sind Eltern, Kindergärtnerin, Lehrerinnen, vielleicht Pfarrer, Vorbilder aus unserem Umfeld, die uns die «Einpassung in die Gesellschaft» vorleben und uns dabei zeigen, dass diese Einpassung nicht mit dem Verlust der eigenen Identität einhergeht. Ich habe immer wieder erlebt, dass emotional und sozial verwahrloste junge Menschen versuchten, das Problem der Identität zu lösen, indem sie sich außerhalb von der Gesellschaft stellten, zum Beispiel indem sie straffällig wurden. Ihr Weg an den Rand der Gesellschaft oder manchmal auch die gelungene Einpassung in die Gesellschaft verlief immer über die oben angeführten saturnischen Qualitäten.

So ist im Schulkindalter eine wesentliche Aufgabe der Eltern, das Kind in die Eigenverantwortung zu führen, ohne es dabei zu überfordern. Das gelingt am besten durch Vorbild. Ein Vater, der vom Kind ein aufgeräumtes Zimmer fordert (das Kind übernimmt Verantwortung für den Zustand seines Zimmers), der aber seine eigene Kleidung, Wäsche, Zeitung, Schuhe, Kaffeetasse von seiner Frau aufräumen lässt, bringt das Kind in einen Zwiespalt, denn er predigt etwas anderes, als er lebt. Er taugt nicht als Vorbild. Eine Mutter, die vom Kind einen perfekt gepackten Schulranzen fordert, in dem kein Heft, kein Turnbeutel fehlt (das Kind übernimmt die Verantwortung für seine Schulsachen), die aber beim Einkaufen ständig die Hälfte vergisst und das Kind schickt, um «schnell noch Sahne oder Butter» zu besorgen, ist ebenso wenig Vorbild für saturnische Qualitäten.

Doch die Eltern dürfen nun nicht mehr, wie beim Kleinkind, vollkommen die Rolle von Saturn übernehmen. Das Schulkind soll beginnen, selbst Saturn in sich zu entwickeln. Also ist es hilfreich, nicht zu viel zu korrigieren, nicht zu viel zu strafen, sondern das Kind die Konsequenzen für sein Verhalten spüren zu lassen, wenn es eine Aufgabe oder Pflicht nicht erfüllt. Die Verantwortung für Pflanzen, die dem Kind gefallen, kann ein Anreiz sein, Saturn in sich zu entwickeln. Die Verantwortung für ein Haustier kann zu groß sein, die Versorgung wird den Eltern bleiben und das Tier wird zum Quell ständiger Konflikte.

Ein weiterer Punkt bei der Betrachtung Saturns im Schulkindalter ist seine Qualität der Hemmung, der Blockade, der Ängste. Ich werde darauf nachfolgend besonders Bezug nehmen. Dabei betrachte ich Saturn in Haus, Zeichen und Aspekten. Da ich allgemein, besonders aber in Kinderhoroskopen, gegen die in Deutungen übliche Vermischung Zeichen ist gleich Haus bin, also Saturn in Haus 1 entspricht Saturn in Widder, werde ich eine Kurzdeutung zu Saturn in den Zeichen und eine ausführliche Deutung von Saturn im Haus und im Aspekt vornehmen.

Wie auch bei der Interpretation des Erwachsenenhoroskops gilt für den saturnischen Reifungsprozess die Dreiteilung in die Phasen Hemmung und Angst, Kompensation und Zwanghaftigkeit des Handelns sowie schlussendlich Befreiung und Lösung.

Wenn wir ein Schulkind bis zur Pubertät betrachten, werden wir es ausschließlich mit der ersten Phase zu tun haben. Denn in den allermeisten Fällen wird die Bearbeitung des «Saturnproblems» erst nach der ersten Saturnwiederkehr, also ab etwa 28 Jahren, in Angriff genommen. Doch auch jetzt meist noch unbewusst, einem inneren Drang zur Veränderung folgend. Trotzdem kann es in der Beratung sinnvoll sein, bei den Eltern Verständnis für diesen Saturnprozess zu wecken, als einen kleinen «Trost», eine Aussicht auf das, was daraus einmal werden soll. Dies erleichtert es ihnen und damit auch dem Kind, die notwendige Geduld und Hinwendung aufzubringen für ein Erwachsenwerden auf diesem Gebiet. Aus diesem Grund füge ich im Abschnitt «Saturn in den Häusern» jeweils die befreite Form mit an.

Saturn in Widder

Das Kind hat Mühe mit spontanem Verhalten und Herausforderungen, bei denen es schnell reagieren muss. Es scheut aggressive Situationen, zu denen es auch Wettbewerbssituationen zählt, und reagiert häufig erschreckt auf laute, vorlaute Mitschüler.

Saturn in Stier

Das Kind hat Mühe mit trägen oder faulen Mitschülern oder denen, die es sich «zu gut gehen lassen». Sich selbst versagt es sich häufig Genuss in jeder Form und schaut auf die Schleckermäuler hinunter.

Saturn in Zwillinge

Das Kind hat Mühe mit Mitschülern, «die auf allen Hochzeiten tanzen», die schnell und oberflächlich im Reden und Denken sind und die das, was sie gestern gesagt haben, heute schon wieder anders sehen. Es reagiert erschreckt, wenn es plötzlich zum Sprechen aufgefordert wird oder wenn es an die Tafel gerufen wird, um dort etwas zu schreiben.

Saturn in Krebs

Das Kind hat Mühe mit zu vielen oder zu tiefen Gefühlen, erlebt sie eher als verpflichtend. Statt zu viel Bemutterung mag es lieber etwas Distanz. Wenn es etwas älter ist, werden romantische Situationen ihm wahrscheinlich zu viel, zu dicht sein. Auf wehleidige Mitschüler schaut es hinunter.

Saturn in Löwe

Das Kind hat Mühe mit den Selbstdarstellern und Großspurigen unter den Mitschülern, es wird sie meiden oder auf sie hinunterschauen. Es muss erst lernen, es sich gut gehen zu lassen.

Saturn in Jungfrau

Das Kind hat Mühe mit angepassten, sich einordnenden Mitschülern, die ordentlich jeden Tag ihre erledigten Hausaufgaben mitbringen. Mit Pünktlichkeit und Genauigkeit steht es auch nicht auf ganz gutem Fuß und findet die Überpünktlichen auch lächerlich.

Saturn in Waage

Das Kind hat Mühe mit aufgestylten Mitschülerinnen und belächelt gegeltes Haar bei Jungen. Es lehnt wahrscheinlich Kompromissbereitschaft als zu nachgiebig ab. Alles Verspielte passt nicht in sein Programm.

Saturn in Skorpion

Das Kind hat Mühe, machtvolle Menschen anzuerkennen und auf ohnmächtige Menschen nicht hinunterzuschauen. Sexualkundeunterricht gehört eher nicht zu seinen Lieblingsfächern. Mitschüler, die einer Randgruppe angehören, wird es meiden.

Saturn in Schütze

Das Kind hat Mühe mit besserwisserischen Mitschülern und steht allem Fremden misstrauisch gegenüber. Dies gilt insbesondere auch für ausländische Kinder. Zunächst wird es höhere Bildung als zu anstrengend von sich weisen.

Saturn in Steinbock

Das Kind hat Mühe mit pflichtbewussten, zuverlässigen Mitschülern, es wird sie eher belächeln oder auf sie hinunterschauen. Auch Ehrgeiz ist ihm zunächst suspekt. Da Saturn in Steinbock in seinem eigenen Zeichen sehr stark steht, konnte ich trotzdem immer wieder beobachten, dass die Kinder mit dieser Konstellation sehr schnell, oftmals viel zu schnell, Pflichtbewusstsein und Verantwortungsbewusstsein entwickelten und danach handelten.

Saturn in Wassermann

Das Kind hat Mühe mit Mitschülern, die ihre Individualität durch extravagantes Verhalten zum Ausdruck bringen, kann aber auch die Klassenclowns nicht leiden. Es wagt nicht, sich eigene Freiheiten zu nehmen. Die Leseratte unter diesen Kindern wird Sciencefiction-Geschichten eher ablehnen.

Saturn in Fische

Das Kind hat Mühe mit allem, was nicht greifbar, nicht begreifbar ist und lehnt chaotische, unstrukturierte, fantasievolle Mitschüler ab. Das Kind bedrückt die Sorge, in zu tiefe Gefühle zu versinken.

Saturn in den Häusern

Die Deutungstexte zu Saturn in den Häusern sind immer zusätzlich zu den bereits im Kapitel über das Kleinkind beschriebenen Deutungen (Seite 109ff.) zu sehen.

Zur Saturnstellung in den Häusern 1, 4 und 7

Finden wir in einem Horoskop Saturn in den Häusern 1, 4 oder 7, dann ist bei einem erwachsenen Menschen die Frage nach der eigenen Kinder- und Jugendzeit, bei Kindern ein behutsam klärendes Gespräch mit den Eltern angebracht.

Saturn in diesen Häusern bedeutet so gut wie immer, dass das Kind nicht bedingungslos angenommen und geliebt wird, weil es so ist, wie es ist. Vielmehr steckt hinter der elterlichen Liebe eine hohe Erwartungshaltung, dass das Kind so sein möge, wie sie es sich vorstellen.

Ich habe schon mehrmals erwähnt, dass Kinder sehr gute Antennen für die Signale ihrer Umgebung, besonders der Eltern, besitzen. Sie spüren, ob die Liebe der Eltern an Bedingungen geknüpft ist oder nicht. Da jedes Kind instinktiv nur ein Bestreben hat, nämlich sich die Liebe der Bezugspersonen zu erhalten (denn im anderen Fall würde es nicht mehr versorgt werden und sterben), wird es alles tun, um sich der Zuneigung der Eltern gewiss zu bleiben. Es wird seine eigenen Bedürfnisse zurückstellen und sich dabei allmählich selbst verbiegen, um den ausgesprochenen und unausgesprochenen Erwartungen der Eltern zu genügen.

Da das Kind sich in den ersten drei Lebensjahren aus den verbalen und nonverbalen Botschaften der Eltern und seiner nächsten Umgebung unbewusst sein Lebensskript «erarbeitet», wird es darin Glaubenssätze und feste Vorstellungen verankern. Es legt sich unbewusst eine «Überlebensstrategie» zu, nach der es meist jahrzehntelang leben wird. «Ich bin nicht richtig», «Ich darf nicht sein», «Ich muss erspüren, was die anderen von mir wollen», «Erst die Arbeit, dann das Spiel» können Beispiele für Glaubenssätze von Kindern mit Saturn in Haus 1, 4 oder 7 sein.

Aus der Verbiegung und den Glaubenssätzen entsteht im Kind ein Gefühl, das am besten ausgedrückt werden kann durch: «Ich muss ganz viel tun, um geliebt zu werden.» Dieses Lebensskript wendet das Kind in den allermeisten Fällen bis ins Erwachsenenleben hinein in allen Beziehungen an, vor allem auch in späteren partnerschaftlichen Beziehungen, gleichgültig, ob Saturn in 1, 4 oder 7 steht. Die (vermeintlichen oder tatsächlichen) Erwartungen und Wünsche der Partner werden andauernd erfüllt, in dem Gefühl, dass eine Verhaltensänderung Liebesverlust nach sich zieht. Dadurch werden natürlich die eigenen Bedürfnisse und Sehnsüchte verdrängt, ja teilweise sind sie schon seit der Kindheit nicht bekannt.

So ist in der *Erwachsenenberatung* ein Gespräch über Erlebnisse und Gefühle aus der Kindheit bei dieser Saturnstellung unbedingt vonnöten, vor allem wenn es sich um Beziehungsprobleme (nicht nur partnerschaftlicher Art) handelt.

Steht in einem *Kinderhoroskop* Saturn in Haus 1, 4 oder 7, ist es oberste Pflicht des Beratenden, mit den Eltern ein Gespräch über ihre Erwartungen und Wünsche an das Kind zu führen. Aber auch über ihre mögliche Enttäuschung, dass das Kind so ganz anders ist als sie selbst oder als sie es sich vorgestellt haben. Denn jetzt besteht noch die Möglichkeit, dass den Eltern ihr Verhalten bewusst wird und sie bestrebt sind, daran etwas zu ändern. Dem Kind würde es den Umgang mit Saturn sehr erleichtern.

Saturn in Haus 1

Dieses Kind hat häufig das Gefühl, nicht ganz willkommen, nicht richtig zu sein. Deshalb beschäftigt die Frage, was «man» tut und was «man» lässt, das Kind ganz besonders. Es hat Angst, sich nicht richtig zu verhalten, anzuecken, sich zu zeigen, wie es ist. Dadurch entwickelt es nur geringes Selbstvertrauen, es ist zögerlich, Neues zu beginnen, und hat Schwierigkeiten, sich durchzusetzen. Oft ist es schüchtern.

Was mal daraus werden möchte: Eine wirklichkeitsnahe Einstellung zu sich selbst und dem eigenen Verhalten. Zuverlässiges, verantwortungsbewusstes Auftreten. Überlegte, klar strukturierte Neuanfänge.

Unterstützung: Dem Kind helfen Vorbilder für gutes Benehmen. Beginnt etwas Neues, ist es unterstützend, wenn die kommende Situation so weit wie möglich mit dem Kind vorab besprochen wird. Wenn es meint, etwas falsch gemacht zu haben oder falsch aufgetreten zu sein, hilft eine ausführliche Nachbesprechung über sein Verhalten und seine Erwartungen an sich selbst. Häufig legt das Kind die Hürden viel zu hoch.

Saturn in Haus 2

Bei dieser Konstellation geht es stark um das Vermögen des Kindes, das, was es zu tun vermag, also seine Talente, seine Fähigkeiten, Fertigkeiten und – daraus abgeleitet – um den Wert, den das Kind daraus zieht, um seinen Selbstwert. Meist hat es von sich und seinem Können eine geringe Meinung. Es hat das Gefühl, bei allem etwas zu kurz zu kommen, und entwickelt daher leicht Anflüge von Geiz und Neid. Es ist ziemlich misstrauisch allen Vorschlägen gegenüber.

Was mal daraus werden möchte: Eine realistische Einstellung zu den eigenen Fähigkeiten und Talenten. Verantwortungsvoller Umgang mit (materiellen) Werten und Besitz. Gewissenhaftigkeit und Umsicht für das, was ihm anvertraut wird.

Unterstützung: Hilfreich ist es, dem Kind eine klare Vorstellung von dem zu geben, was es wirklich kann und was es noch nicht kann. Wobei stark die Betonung auf «noch» liegen soll. Keinesfalls darf das Kind ableiten, dass es zu etwas nicht fähig ist, sondern dass es Fähigkeiten gibt, die der Mensch erst im Laufe der Zeit lernen kann. Wenn das Kind nämlich zu trennen lernt, zwischen «Ich kann» und «Ich kann es noch nicht», wächst sein Gefühl, die gestellten Aufgaben mit der Zeit meistern zu können. Auch ist es erleichternd für das Kind, wenn es weiß, dass es bestimmte Talente gibt, die der eine hat und der andere nicht. Unter Geschwistern kann dies die Rivalität stark reduzieren und weichenstellend für das Miteinander im Erwachsenenleben sein.

Ein Mann mit Saturn im 2. Haus erinnert sich, dass er als Schulkind seinen Bruder heiß beneidete und sehr unglücklich war, weil dieser früh und gut Schlagzeug spielen konnte und dadurch die Erlaubnis hatte, im Haus «Krach zu machen». Außerdem wurde der Bruder von Mitschülern sehr bewundert. Der Mann selbst war nicht so musikalisch. Erst als die Eltern ihm einen Fotoapparat schenkten, der Vater mit ihm auf «Tierfotosafari» in den Bergen ging und er für seine wirklich tollen Fotos bewundert wurde, konnte er sich mit dem Talent des Bruders aussöhnen und die Musik der Band genießen. Heute ist er Fotojournalist, der Bruder hat sein Hobby aufgegeben.

Saturn in Haus 3

Das 3. Haus umfasst mehrere Themenbereiche. Dementsprechend kann sich Saturn in Haus 3 auf verschiedene Weisen äußern. Zum Beispiel durch *Lernschwierigkeiten*: Das Kind denkt, schreibt, spricht, begreift häufig langsamer als andere Kinder. Dadurch entsteht oftmals der Eindruck bei Lehrern, es sei weniger intelligent, was wiederum dem Kind signalisiert, dass es dumm sei. Ebenso häufig hat das Kind aber auch nur keine Lust am Lernen. Durch *Kommunikationsschwierigkeiten*: Hier ist das Kind in der Begegnung mit anderen zurückhaltend, misstrauisch und zweifelnd, ob die Sympathie wirklich ihm gilt. Oder auf der *Geschwisterebene*: Wahrscheinlich wird sich das Kind gegenüber den Geschwistern zurückgesetzt und «ohnmächtig» fühlen. Dadurch kann eine unterdrückte Wut auf Eltern und Geschwister entstehen.

Was mal daraus werden möchte: Ein konzentrierter, tiefgründiger Denker oder Redner. Ein Lehrender mit fundiertem Wissen und klaren Ausdrucksmöglichkeiten. Ein Fels in der Brandung für Geschwister.

Unterstützung: Da Eltern ihr Kind beinahe ständig mit anderen Kindern vergleichen, ist es bei Lernschwierigkeiten auf jeden Fall hilfreich, wenn sie sich klarmachen, dass ihr Kind nicht dumm ist, sondern dass es einfach nur mehr Zeit braucht, um zu lernen. Das verändert die Erwartungshaltung der Eltern dem Kind gegenüber und vermindert den Druck, der auf dem Kind lastet. Ist das Kind lernunlustig, kann ein Gespräch, wie dem Kind das Lernen mehr Spaß bringen könnte, unterstützend sein. Dabei sind das Zeichen, in dem Haus 3 angeschnitten ist, sein Herrscher sowie Merkur in Haus, Zeichen und Aspekten zu interpretieren. Außerdem würde ich die Stellung von Sonne und Jupiter in Haus, Zeichen und Aspekten heranziehen (In diesem Fall die Sonne auch bei Kindern vor der Pubertät).

Sind Kommunikationsschwierigkeiten das Hauptproblem, so ist es wichtig, ausführlich mit dem Kind über seine Mitschüler, seine Spielkameraden zu sprechen, anzuhören, wie es sich mit ihnen fühlt, und ihm eigene Beobachtungen mitzuteilen. Es kann dabei sehr von Vorteil sein, andere Kinder nach Hause einzuladen, vielleicht auch über Nacht. Liegen die Schwierigkeiten in der Beziehung zu den Geschwistern, gilt für Schulkinder dasselbe, was ich bei den Kleinkindern mit Saturn in Haus 3 beschrieben habe.

Saturn in Haus 4

Bei dieser Konstellation ist es möglich, dass das Kind sein Zuhause als zurückweisend, streng und kühl empfindet. Dass es sich dort nicht geborgen fühlen kann. Dass es das Gefühl hat, nicht liebenswert zu sein, nicht gemocht zu werden, so wie es ist. Daraus ergeben sich dann Situationen, die ich im Abschnitt «Saturn in den Häusern 1, 4 und 7» beschrieben habe. Weil das Kind mit Saturn im 4. Haus meist Schwierigkeiten hat, seine Gefühle zu erkennen und auszudrücken, verdoppelt sich das Problem.

Was mal daraus werden möchte: Ein innerlich stabiler und von äußeren Einflüssen unabhängiger Mensch, der Verantwortung sowohl für seine Gefühle als auch für sein Wohlergehen übernehmen kann.

Unterstützung: Übernimmt das Kind Verantwortung für die Familie, was häufig der Fall ist bei dieser Konstellation, so sind alle Möglichkeiten, dies zu verändern, in Betracht zu ziehen. Ein Kind, gleich welchen Alters, kann nicht die Verantwortung für das Wohlergehen der Familie oder einzelner Familienmitglieder übernehmen. Das ist nicht Aufgabe eines Kindes. Je nach Alter kann und sollte es zu Hilfsdiensten herangezogen werden, doch mit Saturn im 4. Haus wird ihm oftmals zu viel Verantwortung aufgeladen oder es bietet sich wie selbstverständlich an, für andere zu sorgen.

Im Gespräch mit den Eltern darf bei ihnen nicht das Gefühl entstehen, Rabeneltern zu sein, denn wenn Eltern zur astrologischen Beratung kommen, sind sie, auch wenn im Horoskop ihres Kind Saturn im 4. Haus steht, interessiert am Wohlergehen ihres Kindes. Rabeneltern erscheinen nicht in der Beratung. Den Eltern sollte nahegebracht werden, dass das Kind sich nicht ganz geborgen fühlt, dass es das Familienklima als streng und kühl empfindet. Dass dies aber eine Empfindung des Kindes ist und nicht heißt, dass sie, die Eltern, es in irgendeiner Form vernachlässigen. Vielmehr, dass sie noch nicht herausgefunden haben, welche Art von Familienklima das Kind als Geborgenheit empfindet. Daran anschließend kann dann das Beratungsgespräch in die Richtung «Was braucht das Kind, um sich zu Hause zu fühlen?» gehen. Auskunft geben darüber das Zeichen, in dem das 4. Haus angeschnitten ist, der Zeichenherrscher mit Aspekten sowie Mond und Venus in Zeichen und Aspekten oder weitere Planeten, die in Haus 4 stehen.

Saturn in Haus 5

Lampenfieber ist hier das große Thema. Rückt das Kind in der Schule, beim Sport oder Spiel in den Mittelpunkt, soll es zeigen, was es weiß oder kann, bekommt es Angst, nicht zu genügen. Erschwerend kommt hinzu, dass es meist alles ernst, schwer oder tragisch nimmt und ziemlich pessimistisch sein kann. So nimmt es vor der Schulaufgabe eher an, dass etwas abgefragt wird, was es nicht weiß oder was es nicht kann, was sich dann häufig in selbsterfüllender Prophezeiung erfüllt, dies wiederum bucht das Kind dann auf seinem Konto «Ich habe versagt» ab. Es fehlt ihm das Spielerische. Jede Kritik nimmt es sehr ernst und grübelt darüber nach. Häufig hat es die Tendenz, erst seine Aufgaben zu verrichten, bevor es spielt, und meist bleibt dann gar keine Zeit mehr zum Spielen.

Einem Mädchen fiel es schwer, beim Singen den richtigen Ton zu treffen oder ihn zu halten. Aber Singen war ihm ein Freude, auch in der Schule. Bis auf den Tag, als der Schulchor in der Aula singen sollte und die Musiklehrerin das Mädchen anwies, nur Mundbewegungen anzudeuten, aber nicht laut mitzusingen, weil es so falsch klingen würde. Bis heute (das Mädchen ist längst erwachsen) ist es der Meinung, unmusikalisch zu sein.

Was mal daraus werden möchte: Ein Mensch mit Vertrauen und Sicherheit in sich selbst und dem Mut, zu zeigen, was er kann. Ein gesundes Bewusstsein für die Einmaligkeit eines jeden Menschen.

Unterstützung: Die größte Unterstützung ist es, dem Kind genügend Zeit zum Spielen einzuräumen und ihm damit zu signalisieren, dass die Spielzeit genauso wichtig ist wie die Hausaufgabenzeit. Des Weiteren hilft es dem Kind sehr, wenn die Eltern gleichsam als Hoffnungsträger fungieren, jedoch muss ihre Hoffnung realistisch sein. Aus einer Sechs bei der Schulaufgabe wird meist nicht beim nächsten Mal eine Eins, da ist es natürlich nicht sinnvoll, beim Kind solche Hoffnungen zu schüren, denn dann ist der Absturz umso tiefer. Doch ist es gut, wenn die Eltern sich nicht vom Pessimismus des Kindes anstecken lassen und – vor allem – ihm nicht die Spielzeit oder Freizeit kürzen. Etwas ältere Kinder sind manchmal unglücklich verliebt in Lehrpersonen oder auch in Mädchen oder Jungen aus der Schule. Niemals darüber lächeln oder denken, das vergeht schon wieder, sondern ihnen ein einfühlsames Gesprächsangebot machen.

Saturn in Haus 6

Das Kind hat meist Angst vor unkontrollierbaren Dingen oder Situationen. Diese wird nicht zuletzt aus einem enorm hohen Perfektionsanspruch gespeist. Der Schularzt kommt übermorgen, was wird da wohl sein? Werde ich alles richtig machen, wenn er etwas zu mir sagt? Werde ich nicht husten, wenn er mir in den Mund schaut? Werde ich das geblümte Unterhemdchen anziehen dürfen, das mir so gut gefällt? Dies alles sind Fragen, die sich ein Erwachsener kaum vorstellen kann, die aber den Alltag des Kindes häufig bestimmen. Es möchte perfekt sein und setzt sich deshalb stark unter Druck, über den es aber meist nicht spricht: Mein Heft muss der Lehrerin am besten gefallen und mich muss Mama am meisten brauchen, weil sie mich dann am liebsten mag. Deshalb werde ich ihr ganz viel helfen, mehr als mein Bruder. Ist der Druck zu groß oder die (vermeintliche) Anforderung zu hoch, ist eine Flucht in Krankheit möglich. Das Kind ist entweder sehr ordentlich oder sehr schlampig.

Ein Junge mit Saturn in Haus 6 sollte zur Erstkommunion gehen. Mehrfach wurde der Einzug der Kinder in die Kirche und der Gang zum Altar geübt. Doch der Junge hatte sorgenvolle Tage, denn er hatte Angst, etwas nicht richtig zu machen: Wo sollte er die Kerze abstellen? Wie sollte er das Gebetbuch tragen? Und wenn seine Kerze auf dem Weg zum Altar verlöschen würde? Und wenn er aus Versehen auf die Hostie beißen würde? Die Angst zu versagen wurde so groß, dass er die Nacht vor dem Ereignis hohes Fieber mit Schüttelfrost bekam und nicht mit zur Kirche gehen konnte.

Was mal daraus werden möchte: Ein Mensch, der selbstsicher den täglichen Anforderungen und Aufgaben begegnet und sie gewissenhaft erfüllt, der dabei humorvoll und gelassen seine Unvollkommenheit ertragen kann. Ein verantwortungsvoller Vorgesetzter, dem das Wohl seiner Mitarbeiter am Herzen liegt.

Unterstützung: Hilfreich sind Gespräche über den Alltag des Kindes, die «so nebenher laufen». Keine großen Familiengespräche, doch ein stetes Sich-Erzählen-lassen, wie das Kind die Erlebnisse in der Schule oder mit Freunden sieht, wie es darüber denkt. Situationen, die auf das Kind zukommen, sollten frühzeitig besprochen und seine Fragen dazu beantwortet werden. So kann es sich schon mal in Gedanken darauf vorbereiten, das gibt ihm Sicherheit. Bemerken die Eltern, dass das Kind seine Hilfe zu häufig anbietet, sollten sie regulierend eingreifen.

Sollte das Kind als letzten Ausweg aus der Angst Krankheit wählen, so ist es unbedingt notwendig, es liebevoll und ohne Vorwürfe zu versorgen. Es leidet selbst am meisten darunter. Wenn es wieder gesund ist, sollte sowohl über die Krankheit als auch über das dadurch versäumte Ereignis gesprochen werden.

Saturn in Haus 7

Diese Konstellation zeigt meist Vorsicht und Zögerlichkeit in Beziehungen an, die ihre Ursache in einer Angst vor Verletzungen oder vor zu großer Nähe haben. Daraus kann eine Tendenz zu Kontaktvermeidung entstehen. Ganz sicher treffen auch hier die Erfahrungen zu, die im Abschnitt «Saturn in den Häusern 1, 4 und 7» beschrieben sind. Das Gefühl, nicht liebenswert zu sein, wenn es nicht ganz viel für die anderen tut, ist sicher vorherrschend.

Was mal daraus werden möchte: Ein Partner, der zu dauerhaften, zuverlässigen Beziehungen (gleich welcher Art) fähig ist und dabei verantwortungsvoll und fürsorglich mit dem Gegenüber umgeht.

Unterstützung: Es ist wichtig, dass das Kind in seiner Umgebung zuverlässige Beziehungen eingehen kann. Sollten die Eltern getrennt leben, so ist eine zuverlässige Verbindung zum nicht immer anwesenden Elternteil notwendig. Sollte eine Patchworkfamilie zusammenfinden, so darf die Beziehung zum biologischen Elternteil keinesfalls schwanken. Wenn sich also die Mutter oder der Vater des Kindes einer neuen Partnerschaft zuwendet, so ist darauf zu achten, dass das Kind nicht das Gefühl bekommt, jetzt in zweiter Reihe zu stehen. Mit dem Kind sollte auch darüber gesprochen werden, dass andere Kinder oft nicht so «treue» Partner oder Freunde sind, sondern dass sie es einfach lustig finden, auch mal mit anderen Kindern zu spielen oder nach Hause zu gehen. Was dennoch nicht gleich bedeuten muss, dass die Beziehung beendet ist, dass ein wenig Abwechslung in der Beziehung gleich Liebesverlust bedeutet. Sollte es tatsächlich zu einem Bruch kommen, so ist der «Liebeskummer» meist groß und sollte von den Eltern ernst genommen werden.

Saturn in Haus 8

Es gilt zu begreifen, dass sich Situationen und Menschen verändern, dass eigentlich nichts jemals so bleibt, wie es momentan ist. Ein Kind mit Saturn in Haus 8 möchte alles jederzeit unter Kontrolle haben, denn nur das Gewohnte, das, was es kennt, gibt ihm Sicherheit. Je älter das Kind wird, umso größer ist der Wunsch nach Kontrolle, auch Kontrolle über sich selbst. So leidet dieses Kind auch unter Versagensängsten. Dahinter steckt möglicherweise die Angst, sich wirklich (verbindlich) einzulassen und dadurch eventuell die Kontrolle über die Situation (und sich selbst) zu verlieren.

Zu bemerken ist dies vor allem, wenn das Kind in ein Alter kommt, in dem es echte Freundschaften eingehen kann. In dem Alter, in dem Kinder gern mit anderen einen Pakt schließen (ähnlich wie Tom Sawyer und Huckleberry Finn), vermeidet das Kind einerseits nähere Beziehungen, andererseits sehnt es sich danach und denkt schnell, eine Freundschaft nicht wert zu sein. Es tut dann vielleicht zu viel, um dazuzugehören. Hat es sich dann einmal auf eine Beziehung eingelassen, muss sie «ewig» halten. Wird das Kind selbst kontrolliert, liebt es das gar nicht.

Was mal daraus werden möchte: Das Vertrauen, trotz aller Unsicherheiten im Leben bestehen zu können. Das Erlangen seelischer Stabilität durch die Einsicht in die Notwendigkeiten des Lebens und deren Bewältigung.

Unterstützung: Hilfreich ist, mit dem Kind immer wieder darüber zu sprechen, wie viel Kontrolle im Leben notwendig ist und wann sie beginnt, einschränkend zu wirken, sowohl für das Kind als auch für seine Umgebung. Es ist ein sehr schmaler Grat, auf dem sich die Eltern bewegen müssen, wenn sie einerseits auf die Ängstlichkeit des Kindes eingehen und andererseits die Unabhängigkeit der Umgebung bewahren wollen.

Tut sich das Kind schwer, Freunde zu finden, so ist es sicher unterstützend, Kinder einzuladen. Vielleicht gefällt dem Kind eine Mannschaftssportart, durch die es ganz selbstverständlich in die Gruppe aufgenommen wird, ohne gleich tiefere Verbindlichkeiten eingehen zu müssen. Das Kind sollte aber keinesfalls bedrängt werden oder gar eine Freundin, einen Freund für das Kind gesucht werden. Bei Trennungsschmerz ist dem Kind geduldig zu erklären, dass eine Beziehung nicht für immer halten muss, dass auch immer wieder mal «Platz gemacht werden muss» für neue Beziehungen.

Saturn in Haus 9

Nicht selten finden wir hier ein Kind, das entweder in eine Familie mit engen, ganz bestimmten Wert- und Weltvorstellungen, oft auch religiöser Art, hineingeboren wurde. Oder in eine Familie mit hohen ethischen Ansprüchen oder Vorstellungen von Bildung. In beiden Fällen hat es das Gefühl, nicht zu genügen. Dies kann zu einem diffusen schlechten Gewissen führen und einem permanenten Gefühl der Unzulänglichkeit. Es findet, dass seine eigene Meinung wenig gilt oder nicht interessiert, seine eigenen Vorstellungen abgewertet oder als unrealistisch belächelt werden. Dies kann sowohl die Realität als auch eine Projektion des Kindes sein. Ich gehe davon aus, dass wir als Kind im 3. Haus Informationen (Wissen) unterschiedlichster Art aufnehmen und auch verarbeiten. Im 9. Haus aber suchen wir idealerweise in diesen Informationen einen Sinn und bilden uns auf diesem Weg sowohl eine eigene Meinung als auch eigene Werte, die sich gemeinsam irgendwann zu einem eigenen Weltbild festigen. Dieser Prozess kann nicht stattfinden, wenn das Kind permanent an rigide, nicht verhandelbare Vorstellungen und Sichtweisen der Umgebung stößt.

Was mal daraus werden möchte: Die Fähigkeit, sich eine eigene Meinung zu bilden und sie ohne missionarischen Eifer zu vertreten. Ein gefestigtes, eigenes Weltbild, gestützt auf Sinnsuche und Sinnfindung.

Unterstützung: Die einzig wahre Unterstützung ist hier, dass die Eltern sich fragen, ob sie feste, ja fixe Vorstellungen und Meinungen mit sich herumtragen, die ehernen Gesetzen gleichen. Des Weiteren ist es gut, wenn sie sich die Frage stellen, ob diese Vorstellungen und Meinungen wirklich dem eigenen Weltbild entsprechen oder ob sie vielleicht schon von ihren Eltern übernommen wurden. Wenn sie mit ihrem Kind und dessen Meinung völlig konträr stehen, sollten sie sich fairerweise fragen, ob die Meinung des Kindes nicht vielleicht nur eine Betrachtungsweise aus einem anderen Blickwinkel heraus ist, bevor sie jene automatisch ablehnen.

Saturn in Haus 10

Mit dieser Konstellation gehen in erster Linie Versagensängste einher. Der dahinterstehende Glaubenssatz lautet: «Ich bin nicht gut genug, um mich allen zu zeigen.» So registriert das Kind häufig nur das, was ihm misslingt, und wagt sich teilweise erst gar nicht an die gestellte Aufgabe. Es arbeitet teilweise verbissen und mit ungeheuer großem Einsatz und hat ein sehr feines Gespür für Scheinautoritäten, die es nicht anerkennt. Dadurch können in der Schule Autoritätskonflikte entstehen. Ebenso spürt es bei Mitschülern, wenn der Schein größer ist als das Sein, und schaut dann auf diese herab.

Was mal daraus werden möchte: Ein Mensch, der seine Versagensängste kontrollieren kann und deshalb bereit ist, Verantwortung für sich und andere zu übernehmen und die Aufgaben kompetent zu erledigen. Statt Autoritätskonflikte auszutragen, selbst Autorität zu sein.

Unterstützung: Wie bei allen Versagensängsten ist es hilfreich, das Kind behutsam an seine Aufgaben heranzuführen, es auf der einen Seite zu ermuntern, auf der anderen Seite keinesfalls zu zwingen. Gespräche darüber, dass Misserfolge zum Leben gehören, sind genauso wichtig wie wiederkehrende Hinweise auf seine Erfolge. Saturn im 10. Haus stellt für die Eltern häufig eine Herausforderung dar, denn sie müssen sich fragen: Sind wir wirklich Autoritäten oder sind wir nur autoritär? Ihr Kind wird es herausfinden. Bei Konflikten mit Lehrkräften, die eigentlich meist Autoritätskonflikte sind, ist eine neutrale Einstellung der Eltern hilfreich. Sie sollten als Mediatoren auftreten. Gespräche darüber, dass der Lehrer auch nur ein normaler Mensch mit normalen Fehlern ist, helfen meist.

Ein zwölfjähriges Mädchen beobachtete lange Zeit den Religionslehrer bei seinen Versuchen, Ruhe und Disziplin in die Klasse zu bringen, an denen er aber immer wieder scheiterte. Als er sie ausschimpfte, dass sie die Tafel von der vorhergehenden Stunde nicht geputzt hatte, schrie sie ihn an: «Sie, Sie verstehen ja gar nichts, Sie verstehen ja nicht mal was von Pädagogik!» Wobei sie wahrscheinlich nicht ganz Unrecht hatte.

Saturn in Haus 11

In Haus 11 heißt das Thema soziale Vernetzung. Mit Saturn in dieser Stellung ist dies nicht einfach. Das Kind ist misstrauisch gegenüber Gruppen oder Mitschülern, die sich vielleicht als Freunde zeigen, und leidet unter der Angst, von ihnen nicht akzeptiert zu werden. Fühlt es sich aber zugehörig, ist es ein zuverlässiger, treuer Freund. Doch der Weg dahin ist weit und das Gefühl, nicht gut genug zu sein, ist stark. Das Kind ist bereit, für seine Zugehörigkeit Opfer zu bringen oder sich von Beginn an abzusondern. Die Gefahr von Isolation ist durchaus vorhanden und damit könnte das Kind ein Opfer von Mobbing werden.

Was mal daraus werden möchte: Ein eigenständiges, verantwortungsbewusstes Individuum, das innerhalb einer Gemeinschaft gut die Individualität der anderen erträgt und mit ihnen zusammenarbeitet. Der zuverlässige Freund.

Unterstützung: Es wäre das Verkehrteste, dem Kind Gruppenerfahrung ersparen zu wollen, denn allein in der Schule ist es naturgemäß viele Jahre lang in einer Gruppe. Vielmehr kann es hilfreich sein, mit dem Kind zusammen eine Gruppe außerhalb der Schule zu suchen, die dem Wesen des Kindes entspricht: Sing- oder Musikgruppen, Malgruppen, Sportgruppen oder vielleicht eine Kampfsportgruppe mit hohem ethischen Anspruch wie Aikido oder Judo. Bei dieser Saturnstellung ist es besonders wichtig, mit dem Kind im Gespräch zu bleiben und immer wieder Kinder einzuladen, damit die Eltern beobachten können, wie sich das Kind innerhalb der Gruppe verhält. Fragen, was es sich von einer Gruppe wünscht oder was es (vielleicht Schlimmes) erwartet, tragen dazu bei, dass das Kind sich mit seinen Bedürfnissen oder Ängsten als Gruppenmitglied nicht alleingelassen fühlt. Anzeichen von Veränderung, wenn das Kind von der Schule nach Hause kommt, sollten aufmerksam beobachtet werden. Kinder schämen sich häufig, den Eltern von Mobbing-Erfahrungen zu berichten.

Saturn in Haus 12

Haus 12 ist für Schulkinder vor allem das Haus des Ungreifbaren und Unbegreifbaren. Daher verhält sich das Kind mit Saturn in Haus 12 oft ängstlich gegenüber Situationen, die es nicht begreift, oder gegenüber Menschen, deren Verhalten es sich nicht erklären kann. Die Verarbeitung dieser Erfahrungen läuft über seine Träume (12. Haus), die manchmal auch recht unangenehm sein können. Das Kind ist auch ein Meister im Erspüren von Unbenanntem, Unerklärlichem und die gedankliche Beschäftigung damit fördert wiederum seine Ängstlichkeit. Häufig entstehen dadurch Schuldgefühle und die Vorstellung, jedem helfen zu müssen. Häufig ist hier auch ein Mangel an Stabilität zu finden.

Was mal daraus werden möchte: Innere Festigkeit und Vertrauen in die den Menschen tragenden Kräfte. Fähig zu selbstloser Liebe und Hingabe.

Unterstützung: Zumindest innerhalb der Familie sollte es klare Strukturen geben und Situationen oder Verhaltensweisen von Familienmitgliedern sollten dem Kind ausreichend erklärt werden. Wichtig ist auch, dass dabei klargestellt wird, wann das Kind wirklich an etwas «schuld» ist und wann es «unschuldig» ist. Das erleichtert das Kind sehr. Allerdings nicht lügen in solchen Situationen, um dem Kind das Schuldgefühl zu nehmen. Wenn es Verursacher für etwas war, ist es für das Kind leichter, damit liebevoll konfrontiert als durch eine Unwahrheit geschont zu werden. Denn diese Unwahrheit bedeutet meistens ja wiederum Unerklärliches. Sollte das Kind zu hilfsbereit sein, ist darauf zu achten, dass es nicht ausgenutzt wird und auch nur da hilft, wo es wirklich seinem Alter entsprechend helfen kann. Wenn es helfen will, aber nicht kann, ist darauf zu achten, dass es deshalb keine Schuldgefühle entwickelt.

Die geistigen Planeten im Schulalter

Im Gegensatz zum Säugling oder Kleinkind kann das Schulkind mit zunehmendem Alter Uranus, Neptun, Pluto und deren Energien in seiner Umgebung ausleben. Dabei wird sein Umfeld in den allermeisten Fällen mit den unreifen, unausgegorenen Verhaltensweisen konfrontiert. Denn, wie ich anfangs schon erwähnte, können die Kinder die Planetenenergien zunächst nur unbewusst anwenden. Trotzdem kann ein Kind, je älter es wird, zunehmend Verantwortung für sein Verhalten übernehmen, doch muss bei Uranus, Neptun- und Plutoenergien ein großes Zeitfenster dafür gegeben werden. Ab dem 10. Lebensjahr aber sollte ein Kind auch hier zu wachsen beginnen.

Dennoch denke ich, dass bis zum Beginn der Pubertät nicht die einzelnen Aspekte von Uranus, Neptun und Pluto gedeutet werden sollten, sondern, wie auch im Säuglings- und Kleinkindalter, der «prominente Planet» insgesamt, gleichgültig, welche persönlichen Planeten er genau aspektiert.

Ich spreche mich gegen eine Einzeldeutung der Aspekte von Uranus, Neptun und Pluto aus, weil ich die Erfahrung gemacht habe, dass bei einer genaueren Deutung zu viel in das Verhalten der Kinder hineininterpretiert wird, sie dadurch festgelegt werden und ihnen vielleicht Unrecht getan wird. Immer zu spüren ist allerdings, wenn einer dieser drei Planeten stark gestellt ist. Stark gestellt bedeutet in diesem Fall, dass der

Planet eine Konjunktion oder ein Quadrat zum absteigenden Mondknoten bildet, einen Spannungsaspekt zu einem oder mehreren persönlichen Planeten hat, er im eigenen Haus (Uranus im 11., Neptun im 12. und Pluto im 8. Haus) oder an einer Hauptachse steht. Das Zeichen, in dem er steht, gibt einem geistigen Planeten keine Stärke.

Deutung und Unterstützung

Die stark gestellten geistigen Planeten sind nicht nur für das Kind anstrengend zu leben, sondern auch für seine Umgebung, insbesondere für die Eltern. Denn auch wenn das Kind in der Schule seine Mitschüler oder Lehrer mit diesem meist unreifen Verhalten konfrontiert, ist es wiederum Sache der Eltern, entweder zu vermitteln und/oder auch das Verhalten des Kindes mit ihm zu reflektieren. Um den Eltern ein kleines «Kraftpaket» mitzugeben, ist es in der Beratung sicher hilfreich, ihnen nahezubringen, was das Kind als späterer Erwachsener über seine Uranus-, Neptun- oder Plutoenergien zur Anwendung bringen möchte.

Prominenter Uranus

Das Potenzial des Erwachsenen liegt darin, die Gleich*wertigkeit* aller Menschen zu erfassen und in diesem Sinne und zum Wohle der Mitmenschen von außen gesetzte Regeln, Gebote, Grenzen zu überdenken, auszuloten und, wenn notwendig, dagegen zu rebellieren. Um sie dann zu reformieren und vielleicht auch zu überschreiten oder zu sprengen. Dies ist auf allen Gebieten möglich, in denen es Einschränkungen gibt, sei es im Denken oder im Handeln.

Deutung: Das Kind lebt möglicherweise nach dem Leitspruch «Verlasse dich auf nichts und niemanden!» und findet immer eine Bestätigung dafür. Es projiziert seine eigene, in ihm angelegte Unzuverlässigkeit auf anderes oder andere. Es wirkt innerlich stark verunsichert, rastlos, unkonzentriert. Möglicherweise hampelt es in der Schule herum und macht sich, um seine Besonderheit zum Ausdruck zu bringen, zum Klassenclown. Es kann sich sehr rebellisch gegen jede Form von (auch vermeintlicher) Einschränkung zeigen. Sich wiederholende Tätigkeiten wie Hausaufgaben, Vokabeln lernen, Zimmer aufräumen langweilen es schnell und es versucht, ihnen zu entkommen.

Unterstützung: Hilfreich ist für das Kind ein geregelter Tagesablauf, der ihm auch «kleine Fluchten» gestattet. Dabei ist darauf zu achten, dass sich das Kind an die Vereinbarungen hält.

Ein Kind, dessen Tagesablauf vorsieht, immer zuerst die Hausaufgaben zu machen und dann erst Freizeit zu haben, kommt nach Hause und erzählt, dass sich die Klassenkameraden gleich nach dem Essen zum Schwimmen treffen, weil es endlich mal wieder warm genug dafür ist. Hier bestünde die «kleine Flucht» in der Erlaubnis, zuerst zum Schwimmen zu gehen und dann die Hausaufgaben zu erledigen. Die Vereinbarung mit den Eltern könnte lauten: Du bist um fünf Uhr zu Hause und dann setzt du dich gleich hin und machst deine Hausaufgaben. Jetzt ist es wichtig, dass das Kind auch um fünf Uhr zu Hause erscheint und sogleich seine Pflichten erfüllt. Sollte das nicht klappen, kann das Kind das nächste Mal erst mitgehen, wenn die Hausaufgaben erledigt sind.

So lernt das Kind, dass es die Notwendigkeit gibt, pünktlich zu sein oder die Hausaufgaben zu machen, und nur, wenn diese zuverlässig eingehalten werden, können diese Regeln auch mal abgeändert werden. Diese Erfahrungen sind wesentlich, um zu verinnerlichen: Meine Umgebung ist zuverlässig und ich bin zuverlässig. Grundvoraussetzung hierfür ist aber, dass das Umfeld auch wirklich zuverlässig ist.

Will das Kind den prominenten Uranus durch Betonung seiner Individualität leben, hat es Schwierigkeiten, sich einzuordnen oder einzufügen, dann ist es unterstützend, ihm einerseits im geschützten Rahmen der Familie eine Nische für seine Eigenarten zukommen zu lassen und es andererseits in die Regeln der Familie einzubinden. Ab dem Schulalter kann mit dem Kind sehr klar besprochen werden, dass jeder Mensch einzigartig ist und trotzdem alle die gleichen Rechte und Pflichten haben. Damit es in der Schule auffallen kann, sich dabei aber nicht zu sehr ins Abseits katapultiert, ist mit ihm zu besprechen, wie es dort sein Anderssein leben kann, ohne Mitschüler und vor allem Lehrer zu verärgern.

Ich kenne einige Jugendliche mit einem stark gestellten Uranus, die allesamt kurz vor dem Schulverweis standen oder tatsächlich aus der Schule verwiesen wurden. Hätten sie, zusammen mit ihren Eltern, einen Bereich gefunden, in dem sie sich uranisch hätten austoben können, wäre ihnen selbst, den Eltern, aber auch dem Lehrerkollegium einiges erspart geblieben.

Last, not least ist es hilfreich für ein Kind, das alles nur freiwillig und in seiner Weise tun will, einen Handlungsablauf vorab zu besprechen, denn so ist es meistens gut zu motivieren.

Prominenter Neptun

Das Potenzial des Erwachsenen liegt darin, das *Einssein* und gleichzeitig das *Getrenntsein* aller Kreaturen zu erfassen. Auf dieser Basis einfühlsam und voller Mitgefühl für alles Lebende da zu sein und zugleich zu spüren, dass die eigenen Grenzen dabei gewahrt bleiben dürfen. Dies kann auf allen Gebieten sein, auf denen Menschen das Gefühl vermittelt werden kann, im Getrenntsein das Einssein zu spüren: durch aktive Hilfe in ihrer Not oder durch Vermittlung von Fantasie, Träumen, Musik, Filmen, Malerei oder ähnlichem.

Deutung: Auch beim Schulkind kann man häufig noch den Eindruck haben, dass das Kind immer wieder in eine Traumwelt eintaucht und erst langsam sein Ich und seinen Willen entwickelt. Es ist ein wenig schusselig, verliert seine Sachen oder findet sie nicht, ist vergesslich und sensibel, dabei auch lieb, einfühl- und anschmiegsam und sehr fantasievoll. Seine Abgrenzungsfähigkeit ist sehr gering, dadurch wird es überflutet von Erwartungen, Wünschen, aber auch seelischen Befindlichkeiten der Mitschüler und/oder der Familie. Es leidet buchstäblich mit, wenn ein Freund geschimpft wird, wenn die Banknachbarin eine schlechte Note bekommt, wenn der Bruder Hausarrest hat. Meist ist es sehr angepasst. Es kann schlecht Nein sagen.

Unterstützung: Was schon im Kleinkindalter beginnen sollte, ist fortzuführen: Das Ich des Kindes sollte erweckt werden, ihm aus dem neptunischen Traum in die Wirklichkeit verholfen werden. Dabei muss immer auch genügend Zeit zum Träumen und für fantasievolle Tätigkeiten mit eingeplant werden.

Ein kleines Mädchen mit prominentem Neptun hatte sich einen Radiowecker gewünscht, der es langsam mit ruhiger klassischer Musik in den Tag holte. Es stellte sich den Wecker immer schon 20 Minuten vor dem eigentlichen Aufstehen, damit es noch ein wenig zur Musik träumen konnte. Es sagte dazu: «Ich muss mich erst wachträumen.»

Hilfreich ist weiterhin, das Kind unermüdlich zu ermuntern, auf eigene Wünsche und Bedürfnisse zu achten und sie zu artikulieren. Es ist immer wieder nach seinem Willen zu fragen.

Da bei dieser Konstellation meist eine starke Vermischung von Ich und Du stattfindet, ist zu beobachten, ob sich das Kind zu etwas überreden lässt oder öfter etwas tut, von dem die Eltern den Eindruck haben, dass es das nur anderen zuliebe tut. Das Kind kann oft nicht unterscheiden:

Was will ich, was will die Freundin? Dann sind klare Fragen wie: «Willst du das auch?» oder «Was willst du?» oder «Was würdest du lieber tun?» unumgänglich. Auch unter Geschwistern kann das Kind Abgrenzung üben.

Prominenter Pluto

Das Potenzial des Erwachsenen liegt darin, das Zyklische im Leben aller Menschen zu erfassen, zu begreifen, dass nichts bleibt, wie es ist, und diesem Prozess des Lebens zu vertrauen. Aus dieser Grunderfahrung heraus wächst der Mensch in seine Kraft und Macht hinein, die er *für* (nicht *über*) andere anwenden kann. Dies kann auf allen Gebieten sein, die mit Entstehen und Vergehen zu tun haben, sei es im physischen, psychischen oder existenziellen Bereich.

Deutung: Im Säuglings- und Kleinkindalter wurden die Weichen gestellt für die Richtung, in der das Schulkind seine plutonischen Energien lebt. Hat das Kind damals, als es unbewusst «plutonisch provozierte» durch die Reaktion der Eltern gelernt: «Ich werde nicht gehört» oder «Wenn ich versuche, meine Kraft zu zeigen, geschieht Schreckliches», so wird es mit erwachendem Bewusstsein sehr wahrscheinlich die ohnmächtige Form für die Plutoenergien wählen (In der Pubertät kann sich dies verändern). Hat das Kind aber damals die Erfahrung machen können: «Manchmal kann ich mich durchsetzen und manchmal muss ich nachgeben», dann wird es auch mit erwachendem Bewusstsein auf die konstruktive Form der Plutoenergien zurückgreifen.

Das plutonische Schulkind «will es wissen». Es lebt sein Leben in jeder Hinsicht intensiv, geradezu ekstatische Freude wie auch verzweifelte Traurigkeit oder rasende Wut wechseln sich ab. Auch in seinen Handlungen ist es meist von starken Gefühlen gesteuert. Es ist mutig, manchmal zu risikobereit und stellt sich dem Gegenüber «ohne Rückendeckung». Ich denke dabei an Kinder, die sich mit Lehrern oder anderen Autoritätspersonen in eine Art Machtkampf begeben, ungeschminkt ihre Meinung äußern und dabei den Finger genau auf die Schwachstelle des Gegenübers legen. Meist finden sie sich in der Ohn-Macht wieder, denn als Schüler sitzen sie fast immer am kürzeren Hebel. Die andere Plutovariante ist aber auch möglich: Das Kind zieht hintenrum seine Fäden, manipuliert oder intrigiert.

Leider musste und muss ich immer wieder erleben, dass Kinder mit prominentem Pluto in der Kindheit überwiegend schlimme Erfahrungen der Ohnmacht durchstehen müssen. Sei es, dass sie mit einem übermächtigen Elternteil konfrontiert sind, sei es, dass sie in der Schule Opfer von Machtausübung durch Mitschüler oder gar Lehrer werden. Dies ist bis zur Pubertät viel eher der Fall, als dass das Kind selbst plutonisch seine Macht über andere ausübt.

Unterstützung: Zunächst ist in diesem Alter wichtig herauszufinden, wie die Eltern sich in ihrer Beziehung zum Kind erleben. Fühlen sie sich ohnmächtig oder mächtig? Fühlen sie sich den Ansprüchen des Kindes ausgeliefert oder halten sie das Kind in Abhängigkeit? Bei diesen Fragen sollten Beratende sich Beispiele aus der jüngsten Vergangenheit geben lassen, um die Reaktionsmuster von Kind und Eltern besser verstehen zu können. Wie auch schon bei den Kleinkindern ist auch hier die weitere Hilfe ein Gespräch mit den Eltern über ihre Einstellung zu den oben erwähnten Plutothemen Macht, Ohnmacht, Intensität, Abhängigkeit und Loslassen. Häufig fühlen sich Eltern von ihrem Kind überfordert und reagieren mit plutonischen Abwehrmechanismen wie Machtkampf. Genauso häufig sind sie aber tatsächlich überfordert und dann wäre der frühzeitige Weg in eine Erziehungsberatungsstelle (den die Eltern durchaus zunächst ohne das Kind antreten können) das Richtige.

Sehr wichtig: Hier eignet sich die Astrologie sehr gut, um Zusammenhänge aufzudecken und zu erklären. Um effektive Problemlösungsstrategien mit den Eltern erarbeiten zu können, muss die Astrologin oder der Astrologe ihren eigenen Pluto sehr genau kennen und «gut im Griff haben». Die Verführung (Pluto), ihre Wissens-Macht (Pluto) zu demonstrieren und damit die Eltern in Abhängigkeit (Pluto) von sich selbst zu bringen, ist riesig.

Teil 3:
Der Horoskopvergleich Kind – Eltern

Beim Horoskopvergleich sehen wir einerseits, welche Energien zwischen Eltern und Kind fließen, in welche Richtung das Kind von den Eltern beeinflusst, wie es geformt wird. Andererseits sehen wir, welche Reaktionen das Kind bei den Eltern auslöst. Wir sehen aber nicht die Entwicklung der Persönlichkeitsebene, auf der die Eltern leben und der gemäß sie sich verhalten. Nur die Themen, die Eltern und Kind begleiten, sind zu sehen, jedoch nicht das Niveau, auf der diese zum Ausdruck kommen. Bei einer hohen Entwicklung und persönlicher Reife sehen die Eltern ihr Kind als eine Herausforderung des Lebens, sich weiterzuentwickeln. Auf einer unreifen Ebene erleben die Eltern das Verhalten ihres Kindes als Bedrohung, die es zu unterdrücken und zu bekämpfen gilt.

Finden wir also beispielsweise die Sonne des Kindes im Quadrat zum Saturn des Vaters, kann der Vater auf einem unreifen Niveau durch Strenge und Unerbittlichkeit das Kind dominieren, auf einer reifen Ebene wird er, auch bei einem Quadrat, mit wohlwollender, berechtigter Kritik und beispielhafter Verantwortung sein Kind stützen.

Deshalb sind hier zuerst die Vorüberlegungen, die wir uns bei der Einzeldeutung der beiden elterlichen Horoskope gemacht haben, heranzuziehen. Zusätzlich ist im Gespräch mit den Eltern das Niveau ihrer persönlichen Entwicklung zu erfassen. Dann erst kann eigentlich mit dem Horoskopvergleich begonnen werden.

Die Verbindung Eltern – Kind

Bei der Deutung der Interaspekte liegt die Unterstützung für Kind und Eltern fast ausschließlich darin, den Eltern die besondere «Verknüpfung» mit ihrem Kind durch die Interaspekte bewusst zu machen, sowohl aus ihrer als auch aus der Sicht des Kindes. Um es noch einmal zu sagen: Eltern, die in eine astrologische Beratung kommen, sei es prophylaktisch oder wegen eines Problems, sind stark interessiert an ihrem Kind und in den allermeisten Fällen bereit, bei sich selbst hinzuschauen, welches Verhalten einer Veränderung bedarf. Dazu müssen sie aber zuerst den Eigenanteil erkennen, das ist in diesem Fall der Planet in ihrem Radixhoroskop, der mit einem Planeten aus dem Radixhoroskop des Kindes verbunden ist. Der Eigenanteil des Vaters im obigen Beispiel ist der Planet Saturn, der im Quadrat zur Sonne des Kindes steht. Unterstützend wäre also hier, mit dem Vater über seine saturnalen Energien zu sprechen, wie er damit umgeht und wie diese sich möglicherweise auf das Wesen, die Entwicklung oder die Ziele (Sonne) des Kindes auswirken. Ich werde also im Folgenden keine Aussagen im Detail machen.

Aspektunabhängige Deutung

Deutung der Elemente im Vergleich

Wie passen die Temperamente von Eltern und Kind zusammen?

Deutung der Mondkombination in den Zeichen und in den Elementen

Wie steht es mit dem Gefühlsaustausch, mit dem Geben von Geborgenheit?

Ein Kind mit Mond in Zwillinge (und damit im Element Luft) wird sich im Austausch der Gefühle ähnlich verhalten wie ein Elternteil mit Mond in Wassermann (und damit ebenfalls im Element Luft). Auch wird es mit der Geborgenheit, die es über verbale Kommunikation bekommt, mit dem ständigen Interesse an verbalem Austausch und mit der trotzdem darin enthaltenen Distanziertheit gut umgehen können. Es «tickt» in dieser Hinsicht ähnlich wie der entsprechende Elternteil. Für dasselbe Kind ist der tiefe, unbedingte, intensive Austausch von Gefühlen mit einem Elternteil mit Mond in Skorpion wahrscheinlich zu nah, zu schwer, zu wenig luftig. Es wird sich eingeengt fühlen. Der Elternteil empfindet die Reaktion des Kindes vielleicht als abweisend und ist irritiert bis verletzt. Weiß er von der Unterschiedlichkeit der emotionalen Wünsche und Befindlichkeit, kann er das Kind verstehen und damit sehr viel besser umgehen.

Deutung von Merkur in beiden Horoskopen
Wie läuft die Kommunikation?

In welches Haus, auf welche Planeten des Kindes legen die Eltern ihren Jupiter?
Wo fällt die besondere Förderung, das besondere Wohlwollen der Eltern hin?

In welches Haus, auf welche Planeten des Kindes legen die Eltern ihren Saturn?
Wo liegt die Unterstützung der Eltern oder wo liegt die Strenge der Eltern, möglicherweise sogar die Behinderung durch die Eltern?

Deutung der Aspekte von Sonne und Mond
Wie erlebt das Kind die Eltern und wie sind die Eltern wirklich?

Vergleich der Qualitäten kardinal, fix und veränderlich
Welche Art der Problemlösung haben Eltern bzw. Kind? Wie packen sie etwas Neues an?

Mars in Element und Zeichen
Wie streiten Kind und Eltern miteinander?

Stellung der Venus in Element, Zeichen und Aspekten
Wie gehen Kind und Eltern an Beziehungen heran?

Die Interaspekte zwischen dem Eltern- und dem Kinderhoroskop

Beim Säugling und Kleinkind werden zunächst nur die Aspekte zum kindlichen Aszendenten und zum Mond herangezogen. Erst ab dem Vorschulalter dann auch zu den anderen persönlichen Planeten. Dabei sind Aspekte zum Mond, gleichgültig, wie alt das Kind ist, immer besonders wichtig.

Auch hier gilt die alte Regel aus der Erwachsenenastrologie, dass der langsam laufendere Planet den schneller laufenden dominiert. Wenn also der elterliche Mars im Spannungsaspekt zum kindlichen Saturn steht, dann wird das Kind wohl zur Herausforderung werden (auch wenn es ein Kind ist) in Bezug auf das Durchsetzungsvermögen, das Handeln dieses Elternteils oder auch in Auseinandersetzungen miteinander

Die stärkste Wirkung elterlicher Planeten auf das Kind haben Saturn, Uranus, Neptun und Pluto, sofern sie im Horoskopvergleich einen Spannungsaspekt oder eine Konjunktion mit dem AC oder mit persönlichen Planeten des Kindes bilden.

Die Aspekte im Einzelnen

Mars-Aspekte von den Eltern zu persönlichen Planeten des Kindes

Harmonie: Anregend und motivierend, Mut machend. Kann auch eine gute Herausforderung zu (sportlicher) Bewegung für das Kind sein.

Spannung: Zu fordernd und damit demotivierend. Das Kind fühlt sich ständig als Verlierer. Der Elternteil wird streitbar bis aggressiv erlebt.

Mars-Aspekte vom Kind zu persönlichen Planeten der Eltern

Harmonie: Das Kind wird als guter Mitspieler, als guter Kamerad empfunden. Gefahr: Eltern sehen sich eher als Kumpel denn als Erziehungspersonen.

Spannung: Das Verhalten des Kindes wird als unruhig, frech, herausfordernd und aggressiv erlebt.

Jupiter-Aspekte von den Eltern zu persönlichen Planeten des Kindes

Harmonie: Das Kind erlebt wohlwollende Förderung im Bereich des Planeten.

Spannung: Zu hohe Erwartungen an das Kind in diesem Bereich und deshalb immer wieder Enttäuschungen und Frustrationen auf beiden Seiten.

Jupiter-Aspekte vom Kind zu persönlichen Planeten der Eltern

Harmonie: Das Kind wird als förderlich, als Geber im Bereich des Planeten empfunden.

Spannung: Das Kind hat zu hohe Erwartungen an den Elternteil in diesem Bereich und es kommt deshalb immer wieder zu Enttäuschungen und Frustrationen.

Ein Kind, das seinen Jupiter im Quadrat zum Mond seiner Mutter hat, hat vielleicht noch mit zwölf Jahren (und länger) den Anspruch und die Erwartung an sie, von ihr, im übertragenen Sinn, gewindelt und gefüttert zu werden.

Saturn-Aspekte von den Eltern zu persönlichen Planeten des Kindes

Harmonie und Spannung bei reifer Entwicklung der Eltern: Der Elternteil stellt für das Kind eine gesunde Autorität dar und ist ihm dadurch Stütze, Hilfe und Führung. Berechtigte Kritik wird liebevoll erteilt.

Spannung: Der Elternteil ist keine Autorität, sondern handelt autoritär. Häufig zeigt er sich als gnadenloser Kritiker, der nur die Fehler des Kindes sieht. Wenn der Elternteil seinen Saturn in Form von Ängsten und Minderwertigkeitsgefühlen erlebt, ist der Planet des Kindes, den dieser Saturn aspektiert, seine besondere Herausforderung. Das Kind wird zum (unfreiwilligen) Lehrmeister. Meist begegnet der Elternteil diesem Bereich des Kindes mit Ablehnung und Kritik. Das Kind kann eigentlich nichts richtig machen, wenn es sich auch noch so sehr anstrengt.

Saturn-Aspekte vom Kind zu persönlichen Planeten der Eltern

Harmonie und Spannung: Das Kind wird als sehr vernünftig, angepasst und selbständig erlebt, was zu einer großen Überforderung des Kindes führen kann. Wünscht sich andererseits ein Elternteil ein Kind, das er bemuttern, beschmusen und hätscheln kann, dann wird er sein Kind bei dieser Konstellation eher ablehnen und ihm mit Kritik begegnen.

Uranus-Aspekte von den Eltern zu persönlichen Planeten des Kindes

Harmonie: Der Elternteil bietet dem Kind Gelegenheit, seine Freiheit, Eigenständigkeit und Individualität in Zusammenhang mit dem aspektierten Planeten zu entwickeln. Auch die rebellischen, unangepassten Seiten des Kindes werden akzeptiert, ja sind teilweise sogar willkommen.

Spannung: Das Kind erlebt den Elternteil als unzuverlässig, unbeständig. Teilweise ist dieser auch physisch tatsächlich abwesend. Sehr häufig muss das Kind mit Doppelbotschaften umgehen und erhält daher keine zuverlässigen Aussagen von den Eltern. Besonders häufig findet man den unausgesprochenen Wunsch des Elternteils: «Lebe du die Freiheit, die ich nicht zu leben wage», also den Auftrag: «Lebe meine Freiheit» (also ein an sich schon unmöglicher Auftrag). Gleichzeitig besteht eine ständige verbale Auseinandersetzung darüber, dass sich das Kind die Freiheit herausnimmt, den Elternteil mit Unangepasstheit und Rebellentum zu belasten.

Der Uranus der Mutter macht ein Quadrat zum wilden, freiheitlichen Widdermond eines zehnjährigen Mädchens. Das Kind hatte schon sehr früh seine freiheitsliebende, besondere Rolle innerhalb der Familie eingenommen. Zum Schuleintritt wünschte es sich, aus ihrem Zimmer aus- und in das ausgebaute Dachgeschoss einziehen zu dürfen. Begründung: «Ich kann dort die Sterne besser sehen, dann ist es nicht so eng.» Weder die zwei Geschwister noch die Eltern konnten diesen Wunsch verstehen, erfüllten ihn aber. Seitdem erlebte die Mutter aber die unangepasste, lebensfrohe, individuelle Seite des Kindes als Last, als Sorgenfaktor und beinahe als Unverschämtheit, wie sie selbst sagte. Im Horoskop der Mutter sind Sonne und Merkur in Krebs im 4. Haus, allerdings ist dieses in Zwillinge angeschnitten und die Venus steht ebenfalls in Zwillinge am IC. Ihr Mond steht in Löwe mit einem Aspekt zu Saturn. Erst als zur Sprache kam, wo und wann sie sich selbst innerhalb der Familie ihre «kleinen Freiheiten» nehmen würde, wo sie denn wild und unangepasst ein bisschen Luxus leben könnte, schossen ihr die Tränen in die Augen und sie meinte: «Ich muss mir wohl mein Kind als Vorbild nehmen.»

Uranus-Aspekte vom Kind zu persönlichen Planeten der Eltern

Harmonie: Durch die Eigenschaften des Kindes werden neue Ideen und vielleicht auch Verhaltensweisen in den Eltern geweckt, die bis dahin brachlagen.

Spannung: Das Kind nervt den Elternteil durch seine Unruhe, Unangepasstheit und Unzuverlässigkeit und dadurch, dass es sich meist nicht an Normen und Regeln hält. Außerdem fällt es aus der Sicht dieses Elternteils meist im unpassendsten Augenblick auf. Er schämt sich dadurch für sein Kind und versucht, es in Verbote und Verhaltensregeln zu pressen.

Neptun-Aspekte von den Eltern zu persönlichen Planeten des Kindes

Harmonie: Reine, klare Elternliebe, die dem Kind ermöglicht, Eigenständigkeit, Selbstwertgefühl und Selbstbewusstsein zu entwickeln, damit es auf dieser Basis Mitgefühl entwickeln kann.

Spannung: Die Spannung bei diesem Aspekt kann zu großen Schwierigkeiten führen. Der Elternteil hat ein besonders hohes Elternideal, dem kaum zu entsprechen ist. Denn es gibt nicht die ideale Mutter, den idealen Vater. Deshalb entwickelt dieser Elternteil Schuldgefühle, seinem inneren Ideal nicht zu entsprechen. Diese Schuldgefühle belasten die Beziehung zwischen Eltern und Kind. Denn häufig geschieht es, dass sich der Elternteil für das Kind aufopfert und seine eigenen Bedürfnisse zurückstellt. Dies ist aber auf Dauer nicht durchzuhalten.

Das kann der Vater sein, der sehr darunter gelitten hat, dass sein eigener Vater keine Zeit und keine Lust hatte, sich mit ihm zu beschäftigen. Nun hat er als Idealbild einen Vater, der das Aufwachsen seines Kindes liebevoll und zeitintensiv begleitet. Er hat aber einen Beruf, der ihn mehr als zwölf Stunden von der Familie fernhält. Dringend braucht er am Wochenende Ruhepausen zur Regeneration. Die Zeit für sein Kind ist seinem Gefühl nach viel zu kurz bemessen und er lebt mit den ständigen Schuldgefühlen, nicht zu genügen. Irgendwann schlagen die Schuldgefühle in Ärger auf das Kind um, was wiederum die Schuldgefühle verstärkt.

Beim Vater findet sich eine Jungfrausonne in Trigon zu Jupiter im Steinbock. In seinem Inneren trägt er das idealisierte Bild eines zuverlässigen, anwesenden Vaters, dem sein eigener Vater in keiner Weise entsprach. Er möchte aber diesem Bild entsprechen. Aufgabe der Beratenden ist es nun, ihm bewusst zu machen, dass er einem Idealbild nachstrebt, dem er nur nahekommen, aber «im wirklichen Leben» niemals ganz entsprechen kann.

Speziell bei Müttern kann dieser Spannungsaspekt noch eine andere Auswirkung haben. Die Mutter fühlt sich absolut eins mit ihrem Kind, sie lebt in der totalen Hingabe und behindert dadurch die Selbstständigkeit des Kindes. Beim Kind kann dieses Einheitsgefühl der Mutter zwei Effekte haben: Entweder es fühlt sich der großen Mutterliebe gegenüber verpflichtet oder es nutzt diese teilweise schamlos aus. Dass diese Art von Beziehung Nährboden einer Symbiose sein kann, muss nicht eigens betont werden.

Neptun-Aspekte vom Kind zu persönlichen Planeten der Eltern

Harmonie und Spannung: Das Kind nimmt die Gefühle, Bedürfnisse und Wünsche des Elternteils stark auf. Die Gefahr dabei ist, dass es sich zu stark anpasst und nicht dazu kommt, auf seine eigenen Bedürfnisse zu achten. Häufig finden sich das Pflichtgefühl, so zu sein, wie die Eltern es wünschen, und vage Schuldgefühle, wenn dies nicht gelingt.

Pluto-Aspekte von den Eltern zu persönlichen Planeten des Kindes

Hier kommt es sehr stark auf das Entwicklungsniveau der Eltern an, ob sich das Kind unter der Plutoenergie entwickeln kann oder sich abhängig und ohnmächtig erlebt. Interaspekte mit Pluto werden von den Kindern fast immer als extrem schwierig erlebt, gleichgültig, ob dieser Aspekt harmonisch oder spannungsgeladen ist.

Harmonie: Die Kraft und die Macht des Elternteils werden für die Entwicklung des Kindes bereitgestellt. Das Kind hat die Möglichkeit, seine plutonischen Kräfte konstruktiv an diesem Elternteil zu messen.

Spannung: Der Pluto der Mutter im Aspekt: Dieser Aspekt von der Mutter zum Kind wirkt vor allem im psychischen Bereich. Es besteht eine sehr starke emotionale Verbindung zwischen Mutter und Kind, nach dem Prinzip «Alles oder Nichts». Meist will die Mutter «alles» vom Kind, sie will es mit «Haut und Haaren» besitzen, was ihr aber häufig nicht bewusst ist. Daher ist es von Beginn an schwierig für sie, das Kind erwachsen werden zu lassen, und sie versucht, es durch Dominanz, Kontrolle oder Manipulation im emotionalen und psychischen Bereich hilfsbedürftig zu halten. Dadurch wird die Ablösung dem Kind sehr erschwert. Insbesondere wenn der Pluto der Mutter mit dem Mond des Kindes verbunden ist, kann das eine lebenslange Aufgabe sein.

Der Pluto des Vaters im Aspekt: Bei dieser Konstellation wirken sich der Anspruch des Vaters auf Dominanz und Kontrolle hauptsächlich im physischen Bereich aus. Der Aspekt provoziert den Vater zu verletzenden Handlungen oder Äußerungen.

Pluto-Aspekte vom Kind zu persönlichen Planeten der Eltern

Harmonie und Spannung: Der Elternteil erlebt das Kind als eine einzige große Herausforderung, denn das Kind hat ein feines Gespür für die wunden Punkte und weiß genau, worauf es den Finger legen muss. So findet man öfters auch, dass bei diesem Aspekt der Elternteil sich vom Kind geradezu bedroht fühlt. Wahrscheinlich liegt die Bedrohung in der Fähigkeit des Kindes, Verborgenes zu entdecken und verdrängte Emotionen zu provozieren.

Teil 4:
Besonderheiten im Kinderhoroskop

Unaspektierte Planeten

Unaspektierte Planeten sind ähnlich wie die Planeten in einer Yodfigur meistens Energien, die in der Familie oder in der Sippe bisher nicht oder nicht adäquat gelebt wurden. Das Kind mit einem oder mehreren unaspektierten Planeten im Horoskop ist nun angetreten, um sowohl für sich als auch rückwirkend für die Familie oder Sippe diese Planetenenergie «mit neuem Leben zu füllen».

Genau wie ein Planet in einer Yodfigur symbolisiert ein unaspektierter Planet eine Energie, die in der Familie oder in der Sippe des Menschen lange Zeit nicht angemessen gelebt werden konnte oder durfte. Und ebenso wie beim Yod hat das Kind mit einem unaspektierten Planeten die Fähigkeit und den Mut mitgebracht, dieser Energie Ausdruck zu verleihen, auf seine ganz individuelle Weise. Ein unaspektierter Planet kann schon früh eine Begabungsrichtung anzeigen, doch nur wenn sie freiwillig erblühen kann. Unter Druck und Zwang steht die Energie des Planeten meist nicht zur Verfügung, so kann sich zum Beispiel ein unaspektierter Merkur in Schulschwierigkeiten äußern.

Nachdem ein Kind seine Planetenenergien zunächst nur unbewusst, eher aus dem Bauch heraus lebt und erst im Laufe des Erwachsenwerdens lernen muss, sie bewusst einzusetzen, ist gut vorstellbar, dass ein nicht eingebundener Planet noch «rauer», auffallender, heftiger das Verhalten des Kindes prägt als durch Aspekte verbundene Planeten. Um Verständnis für das manchmal aus der Reihe tanzende Kind bei den Eltern zu wecken, kann in der Beratung folgende Überlegung mitgegeben werden:

Bildlich ausgedrückt gleicht ein unaspektierter Planet einem jungen Menschen, der nicht in den Familienverband integriert ist. Was wird er tun? Er wird alles versuchen, um Aufmerksamkeit zu erhalten und dabei gute und weniger gute Verhaltensweisen an den Tag legen, um dies zu erreichen. Ähnlich verhält sich ein Planet, der nicht durch Aspekte mit dem «Familienverband» der übrigen verbunden ist. Einmal ist er «da», seine Energie ist spürbar, doch oft nicht steuerbar, daher manchmal «flegelhaft» übertrieben; ein andermal steht er nicht zur Verfügung. Der Weg zur Integration sowohl des jungen Menschen als auch des unaspektierten Planeten ist derselbe: Es ist notwendig, sich mit ihm beschäftigen, ihn und seine Energie genau kennenzulernen, ihn ganz bewusst mehr einzubeziehen, um ihm nach und nach immer mehr vertrauen zu können. Wichtig: Ein unaspektierter Planet ist nicht schwach und hat auch keine «negative Energie.

Deutung und Unterstützung

Ich gebe den Eltern als Hilfe häufig folgendes Bild mit: Stellen Sie sich vor, mit einem jungen, noch nicht erzogenen Hund an der Leine Gassi zu gehen. Einmal stürmt er voran und zerrt an der Leine, dass er sich fast erwürgt, ein anderes Mal stemmt er alle vier Beine in den Boden und versucht, den Kopf aus dem Halsband zu ziehen. Es ist sinnlos und unfreundlich, den Hund hinter sich herzuziehen. Nur durch geduldiges, andauerndes Üben gewöhnt er sich zuerst an die Leine und später daran, ohne Leine «bei Fuß» zu gehen.

So ergeht es dem Kind mit seinem unaspektierten Planeten. Durch immerwährendes, geduldiges Üben wird er mit seiner Energie dem Kind später voll zur Verfügung stehen. Bei allen unaspektierten Planeten ist Geduld die beste Unterstützung.

Sonne

Wenn wir davon ausgehen, dass die Sonne das Ich, die Ziele und den Willen des Kindes symbolisiert, dann stehen diese Bereiche dem Kind nicht immer zur Verfügung. So erscheint es manchmal wankelmütig, ziellos und unfähig, seinen Willen zu äußern, ja vielleicht sogar, ihn zu spüren. Keine Sorge, das bedeutet nicht, dass es willensschwach wäre oder diesen später nicht umsetzen könnte. Es muss sich aber erst in die Sonnenenergie einarbeiten. Es kann auch sein, dass das ältere Kind

Minderwertigkeitsgefühle entwickelt, weil es lange dauern kann, bis es von sich sagen kann: «Das bin ich» oder «So bin ich». Erst spät setzt ein Identitätsgefühl ein. Andererseits kann es auch Situationen geben, in denen das Kind übermäßig und bockig auf seinem Willen beharrt und keinen Kompromissvorschlag annehmen kann.

Unterstützung: Immer wieder sollte der Wille des Kindes liebevoll «trainiert» werden. Die Frage «Was willst du anziehen, spielen, jetzt tun ...?» darf nicht mit der Zeit rhetorisch werden, sondern muss beim Kind ernsthaft ankommen. Nur dann kann es lernen, «den jungen Hund an der Leine zu führen», anstatt von ihm hin und her gezerrt zu werden. Hilfreich ist es auch, das Kind in Entscheidungen einzubeziehen, besonders wenn diese das Kind betreffen.

Mond

Das Kind mit einem unaspektierten Mond hat Schwierigkeiten, seine Bedürfnisse und Gefühle wahrzunehmen. Einmal ist es ganz Gefühl, ganz weich und nah, dann braucht es Distanz und kann schroff und abweisend sein. Einmal weiß es genau, was jetzt schön wäre, was es jetzt braucht, ein anderes Mal trampelt es über seine Bedürfnisse hinweg. In ihm wohnt eine starke Sehnsucht, behütet zu werden oder zu behüten. Das Kind kann emotional sehr anspruchsvoll sein.

Unterstützung: Sehr wichtig ist es, dass die Eltern das Wechselbad der Gefühle verstehen und sich nicht verletzt fühlen. Auch ist es hilfreich, auch mit den Großeltern darüber zu sprechen, damit diese sich vom Kind nicht zurückgewiesen fühlen und das Kind sich nicht unter Druck fühlt, «lieb zu sein». Ein Dauerthema sollten Gefühle und Bedürfnisse an sich sein: Eltern sollten über ihre Gefühle sprechen, das Kind fragen, wie es ihm geht, nach seinen Wünschen fragen und sorgfältig erklären, warum diese (nicht) erfüllt werden können. Nicht erschreckt sein, wenn das Kind seine wechselnden Gefühle an Puppen oder Teddys abreagiert. Allerdings sollten die Eltern sanft eingreifen, wenn ein Haustier das «Opfer» ist, und das Kind daran erinnern: «Was du nicht willst, dass man dir tu', das füg' auch keinem anderen zu.»

Merkur

Interessiert ist das Kind an allem Möglichen, aber meist nicht an dem, was in der Schule unterrichtet wird. Unter Druck oder Zwang, zum Beispiel während einer Schularbeit oder beim Gedichtaufsagen unter dem Weihnachtsbaum, kann es zum Blackout kommen. Manchmal ist das Kind mit dieser Konstellation praktisch begabt, jedoch nicht theoretisch. Es kann sich beispielsweise schnell in einer fremden Sprache verständigen, doch die Grammatik dazu kann es nur schwer lernen. Möglicherweise ist es Legastheniker. Der Redefluss kann übergroß werden und dann wieder fast vollständig versiegen.

Unterstützung: Wichtigste Regel: Das Kind ist nicht dumm! Eltern sollten keinen intellektuellen Druck ausüben, vor Prüfungen sollte man mit dem Kind besprechen, dass eine schlechte Note wieder «ausgebügelt» werden kann. Keinesfalls anklingen lassen, dass Mama oder Papa enttäuscht sind. Eine gute Übung dabei ist, an die eigene Schulzeit und die eigenen Nöte zu denken. Das Kind neigt dazu, sich selbst als dumm zu sehen, dem muss entgegengewirkt werden, damit sich der Eindruck beim Kind nicht festigt. Da ihm «die Brücke zwischen Gelerntem und die Anwendung im praktischen Leben fehlt, braucht es viel Unterstützung. Wichtig ist, das Gelernte in den Alltag zu integrieren, also beim Rechnen mit Geld zu rechnen oder beim Einkaufen zu lesen, was auf den Schildern steht, oder beim Autofahren Kennzeichen zu lesen.»[9]

Venus

Hier finden wir beim Kind wenig Selbstliebe, es kann nicht glauben, dass es liebenswert ist. Deshalb wird es meist von dem Gefühl beherrscht, lieb und nett sein zu müssen. Meist geht es vorsichtig, sogar ängstlich an Beziehungen heran, weil es sich nicht vorstellen kann, dass andere gern mit ihm zusammen sind.

Unterstützung: Bedingungslose Elternliebe gibt dem Kind langsam eine gewisse Sicherheit, liebenswert zu sein.

Mars

Das Kind ist meist sportlich, beweglich, doch lebt es diese Seite nicht aus. Es hat Angst vor Wettbewerben jeglicher Art, denn unter Druck versagt es häufig. Ebenso kann es sich gut behaupten, wenn nichts davon abhängt. Doch wenn es sich durchsetzen muss, zum Beispiel im Streit, fehlen ihm die Worte und eine Strategie. Dann kann es aber auch wieder wütend und sehr hitzig reagieren, fast außer sich geraten. Es verletzt sich leicht durch Hast.

Unterstützung: Das Kind braucht Ermunterung, seinen Mars aktiv einzusetzen, und zwar auf jedem Gebiet. Wenn es Streit mit Geschwistern oder Eltern sucht (denn zu Hause ist ja sein Experimentierfeld), sollte ihm beispielhaft gezeigt werden, dass Auseinandersetzung zum Leben gehört und gut ist. Es sollte auch immer wieder zum Handeln aufgefordert werden, am besten, indem die Eltern mit dem Kind zusammen etwas bauen, spielen oder mit ihm Sport treiben.

Jupiter

Das Kind zeigt sich meist übertrieben, maßlos, zu optimistisch. Es hat viel zu hohe Erwartungen an sich und andere. Dadurch neigt es einerseits zu Selbstüberschätzung, andererseits kann es in ein tiefes Gefühl des Versagens rutschen, dies jedoch nie für lange Zeit.

Unterstützung: Ein gute Übung für die Eltern ist es, zunächst sich selbst zu überprüfen, inwieweit sie selbst Maßlosigkeit und Übertreibung leben. Denn die beste Hilfe für dieses Kind ist es, ein «Zuviel» in jeder Hinsicht zu vermeiden. Dies ist aber nur möglich, wenn die Eltern das rechte Maß für sich und ihre Erwartungen an das Leben gefunden haben.

Saturn

Dem Kind fehlt meist ein rechtes Gefühl für Regeln und Strukturen. So wechseln Ordnung und Unordnung, Struktur und Strukturlosigkeit, Verlässlichkeit und Unzuverlässigkeit einander ab. Da das Kind ja in saturnische Regeln durch Eltern und Schule eingebunden ist, zeigt sich der

Mangel meist in den Bereichen, wo es eigenverantwortlich ist, wenn es zum Beispiel Hausaufgaben machen oder seinen Schulranzen packen soll, an das Pausenbrot auf dem Küchentisch denken oder pünktlich nach Hause kommen soll.

Unterstützung: Hier ist es hilfreich, dass die Eltern nicht als Saturn für das Kind fungieren, dass das Kind seine Verantwortlichkeiten und Pflichten nicht an die Eltern delegieren kann. Es muss möglich sein, dass es die Konsequenzen für seine Nachlässigkeit oder Vergesslichkeit spürt. Wenn es den Turnbeutel zum x-ten Mal zu Hause vergisst, dann muss es eben beim Turnen auf der Bank sitzen und den Ärger des Lehrers aushalten. Am meisten kann das Kind lernen, wenn die Konsequenz mit der Nachlässigkeit in ursächlichem Zusammenhang steht. Ein Tag Hausarrest, weil es immer wieder unpünktlich vom Spielen nach Hause kommt, ist für das Kind verständlich. Hausarrest, weil es immer wieder vergisst, die richtigen Bücher in den Schulranzen zu packen, hat keinen Lerneffekt. Hier ist die richtige Konsequenz, dass es sich mit dem Lehrer auseinandersetzen muss. Keinesfalls ist anzuraten, ihm die Verantwortung für ein Haustier zu übergeben, das wäre sicher überfordernd.

Da das Kind die Energien der Generationenplaneten Uranus, Neptun und Pluto erst ab der Pubertät in einem sehr langsamen Prozess in sein Leben integrieren kann, ist eine Deutung, wenn diese nicht ins Aspektgefüge eingebunden sind, nicht sinnvoll.

Die Familien- oder Sippenhäuser 4, 8 und 12

Den meisten psychologischen Astrologen ist bekannt, dass die Häuser 4, 8 und 12 auch als Familien- oder Sippenhäuser gedeutet werden.

Das 4. Haus symbolisiert den Bereich des Familienklimas, das, was das Kind braucht, um sich geborgen zu fühlen (IC). Planeten in diesem Haus verfeinern die Deutung des IC und weisen nicht nur darauf hin, was das Kind zu seiner Entfaltung braucht, sondern deuten (teilweise) auch auf das hin, was das Kind innerhalb der Familie vorfindet. Diesbezüglich sei auch auf die Deutungen der Planeten bei Kleinkindern auf Seite 67ff. verwiesen.

Stehen Planeten im 8. Haus, so zeigen sie meist die Aufträge der Ahnen an den Horoskopeigner, während Planeten im 12. Haus die verborgenen Wünsche und Aufträge der Sippe zeigen.

Befinden sich im Horoskop eines Kindes Planeten im 4. Haus, deute ich sie selbstverständlich in Bezug auf die Frage: «Welches Familienklima braucht das Kind, um sich in Geborgenheit gut entfalten zu können?» Dies ist sowohl an dem Zeichen am IC zu ersehen als auch an den Planeten im 4. Haus, die in ihrer ganzen lichten Energie gedeutet werden sollten. Dies bespreche ich mit den Eltern und schließe daran immer die Frage an, wie sie selbst das Familienklima einschätzen, ob sie der Meinung sind, dass sie in dieser Hinsicht ihrem Kind das, was es braucht, geben können. Meist entwickelt sich daraus ein ehrliches Gespräch über Fähigkeiten oder Schwierigkeiten der Familie. Interessant für die Eltern ist es, wenn dabei ihr eigener IC, ihr eigenes 4. Haus in das Thema einbezogen werden.

Ganz anders verfahre ich, wenn im Horoskop eines Kindes Planeten in den Häusern 8 oder 12 stehen. Ich deute sie natürlich, spreche aber nicht die daraus ersichtlichen Sippenthemen an. Erstens sind es Themen, die für ein Kind in keiner Weise relevant sind.

Zweitens sollte das Kind als Erwachsener die Möglichkeit bekommen, selbst zu entscheiden, ob es seine Eltern in diese Thematik einbeziehen will oder nicht. Es ist also wieder ein Gebiet, von dem ich behaupte, dass es andere Menschen, und seien es die Eltern, nichts angeht. Drittens gehören ja auch die Eltern mit ihren Erfahrungen und Vorstellungen zur Sippe, es wäre also in keiner Weise unterstützend, sondern nur belastend, sie damit zu konfrontieren.

Kommen allerdings Jugendliche während der Pubertät zu mir *allein* in die Beratung mit Fragen oder einer Problematik, die Familien- oder Sippenthemen berühren, und ihr Horoskop zeigt eine derartige Konstellation, bespreche ich dies selbstverständlich mit ihnen.

Chiron

Was steckt eigentlich psychologisch dahinter, wenn astrologisch von einer Chironverletzung gesprochen wird? Diese mitgebrachte Verletzung, wie sie in der Literatur immer wieder zitiert wird, muss ja psychisch in uns einen Auslöser haben.

In den vielen Gesprächen mit Klienten und anderen Nichtastrologen bin ich immer wieder auf eine unbewusste, angstbesetzte Grundannahme gestoßen, deren Ursprung teils auch in der frühen Kindheit festzumachen war. Eine der tiefsten menschlichen Ängste ist wohl die Angst, nicht (mehr) geliebt zu werden. Ich bin der Meinung, dass der elementare Stoff jeder Chironverletzung, ihre Ur-Materie, aus dieser Angst besteht.

Die Grundannahme könnte lauten: «Wenn ich mich in den Bereichen, die Chiron berührt, in meiner wirklichen Stärke zeige, dann laufe ich Gefahr, durch Liebesentzug verletzt zu werden.»

Aus dem Mythos von Chiron ergeben sich (wie bekannt) unterschiedliche Themen für die Horoskopinterpretation, doch im Kinderhoroskop interessiert nur eines: die Verletzung, die Blockade. Es ist nicht von Nutzen – wie bei der Deutung eines Erwachsenenhoroskops – über die Talente und Fähigkeiten nachzudenken, die der kleine Mensch im Laufe seines Lebens über Chiron erwerben kann. Das sind Optionen für die Zukunft, die sich auch danach richten, welche Erfahrungen das Kind, der Jugendliche, der junge Erwachsene gemacht hat und wie diese verarbeitet wurden. Daraus und aus noch mehreren anderen Faktoren entwickelt der Erwachsene seine «Strategie», mit Chiron umzugehen, und als Folge davon kann er vielleicht die darin enthaltenen Talente und Fähigkeiten für sich und andere nutzen.

Ich weise darauf so eindringlich hin, um bewusst zu machen, dass es nicht nützlich ist, mit den Eltern über «den Heiler für andere» zu sprechen, der – nach allgemeiner Astrologenansicht – aus der Chiron-Verletzung hervorgehen kann. Wohlmeinende Eltern würden vielleicht sogar ihr Kind auf dieses Talent hin trainieren und das Talent sicher im Keim ersticken.

Allerdings ist es mir wichtig, die Eltern auf den wunden Punkt aufmerksam zu machen. Zum einen auf die starke Verletzlichkeit im Chironbereich, die sich zu einer Blockade entwickeln kann. Zum anderen auf die große Empfindsamkeit an diesem Punkt, die das Kind vielleicht überreagieren lässt.

Eine Frau mit Chiron im 4. Haus, die eine Schwester hatte, erinnert sich an ihre Kindheit: «Wie immer die Eltern handelten, ich habe mich der Schwester gegenüber zurückgesetzt gefühlt. Sie hatte es besser als ich, Mami hatte sie lieber als mich, ihre Noten in der Schule wurden gelobt, meine als selbstverständlich hingenommen. Die Weihnachtsgeschenke, die die Eltern der Schwester schenkten, waren schöner als meine eigenen und selbst die Geburtstagsfeier der Schwester verletzte mich tief, weil meine Schwester mir da vorgezogen wurde.» Sie erinnert sich weiter, dass keiner aus der Familie ihre Klagen verstanden hatte. Tagelang war sie mit Tränen in den Augen, muffig und zornig herumgelaufen, um «es allen heimzuzahlen», dass man sie zurückgesetzt hatte. Sie schaffte es, aus jeder Familienunternehmung ein Problem zu machen, gleichzeitig konnte sie aber auch nicht «aus ihrer Haut heraus». Bis heute ist die Wunde nicht geheilt und ihr Verhältnis zu Schwester und Eltern angespannt. Eltern und Schwester wiederum können sie bis heute nicht verstehen.

In dem Beratungsgespräch meinte sie, dass die Eltern, wenn sie von diesem wunden Punkt gewusst hätten, sicher anders reagiert hätten als mit «Wir behandeln beide gleich, keine von euch wird vorgezogen, keine benachteiligt».

Ein Junge mit Chiron im 5. Haus musste zu jeder Familienfeier ein Gedicht vortragen. Nächte vorher schlief er deshalb schon schlecht und im entscheidenden Moment war er derart blockiert, dass er den Text regelmäßig vergaß. Er reagierte auf diesen Misserfolg fast immer mit starker Übelkeit und Erbrechen, sodass er meist von den «guten Sachen, die es da gab» nichts essen konnte. Die Eltern und Großeltern waren der Meinung, dass er das immer wieder üben müsste, dann würde es schon gehen.

Im Gespräch meinte er, dass er viel früher seine Angst, sich zu präsentieren, «einigermaßen hätte in den Griff bekommen können», wenn nicht diese schrecklichen Kindheitserlebnisse gewesen wären. Auch seine Eltern hätten sicher ihr Verhalten geändert, hätten sie gewusst, dass im Bereich von Chiron Übung nicht den Meister macht.

So ist es sicher richtig, mit den Eltern den wunden Punkt ihres Kindes, seine Verletzlichkeit, die möglicherweise vorhandene Blockade durch Chiron zu besprechen. Damit sie Verständnis entwickeln können für sein vielleicht eigenartiges, unverständliches Verhalten im Bereich des Hauses, in dem Chiron steht.

Ich empfehle aber, ausschließlich dieses Chironthema zu berühren und alle weiteren Themen dem späteren Erwachsenen zu überlassen.

Dabei ist sehr wichtig: Nur wenn Chiron im Horoskop prominent steht, also stark durch Aspekte eingebunden ist, ist er überhaupt spürbar. Diese Regel gilt, wie im Erwachsenenhoroskop, auch bei Kindern.

Unterstützung: Wie unter psychologischen Astrologen bekannt, sind die Wunden und die Verletzungen, die Chiron mit sich bringt, nicht wie Saturn- oder Plutoprobleme zu bearbeiten. Es geht nicht nach dem Motto: Problem erkannt, Ärmel aufkrempeln, Problem beseitigen, auch nicht bei kardinal betonten Menschen. Chiron lehrt dort, wo er steht, durch das, was er berührt, sich zu verneigen, Demut zu zeigen vor dem, was ist, vor dem, was nicht geheilt, sondern nur gelindert werden kann. Er lehrt uns, etwas anzunehmen, was uns verletzbar macht, Ja zu sagen zu einer Schwäche, die wir in uns tragen.

So ist es nicht sinnvoll, bei Chiron eine psychologische oder alltagstaugliche Unterstützung anzubieten. Hilfreich für das Kind ist einzig und allein ein tiefes Verständnis und Mitgefühl (nicht Mitleid!) der Eltern für seine Verletzlichkeit und seine daraus resultierenden Überreaktionen. Hilfreich für die Eltern ist das Wissen, dass sie nichts «machen» müssen, dass sie nicht «schuld» sind am «Chiron-Verhalten» ihres Kindes.

Bei jeder Situation ist neu zu entscheiden, wie damit umzugehen ist. Mit zunehmendem Alter verändert das Kind auch sein Verhalten in diesen Schwierigkeiten, es lernt, besser damit umzugehen.

Kleinen Kindern ist deshalb am besten geholfen, wenn sie mit angstbesetzten Situationen im Bereich von Chiron möglichst nicht konfrontiert werden (Es wird einfach kein Gedicht aufgesagt). Mit älteren Kindern kann die Situation vielleicht vorher, sicher aber nachher besprochen werden, damit sie Erleichterung durch das Verständnis der Eltern finden.

Die Frage, die Erwachsenen gestellt werden kann «Was brauchst du, um dich im Chironbereich zu schützen?», ist für Kinder und Eltern überfordernd.

Da Chiron zu den Langsamläufern gerechnet wird (ca. 50 Jahre bis zur Wiederkehr), wird er bekanntermaßen nur in Haus und Aspekten gedeutet, das Zeichen aber kann den Weg andeuten, wie die Ängste und Schmerzen gelindert werden können. Aber auch das sollte mit den Eltern nicht besprochen werden, denn das wird zur Aufgabe des erwachsenen Menschen und es muss einzig ihm selbst überlassen bleiben, wie er damit umgehen möchte.

So bleibt, ich wiederhole mich, bei Chiron nur, die Eltern über die besondere Empfindsamkeit ihres Kindes aufzuklären und um Verständnis zu werben. Dabei ist im Allgemeinen nur die Hausposition von Chiron zu verwenden. In Einzelfällen, nur dann, wenn das Kind wirklich ganz spezielle (auf den jeweiligen Planeten zugeschnittene) Auffälligkeiten zeigt, können auch Chirons Aspekte mit herangezogen werden.

Ein Junge mit Chiron im 2. Haus im Quadrat zu Saturn hatte große Angst vor seiner jungen und zugewandten Lehrerin, die nicht durch das Verhalten der Lehrerin erklärbar war. Außerdem «ging eine Welt für ihn unter», wenn die Lehrerin ihn auf einen Fehler hinwies. Das war ein Fall, wo ich den Aspekt, zusätzlich zu Chirons Hausposition, mit den Eltern besprochen habe.

Chiron in den Häusern

Den von mir beobachteten oben erwähnten Grundannahmen habe ich der Deutung ein «wahrscheinlich» vorangestellt, weil sich meine Annahmen erst in den Beobachtungen der nächsten Jahre verifizieren müssen. Sie beruhen noch auf zu wenig Fallbeispielen, um als wirklich gesichert zu gelten.

Chiron in Haus 1

Wahrscheinliche unbewusste Grundannahme: Wenn ich mich zeige, wie ich wirklich bin, wenn ich durchsetze, was ich wirklich will, werde ich nicht mehr gemocht, verliere ich Zuwendung.

Das Kind ist ängstlich, sich durchzusetzen, und zeigt sich sehr besorgt, wie es bei anderen ankommt, wie es von anderen gesehen und aufgenommen wird. Meist hat es Angst vor Neubeginn. Es richtet sich stark nach den Erwartungen und Wünschen anderer, vor allem der Eltern. Denn es ist sehr verletzlich, weil es meint oder wirklich erfahren muss, dass es so, wie es ist, nicht «richtig» ist. So lebt es mit dem Gefühl, nicht erwünscht zu sein, und entwickelt dabei manchmal ein negatives Bild von sich selbst. Gerade in der Schule kann es sich auch ängstigen, bloßgestellt zu werden, wenn es sich meldet oder abgefragt wird. Erleichternd ist es für das Kind, wenn es immer wieder erfahren darf: Es ist gut so, wie du bist, genauso gefällst du uns (aber es muss von den Eltern ehrlich gemeint sein).

Chiron in Haus 2

Wahrscheinliche unbewusste Grundannahme: Wenn ich zeige, wie viel ich mir selbst wirklich wert bin mit meinen Talenten und Fähigkeiten, werde ich nicht mehr gemocht, verliere ich Zuwendung.

Das Kind hat wenig Selbstwertgefühl, es meint, nichts wert zu sein. Umso mehr erscheinen ihm Dinge wertvoll, die ihm gehören. Durch diese Dinge erhält es einen Eigenwert. Heftig reagiert das Kind deshalb auf materielle Verluste oder hat Angst, etwas zu verlieren, was ihm wertvoll erscheint. Eltern sollten also keinesfalls etwas vermeintlich Unnützes wegwerfen, ohne das Kind zu fragen. Manches Kind hat ein ausgeprägtes Revierverhalten, ein anderes wiederum kann keine Grenzen setzen. Manchmal drückt das Kind sein Habenwollen, seinen Wunsch nach Besitz durch zu viel Essen aus und wird zu dick. Vorsichtiges Maßhalten ist bei dieser Konstellation in jedem oben erwähnten Bereich erleichternd. Es ist also nicht sinnvoll, das Kind mit Geschenken zu überhäufen.

Chiron in Haus 3

Wahrscheinliche unbewusste Grundannahme: Wenn ich zeige, wie groß mein angesammeltes Wissen wirklich ist, wenn ich meine Position in der Geschwisterreihe wirklich einnehme, werde ich nicht mehr gemocht, verliere ich Zuwendung.

Das Kind zeigt sich sehr verletzlich im Bereich der Kommunikation und des Lernens. «Keiner versteht mich» oder «Ich verstehe nichts» sind zwei seiner Glaubenssätze. Dies kann ihm in der Schule das Gefühl geben, zu dumm zu sein, und dazu führen, dass es schon den Versuch, etwas zu lernen und zu verstehen, nicht wagt. Wesentlich ist hierbei, dass das Kind dazu ermuntert wird, zu fragen, damit es lernt, dass Fragen klug ist, wenn man etwas nicht weiß oder nicht verstanden hat. Auf dem Gebiet der Kommunikation fühlt es sich häufig missverstanden. Hat das Kind Geschwister, können auch diese zu seinem «wunden Punkt» werden, weil das Kind sich entweder von ihnen oder von den Eltern in Bezug auf die Geschwister unverstanden fühlt. Ein klares Kommunikationsverhalten zwischen Eltern und Kind kann Erleichterung bringen: das, was das Kind gesagt hat, sinngemäß zusammenfassen und kurz wiedergeben, mit der Frage «Habe ich dich so richtig verstanden?»

Chiron in Haus 4

Wahrscheinliche unbewusste Grundannahme: Wenn ich zeige, wie stark und tief meine Emotionen, Gefühle und Bedürfnisse wirklich sind, werde ich nicht mehr gemocht, verliere ich Zuwendung.

Hier weist Chiron meist auf eine für das Kind schwierige familiäre Konstellation hin. Da es sich um eine «mitgebrachte Wunde» handelt, lässt diese Konstellation nicht den Schluss zu, dass eine Familienproblematik im psychologischen Sinne besteht. Ob sich die Familie gerade für dieses Kind als schwierig darstellt oder ob sie es wirklich ist, muss im Beratungsgespräch herausgefunden werden. Die Verletzlichkeit des Kindes kann sich in zweierlei Weise zeigen:

Das Kind fühlt sich nicht angenommen und weiß deshalb nicht, wohin es gehört. So findet es innerhalb der Familie nicht seinen Platz, kann sich innerlich nicht niederlassen. Erleichternd ist hier sicher, das Kind in kleinere Familienentscheidungen einzubeziehen. Dadurch spürt es vielleicht, dass, das was es meint und möchte, wichtig genommen wird.

Die zweite Möglichkeit findet sich genauso häufig, nämlich dass das Kind in Abhängigkeit von einem Elternteil lebt, meist von der Mutter, und unfähig ist, sich innerlich abzunabeln und in eine eigene Identität hineinzuwachsen.

Achtung: Ob das Kind seine Verletzlichkeit über Abhängigkeit von der Mutter ausdrückt, ist erst ab dem Schulalter wirklich zu erkennen. Vorher leben alle Kinder in Abhängigkeit von den Eltern. Erst ab dem Schulalter, wenn sich ihr Umfeld erweitert und sie in der Schule eigenverantwortlich für die Hausaufgaben werden, selbstständig vielleicht ein Instrument erlernen oder bewusst eine Schulkameradin als Freundin erwählen, wächst der Bereich, in dem sie sich eigenständig erfahren können. Dieser psychisch-soziale Wachstumsprozess wird von den Kindern fast immer als lustvoll erlebt. Ist ein Schulkind aber sehr ängstlich und nicht bereit, seinen kleinen Verantwortungsbereich auszudehnen, sondern verharrt im Verhalten eines Kleinkindes, ist das ein Hinweis darauf, dass es Angst hat, verletzlich zu sein, wenn es erwachsen wird.

Im zweiten Fall bringt es für das Kind Erleichterung, wenn die Person, auf die sich die Abhängigkeit des Kindes bezieht, an *ihrer* inneren Einstellung arbeitet. Ihr Part ist es, sich sehr klar vor Augen zu führen – und den meist dazugehörenden Schmerz zu ertragen –, dass das Kind sich natürlicherweise mit jedem Tag seines Lebens weiter von den Eltern entfernt, hin zu sich selbst.

Chiron in Haus 5

Wahrscheinliche unbewusste Grundannahme: Wenn ich zeige, wie groß mein Wunsch nach Anerkennung und meine Kreativität wirklich sind, werde ich nicht mehr gemocht, verliere ich Zuwendung.

Eine tiefsitzende Angst, ausgelacht zu werden, hindert das Kind daran, sich zu zeigen, mit dem, was es kann, was es tut oder wie es ist. Es ist gehemmt oder blockiert, wenn es sich ausdrücken soll, verbal oder auch, indem es von sich etwas zeigt. Dahinter steht der immense Wunsch nach Anerkennung der eigenen Person und seiner Fähigkeiten. Es möchte so gern Mittelpunkt sein, hat aber gleichzeitig große Angst davor. Erleichternd für das Kind ist, wenn es immer wieder ehrliche Anerkennung für sein So-Sein (nicht nur für seine Taten und Werke) bekommt.

Chiron in Haus 6

Wahrscheinliche unbewusste Grundannahme: Wenn ich zeige, wie perfekt ich meine Aufgaben meistere und wie nützlich für andere ich wirklich bin, werde ich nicht mehr gemocht, verliere ich Zuwendung.

Das Kind hat einen übersteigerten Perfektionsanspruch an sich und sieht sich daher zum einen als Versager, zum anderen versagt es tatsächlich immer wieder. Es ist sehr ängstlich, wenn es etwas Neues beginnen soll, denn es zweifelt schon im Voraus an seinem Können. Deshalb ist es vielleicht mutlos und wenig motiviert. Es kann sich auch eine diffuse Angst vor Krankheiten zeigen. Erleichternd für das Kind ist sicher, wenn es sich nützlich machen kann. Dabei sollten die Eltern darauf achten, dass sie dies nicht unbedacht ausnutzen, vor allem, wenn das Kind älter wird. Es ist keine Haushaltshilfe.

Chiron in Haus 7

Unbewusste Grundannahme: Wenn ich zeige, wie sehr ich den anderen liebe und brauche, werde ich nicht mehr gemocht, verliere ich Zuwendung.

Das Kind ist entweder sehr zurückhaltend, fast kontaktscheu, ängstlich in Begegnungen. Erleichterung bringt hier nur eine beständige, belastbare Beziehung der Eltern zu ihrem Kind (auch wenn es nicht mehr nur «süß» ist, sondern strapaziös wird). Oder es zeigt sich viel zu angepasst an die Erwartungen der Mitmenschen und verliert dabei den Bezug zu sich selbst und zu seinen Bedürfnissen und Wünschen. In beiden Fällen steckt eine tiefe Angst im Kind, durch das Gegenüber verletzt zu werden, denn es kann meist nicht glauben, dass es liebenswert ist, nur weil es ist, wie es ist. In diesem Fall ist es erleichternd für das Kind, wenn es immer wieder liebevoll nach seinen Wünschen und Bedürfnissen gefragt wird.

Chiron in Haus 8

Wahrscheinliche unbewusste Grundannahme: Wenn ich zeige, wie tief ich mich einlassen kann und wie intensiv und kraftvoll ich wirklich bin, werde ich nicht mehr gemocht, verliere ich Zuwendung.

Das Kind mit Chiron in Haus 8 lebt mit einer tiefen Angst vor Verbindlichkeiten und gleichzeitig vor Veränderungen in Bezug auf Menschen und Situationen.

Eine Frau mit dieser Konstellation erinnert sich, dass sie schon im Alter von elf Jahren gesagt hatte: «Wer mich festhält, hat mich schon verloren.» Sie meinte damit nicht nur das physische Festhalten.

Meiner Meinung nach entsteht diese Angst aus dem unbewussten Begreifen der Vergänglichkeit, denn im 8. Haus ist das zyklische Stirb-und-Werde des Lebens angesprochen.

Ein zwölfjähriger Junge erzählte: «Ich habe aufgehört, mich auf etwas zu freuen, denn immer, wenn ich mich so richtig in etwas einbeame, dann wird es nichts. Damit ich dann nicht so traurig bin, will ich, bis etwas anfängt, gar nichts davon wissen. Auf ein Skilager freue ich mich nicht und wenn ich einen neuen Freund habe, glaube ich ganz lange nicht, dass er mich mag, und wenn ich mich mit der Gruppe verabrede für was Schönes, dann glaube ich auch erst daran, wenn ich dort bin und es beginnt.»

Beide Berichte sind typisch für Kinder mit Chiron in Haus 8 – sie erleben Abbrüche, reagieren darauf sehr sensibel und ihre Enttäuschung ist deshalb viel größer als bei anderen Kindern. Sie nehmen das Nichtzustandekommen oder eine Absage sofort persönlich (ich werde nicht gemocht oder ich werde bestraft) und schützen sich, indem sie sich erst im letzten Moment wirklich einlassen (wenn überhaupt). Zugleich will das Kind aber aus Angst vor Veränderung vor allem emotional besitzen und festhalten, sodass es oftmals innerlich zerrissen wirkt zwischen der Haltung «Ich lasse mich nicht ein» und der Haltung «Jeder Mensch soll mir ganz allein gehören». Beides ist unbewusst und kann ein schwer nachvollziehbares Verhalten zur Folge haben. Da das Kind die Ursache eines Abbruchs oder eines Nichtzustandeskommens meist (fälschlicherweise) in sich sucht, kann ein klärendes Gespräch darüber erleichternd sein.

Chiron in Haus 9

Wahrscheinliche unbewusste Grundannahme: Wenn ich meine eigene Meinung, meinen eigenen Glauben vertrete und zeige, wie gut ich wirklich bin, werde ich nicht mehr gemocht, verliere ich Zuwendung.

Mit Chiron in Haus 9 leidet das Kind darunter, dass seine Meinung und sein Wissen von anderen nicht anerkannt werden. Es befindet sich früh auf der Suche nach dem Sinn (von allem) und kann sein Ergebnis nicht mitteilen, weil es die anderen entweder nicht interessiert oder sie nicht daran glauben. So wird es genau an der Stelle verletzt, wo es besonders schmerzt: auf dem Gebiet seines Wissens. Nicht allzu selten findet sich hier auch ein gläubiges, frommes Kind, das aber von einer nicht religiösen Umgebung etwas mitleidig beäugt und geduldet wird. Erleichternd ist es ganz bestimmt, wenn sich das Kind in seinem Wissen und Glauben ernst genommen fühlt.

Ein nicht getaufter kleiner Junge wünschte sich zu seinem Geburtstag nichts weiter als «so ein Kreuz, wie es die Klosterschwestern haben», während sich ein Mädchen schon früh einen kleinen Altar für einen Buddha einrichtete. Die Eltern des kleinen Jungen waren entsetzt und versuchten ihn zu beeinflussen, während die beiden Brüder des Mädchens tuschelnd ihren Mitschülern den Altar zeigten.

Chiron in Haus 10

Wahrscheinliche unbewusste Grundannahme: Wenn ich mich mit allem, was ich wirklich habe und wirklich kann, den anderen zeige, werde ich nicht mehr gemocht, verliere ich Zuwendung.

Das Kind ist meist stark abhängig vom Urteil anderer. «Was werden die anderen über mich denken, wie werden sie über mich sprechen? Kann ich vor ihnen bestehen oder werden sie mich kritisieren?» Das sind Fragen, mit denen sich das Kind beschäftigt. Es reagiert sehr verletzt, wenn etwas Negatives über sein Aussehen, sein Können oder auch über das Ansehen seiner Familie geäußert wird. Manchmal schämt es sich auch für seine Familie oder Eltern (zu Recht oder auch zu Unrecht).

Ein Mädchen mit dieser Konstellation, das in einer Kleinstadt lebte, schämte sich sehr für seine Mutter, weil diese sich uranisch unangepasst kleidete und dadurch in der kleinbürgerlichen Gesellschaft auffiel.

Gerade weil das Kind aber vom Urteil der Mitmenschen so abhängig ist, äußert sich Chiron in Haus 10 auch häufig mit Versagensängsten, dann, wenn Leistung gefragt ist, die von anderen öffentlich beurteilt werden kann.

Ein älteres Kind kann in Autoritätskonflikte mit Eltern oder Lehrern geraten. Zum einen deshalb, weil es Scheinautoritäten sehr schnell erkennt, zum anderen, weil es in seiner Entwicklung in eine Phase der Selbstüberschätzung gelangen kann und dabei von außen gesetzte Autoritäten anzweifelt. Eine schwierige Situation, weil es dadurch häufig besonders leicht verletzt wird. Leichter wird es für das Kind, wenn die Eltern ihm immer wieder (glaubhaft) vorleben, dass Fehler und Versagen nicht zu Liebesverlust führen.

Chiron in Haus 11

Wahrscheinliche unbewusste Grundannahme: Wenn ich zeige, wie sehr ich Freundschaften und Gruppenerlebnisse brauche *und* fürchte, werde ich nicht mehr gemocht, verliere ich Zuwendung.

Das Kind leidet entweder, weil es keine Freundin, keinen Freund hat und in Gruppen nicht die ersehnte Anerkennung findet. So kann es sein, dass es sich in bestehende Gruppen oder Freundschaften drängt. Hat es aber eine freundschaftliche Beziehung gefunden, sind seine Vorstellungen von Treue und Kameradschaft meist viel zu hoch oder sogar illusionär, sodass das Kind deshalb eine Freundin, einen Freund emotional geradezu ersticken kann. Oder das Kind ängstigt sich in Freundschaften und Gruppen, weil es unbewusst um seine Individualität, um seine Freiheit bangt, wobei es sich gleichzeitig als Außenseiter und Außenstehender einsam fühlt. Es ist aber auch möglich, dass sich das Kind selbst zum Außenseiter macht, um nicht zu sehr eingebunden zu werden. Hier ist die Angst, die Freiheit zu verlieren, vereinnahmt zu werden, das Grundmotiv.

Erleichternd ist sicher in beiden Fällen, wenn dem Kind in liebevollen Gesprächen nahegebracht wird, dass es «normal» ist, wenn Freundschaften und Gruppen beendet oder gewechselt werden, und diese nicht eine lebenslange Bindung erfordern. Es ist darauf zu achten, dass ältere Kinder nicht in für sie untaugliche Gruppen geraten.

Chiron in Haus 12

Wahrscheinliche unbewusste Grundannahme: Wenn ich zeige, wie groß meine Fantasie wirklich ist und wie sehr ich mitfühle mit allem, werde ich nicht mehr gemocht, verliere ich Zuwendung.

Chiron im 12. Haus macht sich bei Kindern noch nicht stark bemerkbar. Seine Themen – Spiritualität, Medialität, Sehnsucht nach der heilen Welt und Suchtgefahren – «schlafen» noch. Zwei Dinge sind dem Kind aber meistens eigen: eine sehr große Einfühlsamkeit in alle Lebewesen und eine ebenso große Fantasie. So fühlt es mit den gefangenen Marienkäfern in der Streichholzschachtel, mit dem toten Schwein in der Wurst oder mit den Blumen im Garten, die an heißen Tagen Durst haben. Es reagiert sehr verletzt, wenn es deshalb verlacht oder verspottet wird, was häufig unter Mitschülern geschieht. Es ist auch möglich, dass dem Kind seine blühende Fantasie als Lügen ausgelegt wird. Für das Kind sind die Geschichten aber wahr, sodass es sich verkannt und nicht akzeptiert fühlt. Ein älteres Kind spricht manchmal davon, nirgends dazuzugehören, nirgends reinzupassen, sich fremd zu fühlen. Es ist dann erleichternd, wenn dem Kind dieses Gefühl gelassen wird und wenn nicht versucht wird, es ihm auszureden («Das bildest du dir nur ein.») oder es zu beschönigen.

Ein zwölfjähriges Mädchen sagte mir, dass es das Gefühl hätte, manchmal «auf einem eigenen Stern zu wohnen» und sich dorthin auch zwischendurch zurückziehen zu können.

Die Deutung der Aspekte im Kinderhoroskop

Eine Regel sollte gerade bei der Deutung von Kinderhoroskopen strikt eingehalten werden, nämlich nur gesicherte und keine spekulativen Aussagen zu treffen. So ist es wichtig sich zu erinnern, dass das Geburtshoroskop nur zeigt, wie ein Mensch *angelegt* ist, nicht, wie er sich im Laufe seines Lebens *festgelegt* hat, auf welcher Ebene er seine Anlagen lebt.

Betrachten wir ein Kinderhoroskop, dann finden wir ausschließlich die *Anlagen* des Kindes. Wir können nicht sehen, was das Kind in Zukunft daraus machen wird. Aus diesem Grund halte ich es nicht für sinnvoll, die Aspekte sowie die Aspektfiguren vorbeugend zu deuten und verzichte bei Kindern meist ganz darauf. Zu groß ist die Gefahr, das Kind auf ein Ergebnis festzulegen, bevor die Saat aufgegangen ist. Damit kann dem Kind Unrecht zugefügt oder den Eltern Sorge bereitet werden.

Nehmen wir als Beispiel ein Quadrat von Mars zu Saturn: Wir wissen nicht, ob das Kind in seinem Durchsetzungsvermögen gebremst sein wird, wenig Vertrauen in sein Können haben oder ängstlich handeln wird. Es könnte auch (trotz Quadrataspekt) ein zuverlässiges und sorgfältig arbeitendes Kind werden, das früh Verantwortung für sein Tun übernimmt. Es könnte aber auch von außen, also durch die Eltern, in seiner Ausdruckskraft gehemmt, beinahe zwanghaft gepuscht oder aber unterstützt werden. Ein Erwachsener kann die Frage beantworten, ob die eine oder die andere Deutung zutrifft, bei einem Kind weiß man nicht, wie es den Aspekt leben und erleben wird.

Die Möglichkeiten, die eine oder andere Ausformung eines Aspektes zu leben, sind beim Kleinkind und jungen Schulkind noch zu gering, um gesicherte Aussagen über die Wirkung des Aspekts zu treffen zu können.

Hat ein Kind zum Beispiel im Horoskop ein Trigon von Sonne und Jupiter, das die alten Astrologen den «königlichen Aspekt» nannten, dann ist der Beratende natürlich geneigt, den Eltern mitzugeben, dass das Kind immer wieder «auf die Füße fallen wird», dass es im Leben Glück haben und zu einem wertvollen selbstbewussten Menschen heranwachsen wird, der anderen viel zu geben hat. Doch was ist, wenn aus dem Kind ein tief an sich zweifelnder, unzufriedener Jugendlicher und junger Erwachsener wird, weil er und seine Umgebung an sein Ich, an seine Entwicklung, seinen Weg viel zu hohe Erwartungen hatten und haben, die er nicht erfüllen kann?

Erst mit zunehmendem Alter, wenn sich sein Aktionsradius und damit die Möglichkeiten des Kindes, Erfahrungen zu sammeln, erweitern, sobald der bewusste Umgang mit den Planetenenergien in der Pubertät spürbar einsetzt, zeigt sich, wie der junge Mensch die Aspekte leben wird. Es darf auch keinesfalls vergessen werden, dass Erziehung und Sozialisation wesentlichen Anteil daran haben, wie ein Mensch das, was in ihm angelegt ist, im Laufe von Kindheit und Jugend festlegt. Sowohl Erziehung als auch Sozialisation stellen einen Prozess dar, der sich durch die gesamte Kindheit zieht und dessen Ergebnis offen ist. Genau diese Faktoren wirken sich aber nachdrücklich auf Art und Weise aus, wie die Aspekte später gelebt werden.

Stellt sich allerdings im Beratungsgespräch heraus, dass sich das Verhalten des Kindes auf keine anderen Faktoren, seien es astrologische oder erzieherische, als auf einen Aspekt zurückführen lässt, deute ich sowohl diesen als auch andere damit im Zusammenhang stehende. Die Aspekte selbst deute ich dann wie in einem Erwachsenenhoroskop.

Dieses Buch beschreibt das Kind bis zu seinem 12. Lebensjahr. Die meisten Kinder warten voller Sehnsucht darauf «Teenies» zu werden, den ersten Schritt zum «Teil-Erwachsenen» zu tun. Ab diesem Zeitpunkt können ihre Horoskope dann wie beim Erwachsenen gedeutet werden und damit auch die Aspekte und Aspektfiguren. In diesem Alter lade ich dann aber auch immer die Jugendlichen mit zum Beratungsgespräch ein – falls sie Lust dazu haben, was interessanterweise häufig der Fall ist.

Teil 5: Anhang

Nachwort

Viele Kolleginnen und Kollegen, die dieses Buch gelesen haben, sind Mütter oder Väter. Manche davon beraten auch manchmal hilflose, manchmal schon fast verzweifelte, aber immer bemühte Eltern.

Folgende Überlegung möchte ich den Müttern und Vätern nahebringen und die beratenden Kolleginnen und Kollegen unter ihnen bitten, sie den Eltern mit auf den Weg zu geben.

«Die Eltern wollen unser Bestes, aber das bekommen sie nicht.»

Dies ist ein nicht sehr durchdachter Spontispruch der 68er-Jahre. Ja, die allermeisten Eltern wollen das Beste für ihre Kinder. Dass dies aber häufig nicht das ist, was ihre Kinder wünschen oder vielleicht auch brauchen, ist wahr, sollte primär jedoch nicht als «Fehler» der Eltern gesehen werden. Es mag sein, dass die Eltern sich ungeschickt und unüberlegt verhalten, doch bevor darüber geurteilt wird, sollte nicht vergessen werden, die Eltern *wollen* nicht nur das Beste für ihre Kinder, sie *geben* dabei auch ihr Bestes. Das Beste, was sie an Können, Geduld, Liebe, Wissen, Geschicklichkeit und Zuwendung haben. Ich möchte allen Müttern, allen Vätern sehr ans Herz legen, das nicht zu vergessen.

Denn wenn ein Kind nicht den Vorstellungen der Umgebung entspricht, wird meist sofort den Eltern die Schuld gegeben und ihnen verbal oder vorwurfsvoll nonverbal mangelnde Erziehungsfähigkeit oder gar mangelndes Engagement unterstellt. Dann ist es wichtig für die Eltern, sich zu erinnern, dass sie aus ihrem Leben, aus ihren Erfahrungen und Erlebnissen heraus das Beste für ihr Kind geben, zu dem sie fähig sind. Besser vermögen sie es im Augenblick nicht zu tun.

Meine Tochter war ungefähr 20 Jahre alt, als sie in den Semesterferien nach Hause kam und wir nach dem Essen gemeinsam abspülten. Ich trocknete noch ab und sie reinigte ganz versonnen das Spülbecken mit den Worten: «So, und jetzt noch das Becken austrocknen, wie es die Mama immer gesagt hatte.» Ich traute meinen Ohren nicht und fragte: «Wie? Weißt du denn das noch?» Lachend antwortete sie: «Ja, meinst du denn wirklich, ich hätte dir damals nicht zugehört? Ich habe alles gehört, was du gesagt hast.»

Dies soll ein Trost sein für alle Eltern, die denken, ihre Worte seien in den Wind gesprochen. Vielleicht spricht ihr Kind es später nicht so direkt aus – doch die meisten Worte fallen auf fruchtbaren Boden, auch wenn die Saat häufig erst später aufgeht.

Anmerkungen

1 Deutungshilfen für den Horoskopvergleich werden hier nicht vorgeschlagen, da dieser im Werkzeugkasten eines jeden Astrologen zu finden ist.

2 Kant, Immanuel: Ausgewählte Schriften zur Pädagogik und ihrer Begründung. Paderborn 1982.

3 Um Konstantin Wecker nicht Unrecht zu tun: Dieser Song ist nicht eine Aufforderung zum Konsum, sondern ein Lied, das dazu auffordert, sich zu entwickeln, zu fragen, zu denken – die nächste Zeile heißt «schon Schweigen ist Betrug».

4 www.familienhandbuch.de

5 In seinem Buch «Warum unsere Kinder Tyrannen werden» (2009) beschreibt der Kinder- und Jugendpsychotherapeut Michael Winterhoff sehr anschaulich dieses Dilemma.

6 Dieser Gedanke stammt nicht von mir, doch leider kann ich die Quelle dazu nicht angeben, möglicherweise ist es Thomas Ring oder auch Hajo Banzhaf.

7 Dies schreibt Hajo Banzhaf (1997) und besser ist Saturns Wirken im Horoskop eines Kleinkindes nicht auszudrücken.

8 Biss 11/2006

9 Cortesi, Anita.

Über die Autorin

Christl Oelmann (1945) ist Mutter einer Tochter. Sie arbeitete viele Jahre in einer Kinderarzt- und Kinderpsychotherapiepraxis und danach 20 Jahre lang mit straffälligen Jugendlichen. Sie beschäftigt sich seit 1993 mit psychologischer Astrologie und ist geprüfte Astrologin DAV. Heute arbeitet sie in eigener Beratungspraxis und ist geschäftsführende Gesellschafterin der Astrologie- und Tarotschule München. 2009 erschien ihr Buch «Der Rote Faden auf dem Weg durchs Horoskop».

Literaturverzeichnis

Banzhaf, Hajo & Haebler, Anna: Schlüsselworte zur Astrologie. München 1997

Badinter, Elisabeth: Die Mutterliebe. München 1991

Bradshaw, John: Das Kind in uns. München 1992

Cortesi, Anita: Kinder-Horoskope deuten und verstehen. Tübingen 2003

Cube von, Felix: Fordern statt verwöhnen. München 2003

Dornes, Martin: Die emotionale Welt des Kindes. Frankfurt/Main 2002

Dornes, Martin: Der kompetente Säugling. Frankfurt/Main 2004

Dornes, Martin: Die frühe Kindheit. Frankfurt/Main 2006

Missildine, W. Hugh: In dir lebt das Kind, das du warst. Stuttgart 1990

Oelmann, Christl: Der Rote Faden auf dem Weg durchs Horoskop. Norderstedt 2009

Ortner, Gerlinde: Märchen, die den Kindern helfen. Himberg bei Wien 1988

Prekop, Jirina: Der kleine Tyrann. München 1999

Simon-Wundt, Traudel: Märchendialoge mit Kindern – ein psychodiagnostisches Verfahren. München 1997

Stenmans, Elisabeth: Jedes Kind ist ein Geschenk. München 2010

Winterhoff, Michael: Warum unsere Kinder Tyrannen werden. Gütersloh 2009

Standardwerke der Astrologie

ANITA CORTESI

Kinder-Horoskope deuten und verstehen

Astrologie als Schlüssel zum Kinderherzen

380 Seiten, Paperback, 14 Abbildungen,
ISBN 978-3-925100-57-4

Anita Cortesi kann sich auf wunderbare Weise in die Hoffnungen, Sehnsüchte und Bedürfnisse von Kinderherzen einfühlen und diesen Ausdruck geben. So werden beispielsweise die zwölf Archetypen des Tierkreises aus der Sicht des Kindes dargestellt, so als würde das Widder-, Stier-, ...-Kind direkt zum Leser sprechen. Cortesis Buch ist jedoch keines der üblichen Sonnenstands-Kinderbücher, sondern wesentlich astrologischer und psychologischer aufgebaut. Neben einer Einführung in die Entwicklungspsychologie geht die Autorin auch auf den Nutzen und die Gefahren bei der Deutung von Kinderhoroskopen ein, stellt eine ganze Familie mitsamt Horoskopen und Familiendynamik ausführlich dar, schildert Projektionsmechanismen im Familiensystem und wendet sich somit nicht nur an astrologisch interessierte Eltern, sondern auch an beratend tätige Astrologen. Den Hauptteil des Buches bilden jedoch die einzelnen Kapitel zu den Deutungsbausteinen des Kinderhoroskops, angefangen von den vier Elementen, den zwölf Aszendententypen, der Bedeutung der Mondknoten bis hin zu jedem einzelnen der zehn Planeten sowie Chiron. Jede Planetenthematik wird ausführlich und unter Berücksichtigung von entwicklungspsychologischen Gesichtspunkten dargestellt.

»Wer das gelesen hat, der wird sowohl Kinder als auch seine eigene Kindheit mit anderen Augen sehen, seine eventuell vorhandenen Ängste in Bezug auf ›schwierige‹ Konstellationen relativieren und den ihm anvertrauten Kindern bzw. Klienten neue Potentiale und Entwicklungsmöglichkeiten aufzeigen können.« *Meridian*

Standardwerke der Astrologie

LIZ GREENE

Schicksal und Astrologie

Die Familie im Spiegel des Horoskops

432 Seiten, Hardcover, 5. überarb. Aufl., 23 Abbildungen

ISBN 978-3-89997-148-4

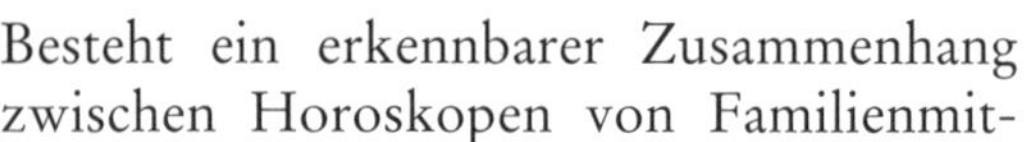

Besteht ein erkennbarer Zusammenhang zwischen Horoskopen von Familienmitgliedern über mehrere Generationen hinweg? Liz Greene geht dieser Frage anhand von Fallbeispielen nach. Ebenso analysiert sie Lebensläufe und Horoskope von Menschen, die vom Schicksal stark gezeichnet zu sein scheinen. In Verbindung hiermit untersucht die Autorin, was Schicksal eigentlich bedeutet. Haben wir einen freien Willen oder sind es die Götter oder die Erbanlagen, die uns bestimmen? Novalis sagte, Schicksal und Seele seien zwei Namen für das gleiche Prinzip. Mit diesem Buch können Sie einen Zugang zu Ihren eigenen Schicksalskräften finden.

»Die Bedeutung und die Verbindung der einzelnen Horoskope von Familienmitgliedern über mehrere Generationen hinweg werden hier anschaulich dargestellt. Mittels praktischer Beispiele und einer breiten Schilderung der Methodik bietet Liz Greene ein Füllhorn an Informationen für alle, die die inneren Abhängigkeiten und Verstrickungen im Familiensystem durch klare Analyse begreifen möchten. Sie holt bei ihren Ausführungen sehr weit aus und zeigt, wie man die Problematik immer mehr einkreist, bis man zum archetypischen Schlüssel gelangt, der das jeweilige Familiensystem aufschließt.«

Astrologie Heute Nr. 133

Standardwerke der Astrologie

INGRID ZINNEL

Familienkonstellationen im Horoskop

Verstrickungen und Lösungen aus astrologischer Sicht
264 Seiten, kartoniert, 10 Abbildungen

ISBN 3-925100-938

Das Buch von Ingrid Zinnel bietet eine Zusammenführung der Astrologie mit der Arbeit des Familienstellens nach Bert Hellinger. Auf einfühlsame Weise ermöglichst sie den Lesern, systemische Strukturen im Horoskop zu erkennen und Familienkonstellationen zu erforschen. Dabei ist es ihr wichtig, nicht nur Verstrickungen aus dem Horoskop herauszulesen, sondern auch gleichzeitig Lösungswege aufzuzeigen. In einem einleitenden Kapitel werden zunächst die Grundsätze der systemischen Familientherapie erläutert. Anschließend wird das Horoskop als Familienbild aufgeschlüsselt. Dabei stellt die Autorin die Planeten als Symbole ins Zentrum einer Analogiekette. So lassen sich beispielsweise Verstrickungen anhand der Pluto-Stellung erkennen. Neptun verweist auf Familiengeheimnisse und Bindungen aus dem Jenseits, Uranus auf die Ausgegrenzten innerhalb der eigenen Sippe. Der Autorin ist es aber auch wichtig, nicht nur Verstrickungen herauszulesen. Vielmehr zeigt sie dem Leser immer auch Lösungswege und gibt Anweisungen für Lösungs-Rituale.

Ein wertvolles Buch für alle Leser, die den Schatz der Familiengeschichte und ihrer Herkunft mit Hilfe der Astrologie ausgraben, verstehen und bearbeiten möchten. — *Meridian*

Standardwerke der Astrologie

CHRISTOPHER A. WEIDNER

Systemische Astrologie

Konstellationen sind Lösungen

264 Seiten, Hardcover, zahlreiche Abb.

ISBN 978-3-89997-168-2

Systemisches Denken hat unsere Vorstellung von der Welt verändert. Im ersten Teil des Buches geht der Autor der Frage nach, wie leicht sich systemisches Gedankengut mit astrologischer Tradition verknüpfen lässt und wie astrologisches Wissen davon profitieren kann. Im zweiten Teil geht es um die Entwicklung einer systemischen Deutungspraxis. Ganz praktisch werden Schritt-für-Schritt-Anleitungen vorgeschlagen, die das Eingebundensein des Menschen in die Welt transparenter machen können. Im letzten Teil dreht sich alles um die systemische Beratungspraxis: Wie verändert der systemische Ansatz unsere Vorstellungen über eine gute Beratung? Welche Methoden begünstigen ein lösungsorientiertes Vorgehen? Wie werden aus Problemen Lösungen? Ein besonderer Schwerpunkt liegt auf der Einbettung astrosystemischer Aufstellungsarbeit in das Beratungsgeschehen. Mehr als alles andere zielt dieser Ansatz auf die Verbesserung der astrologischen Arbeit mit Menschen ab und möchte die Kompetenz des beratenden Astrologen stärken.

»Das wesentlichste und sehr überzeugende Ergebnis dieses neuen Ansatzes besteht darin, dass der beratende Astrologe nicht schon im Voraus gleichsam alles weiß, sondern im intensiven Austausch mit dem Ratsuchenden zum Schöpfer einer gemeinsamen Antwort wird. In den Fragen des Klienten liegen bereits die Antworten, zu denen der Astrologe nur hinführt. Weidner beschreibt diesen Weg zur Antwort als einen in jeder Hinsicht kreativen und für den Leser leicht nachvollziehbaren Prozess.« *Meridian 2-2010*

JESSIE ADLER GRAL

Ein Planet kommt selten allein

Die 19 aufregendsten Partnerverbindungen und wie Sie mit Astrologie Gewinn daraus ziehen

428 Seiten, Hardcover,
ISBN 978-3-89997-198-9

Dies ist ein Buch über stark herausfordernde Planetenkombinationen und ihre gelungene Bewältigung. Wieso verwandelt sich der menschenfreundliche Uranus in einen klirrenden Eiszapfen, sobald der Mond von kleinen Kindern zu schwärmen beginnt? Und wird die grandiose Sonne wirklich Saturns Unterhosen bügeln? Was passiert, wenn der robuste Pluto mit dem unkonventionellen Uranus auf den Presseball geht? Stellen wir uns einfach für den Augenblick vor, die Planeten unseres Sonnensystems wären Menschen wie du und ich ... Gerade dadurch wird dieses Buch zum reinsten Lesegenuss. Behandelt werden die Lebensbereiche öffentliches Auftreten, Kommunikation, Gefühle, Erotik, Sexualität und Karriere. Es geht der Autorin jedoch nicht nur darum, den unfreiwilligen Humor, den das Leben schreibt, darzustellen. Sie beschreibt die auftretenden Konflikte, erläutert dann aber aus astrologischer Sicht, wie Sie diese Situation auflösen und dabei höchsten Gewinn daraus ziehen können.

»Es macht Laune, ihren anekdotischen, typisch zwischenmenschlichen Geschichten und Alltagsbeobachtungen zu folgen. Wer da mit wem kann oder möchte oder auch nicht, wohin uns die partnerschaftliche Sehnsucht treibt und wo wir stranden. All dies und noch viel mehr wird stilistisch locker aufbereitet und klug analysiert. *Astrologie Heute*

Standardwerke der Astrologie

LIANELLA LIVALDI LAUN

Den eigenen Lebensplan bewusst gestalten

Das Horoskop als Entwurf der Seele

123 Seiten, Paperback, 23 Abb.,
ISBN 978-3-89997-196-5

Der Moment der Geburt, welcher im Horoskop symbolisch dargestellt wird, zeigt einen Entwurf, der im Lauf des Lebens realisiert werden soll. Umwelt, Mitmenschen und Erfahrungen passen zu den Bedürfnissen der Seele. Sie stellen die Bedingungen dar, die dem seelischen Wachstum und der individuellen Entwicklung dienen. Karma und Charakter sind demnach zwei Seiten der gleichen Medaille. Karma ist aber nicht als Strafe für die Verfehlungen der vergangenen Leben zu bewerten. Vielmehr sind wir aufgefordert, das Horoskop bewusst zu leben, da die konkreten Erfahrungen nicht vorherbestimmt sind. Denn Ihr Leben hat nur einen Sinn, wenn Sie den im Horoskop angelegten Plan verwirklichen.

»Beeindruckend, dass sie ihre karmische Weltsicht vertritt, ohne jemals mit dem Schuldbegriff zu operieren. So schreibt sie: ›Für den Geist gibt es weder positive noch negative Erlebnisse, eine Erfahrung ist für ihn richtig, wenn sie lehrreich ist.‹« *Meridian 5-11*